구독, 자유를 팝니다

구독, 자유를 팝니다

구독경제가 세상을 사로잡은 진짜 이유

2022년 3월 4일 초판 1쇄 발행

지 은 이 | 김상지
펴 낸 곳 | 삼성글로벌리서치
펴 낸 이 | 차문중
출판등록 | 제1991-000067호
등록일자 | 1991년 10월 12일
주   소 | 서울특별시 서초구 서초대로74길 4(서초동) 삼성생명서초타워 30층
전   화 | 02-3780-8153(기획), 02-3780-8084(마케팅)
팩   스 | 02-3780-8152
이 메 일 | sgrbook@samsung.com

ⓒ 김상지 2022
ISBN | 978-89-7633-116-8 03320

구독경제가 세상을 사로잡은 진짜 이유 ∙ ∙ ∙

구독, 자유를 팝니다

김상지 지음

삼성글로벌리서치

'구독의 모든 것'을 정확히 꿰뚫고 있는 책이다. 기업에는 구독 비즈니스 지침서로서, 소비자에게는 구독경제를 단숨에 이해할 수 있는 지식서로서의 역할을 하기에 손색이 없다. 100여 개의 기업 사례를 통해 쉽게 설명하고 있지만, 구독경제를 통해 기업과 소비자가 누릴 수 있는 '자유'에 대한 통찰은 깊이가 있다. 벌써부터 저자의 다음 책이 궁금해진다.

_ 이안재 삼성글로벌리서치 Tech&Experience연구실장

산업혁명은 18세기 증기기관의 발명으로 시작되어 지금의 ICT를 기반으로 한 제4차 산업혁명으로 발전해왔다. 어릴 적부터 우리에게 익숙했던 신문 배달, 우유 배달이 이제는 구독경제로 확장되어 n차 산업혁명의 일부로 다가오고 있다. 이 책은 광범위한 국내외 구독경제 시장에 대한 리서치와 이를 기반으로 얻은 인사이트를 체계적으로 잘 담고 있다. 구독 비즈니스 모델에 대한 이해와 더불어 다양한 산업을 이해하는 경제 입문서로서도 부족함이 없다.

_ 김성훈 씨앤씨글로비즈 대표, 전 쿠팡 푸드 그룹장

구독 서비스는 전통적 소유 개념을 확장하여 체험할 권리 그 자체를 판매하는 새로운 형태의 비즈니스 모델이다. 저자는 혼용되던 구독 서비스의 경제적 함의를 명확하게 정의하고 유형화하여 제시하고 있다. 또한 풍부한 사례들을 가독성 있게 재구성하여 독자의 이해를 돕는다. 결코 가볍지 않은 주제를 친절하면서도 깊이 있게 설명한 책이다. 기업 전략에 관심 있는 학생들과 직장인들, 현장에서 치열하게 미래를 고민하는 실무자들에게 일독을 권한다.

_ 윤우진 한양대학교 ERICA 경영학부 교수

C사에 근무할 당시 정기배송 서비스 론칭은 시련의 연속이었다. 고객 록인(lock-in)이라는 목적 하나로 있는 정보, 없는 정보를 끌어모아 좌충우돌하며 국내에서는 누구도 해본 적 없는 서비스를 만들었다. 조금만 더 이 책을 빨리 만났더라면 더 알찬 정기배송 서비스가 론칭되지 않았을까? 이 책은 앞으로 구독 서비스를 준비하는 모든 이들에게 길라잡이 역할을 해줄 것으로 기대된다.

_ 최성하 라운지랩 커머스 총괄, 전 쿠팡 정기배송팀 운영 리드

책을 내며

2017년 늦가을, 과제 하나를 마무리하고 새로운 과제를 시작했다. 연구 대상은 클라우드 컴퓨팅 서비스 산업이었는데, 클라우드 컴퓨팅 기술보다 클라우드 컴퓨팅 서비스를 제공하는 기업들의 비즈니스 모델이 더 흥미로웠다. 아마존(Amazon), 구글(Google), 마이크로소프트(Microsoft) 같은 쟁쟁한 IT 기업들이 회사와 개인에게 컴퓨팅 파워와 저장 공간, 보안 서비스 등을 가상공간에서 빌려주고, 정해진 날짜에 쓴 만큼만 돈을 받고 있었다. 온라인에서 물건을 팔거나 광고 공간, 고객 데이터, 소프트웨어를 팔던 기업들이 자신들의 비즈니스를 '서비스'로 대체하고 있었던 것이다. 게다가 클라우드 기술의 발전에 힘입어 디지털 콘텐츠 스트리밍 서비스도 급격히 성장하고 있었다.

연구를 이어가면서 이러한 서비스가 어떻게 구현되고 있는지 개별 기업들을 더 구체적으로 살펴보기로 했다. 2018년 여름 아마존의 서비스·제품·전략을 들여다보았는데, 클라우드 컴퓨팅 사업을 최초로 시작한 아마존은 그에 앞서 프라임 멤버십(Prime membership)이라는 회원제 서비스를 도입하며 이커머스 업계에서 독보적인 고객충성도를 구축해놓고 있었다. 마침 2018년 가을에는 쿠팡(Coupang)이 로켓 와우 멤버십의 시범 운영을 시작하면서 우리나라에서도 구독 비즈니스 모델(subscription business model)이 주목받기 시작했다. 나는 구독 모델을 좀 더 깊이 살펴보고 싶다는 생각에 구독 비즈니스 모델 연구 과제를 제안했다.

제안이 받아들여져 2019년에는 본격적으로 구독 비즈니스 관련 과제를 진행할 수 있었다. 덕분에 수많은 보고서와 책을 읽었고 수백 개의 사례를 접했다. 구독 비즈니스를 해본 사람, 하려고 하는 사람, 이용해본 사람 등 많은 이들을 인터뷰할 기회도 있었다. 이 과정에서 깨달음을 얻기도 했고 희미하던 것이 뚜렷하게 정리가 되기도 했다. 무엇보다도, 의외로 많은 이들이 구독 모델에 대해 정확히 모르거나 오해하고 있다는 것도 알게 되었다. 구독 모델을 도입하고 싶지만 정작 어디서 어떻게 시작해야 할지 모르겠다는 이야기도 들었다. 그래서 욕심을 내보기로 했다. 책을 써보자고. 2019년 11월, 2년 동안 모으고 기록한 자료를 토대 삼아 책을 쓰기 시작했다.

그런데 불과 2개월 정도 지났을 무렵, 엄청난 일이 벌어졌다. 코로나19가 전 세계를 덮친 것이다. 전염병이 무서운 속도로 번지면서 개

학이 연기되었고, 어린이집이 문을 닫았으며 재택근무가 도입되었다. 마스크와 손소독제 대란이 일고 구내식당에 칸막이가 세워지는 전례 없는 상황이 벌어졌다. 코로나19가 사람의 생명만 위협한 것은 아니었다. 많은 기업이 심각한 위기에 봉착했다. 중국 공장이 문을 닫아 글로벌 공급망이 무너지고, 국경이 봉쇄되며 관광 산업이 멈춰 섰다. 대학가와 사무실이 밀집한 지역의 식당과 카페에는 사람들의 발길이 끊겼다.

그러나 바로 이런 위기의 시기에, 얄궂게도 또 한편에서는 새로운 기회가 생겨나고 이 기회를 잡는 기업들이 나타났다. 팬데믹으로 인해 만날 수 없는 사람들을 화상 채팅을 통해 이어주는 줌(Zoom)이 급성장했고, 집에서 많은 시간을 보내게 된 사람들은 아마존에서 이전보다 더 많이 물건을 구입하며 넷플릭스(Netflix)로 영화를 즐겼다. 기타 제조업체 펜더(Fender)가 2017년 론칭한 기타 레슨 구독 앱 '펜더 플레이(Fender Play)'는 팬데믹 시기에 도리어 인기를 구가했다.

이렇듯 팬데믹이 지난 2년간 가져온 변화의 한 축은 구독 서비스의 성장이었다. 코로나19 사태 이전 2년의 연구를 바탕으로 집필을 시작했던 나는, 또다시 2년간의 변화를 관찰하며 책 쓰기 작업을 이어갔다. 예상치 못한 팬데믹 상황으로 인해 집필 기간은 목표했던 것보다 길어졌지만 그만큼 더 많은 이야기를 담을 수 있었다.

이 책의 목표는 3가지이다. 첫 번째는 독자에게 구독 서비스가 무엇인지 제대로 전달하는 것이다. 두 번째는 구독 서비스가 가진 힘을 알리고, 기업이 성공적으로 구독 서비스를 도입하려면 어떻게 해야 하는지를 이해하도록 돕는 것이다.

이 2가지 목표를 위해 이 책에서는 먼저 구독 서비스의 개념을 정리하고 구독 모델이 다양한 산업으로 침투하며 재탄생하게 된 배경을 설명한다. 이어 구독 서비스의 유형을 분류하고 유형별 특징을 사례와 함께 살펴본다. 다음으로, 구독 모델을 성공적으로 도입했을 때 기업들이 얻을 수 있는 이점을 알아보고 구독 모델을 시작하는 방법론과 5가지 성공 전략을 제시한다. 마지막으로는 많은 사람들에게 받았던 질문에 대한 답으로 구독 비즈니스의 미래에 대해 조망해본다. 모쪼록 다양한 비즈니스 모델과 함께 산업의 변화, 환경의 변화에 대해 알고 싶은 독자들에게 도움이 되었으면 한다. 특히 기업의 전략을 공부하는 학생이라면 더 재미있게 읽을 수 있으리라 기대한다. 구독 서비스를 직접 도입하고자 하는 실무자들에게도 유용하게 읽혔으면 하는 바람이다.

책을 쓰면서 세 번째로 가졌던 목표, 아니 바람은 누구나 이 책을 집어 들었을 때 재미있게 읽었으면 하는 것이었다. 그래서 되도록 다양한 사례를 곁들이며 쉽게 설명했고 필요하다면 심층 사례도 실었다.

추가 설명이 필요한 내용에 대해서는 중간중간 '구독 기업 이야기'와 '구독 FAQ'라는 제목 아래 별도로 구성했으며, 본문 전반에서 그림과 주석을 충실히 활용했다.

최선을 다했으나 여전히 아쉬운 부분이 많다. 마지막의 마지막까지 최신 자료로 업데이트했지만 구독 서비스 정책이 수시로 바뀌고 매일 새로운 서비스가 생겨나 놓친 부분도 있을 것이다. 구독 서비스를 실제로 운영해보지 않은 사람이 쓴 글이라 치열한 현장에 있는 분들에게는 부족하게 느껴질지도 모르겠다. 하지만 구독 서비스를 A부터 Z까지 파헤쳐보고자 한 노력과 다양한 관점에서 접근해본 시도가 구독에 대한 독자들의 이해를 넓혀줄 수 있을 것이라 자신한다.

나는 구독을 소유의 종말이라고 생각하지 않는다. 소유 개념을 확장한 소비혁명이라고 생각한다. 기업은 더 이상 '판매'를 못해 도태되는 것이 아니라 빌려 써보고 싶은 고객도 내 고객으로 만들 수 있고 파는 물건에 구독 서비스를 얹을 수도 있다. 소비자는 갖고 있는 물건에 더해 빌린 물건까지 소유한 것처럼 사용할 수 있다. 이미 가진 제품에 대해 관리받고, 갖고 싶은 제품을 추천해주는 서비스를 정기적으로 이용할 수도 있다. 매우 유연하고 자유로운, 한계가 없는 비즈니스 모델이라 할 수 있다. 구독경제는 우리가 상상하는 것보다 훨씬 광대한 소비경제로 우리를 이끌고 있다는 사실을, 이 책을 통해 전달하고 싶다.

이 책이 나올 수 있는 토대를 함께 만들어주신 분들께 감사드린다. 먼저 연구 과제를 하며 새벽까지 함께 고민하고 보고서를 작성하고 영양제를 챙겨주었던 한은진 수석님, 이어진 과제에서 수많은 사례들을 함께 보며 다양한 의견과 아이디어를 주신 황래국, 김기영, 안현상 수석님께 감사의 말씀을 전한다. 삼성글로벌리서치 출판팀 분들께도 진심으로 감사를 드린다. 부족한 원고를 몇 번이고 읽으면서 완성도를 높여주었고 놓칠 수 있는 부분까지 꼼꼼히 챙겨주었다. 긴 여정을 끝낼 수 있는 힘을 준 분들이다. 또 책이 출간되기도 전에 먼저 읽고 추천사를 써주신 분들께 깊이 감사드린다. 덕분에 책을 세상에 내놓을 용기를 얻을 수 있었다. 그리고 가족들. 내 말을 들을 생각이 없는 5살 아들과 그 아들의 육아를 나보다 더 많이 하는 남편에게 고마움을 전한다.

2022년 1월

김상지

차례

구독, 왜 혁명인가?

2017년 쿠팡의 정기배송 서비스가 한창 자리를 잡아갈 때였다. 그 무렵 소비자들은 주로 생수, 휴지, 세제, 기저귀, 분유 등 생필품이나 지속 구매가 필요한 물건들을 대상으로 정기배송 서비스를 신청했다. 쿠팡의 정기배송 서비스가 안정화하는 데 큰 역할을 한 것은 바로 생수 시장 1위 제품인 제주삼다수[1]였다. 그런데 언제부터인가 쿠팡과 삼다수는 쿠팡에서 삼다수 정기배송 주문을 더 이상 받지 않기로 결정한다. 기존 정기배송 신청 고객에게는 계속 배송을 해주되 신규 정기배송 신청은 받지 않기로 결정한 것이다. 이어 신속배송 서비스에서도 빠지면서 쿠팡 고객들은 이제 삼다수를 정기적으로 배달받을 수 없게 되었고, 주문을 하더라도 2~3일 뒤에나 받을 수 있었다.

---

1 광동제약의 생수 브랜드.

어째서 이런 일이 생긴 것일까. 쿠팡과 삼다수의 그 후 행보를 보면 짐작이 가능하다. 우선 쿠팡은 자체 생수 브랜드 '탐사수(TAMSAASOO)'를 출시했고 파격적 가격 할인과 공격적 마케팅으로 다른 제품을 이용하던 고객들을 쿠팡의 자체 생수 브랜드 고객으로 전환시키기 위한 마케팅을 펼쳤다. 또한 삼다수는 2019년 '삼다수앱'을 출시하여 온라인 판매와 정기배송 서비스 시장에 뛰어들었다. 그리고 2021년 현재, 쿠팡 탐사수는 쿠팡 내 생수 주문에서 1위를 달리고 있고 '제주탐사수'라는 프리미엄 브랜드도 론칭했다.[2] 삼다수 측 역시 '삼다수앱'이 눈에 띄는 성장세를 보이고 있다. 앱을 통한 주문이 2020년 대비 67% 증가했고 정기배송 주문도 26%나 증가했다.[3] 삼다수는 여전히 생수 시장에서 점유율 40%를 상회하며 부동의 1위를 지키고 있다.

다시 2017년 상황을 반추해보자. 쿠팡은 정기배송 시장에서 가장 인기 있는 생수 시장에 자체 브랜드로 진입하면서 강력한 경쟁자를 저지해야 했을 것이다. 삼다수 측도 쿠팡에 저가로 대량 납품을 하는 탓에 이익률이 하락하는 게 달갑지 않았을 것이다. 하지만 생수 정기배송 시장은 분명 더 커질 것이고 그걸 놓칠 수는 없었다. 결국 자체 앱과 배송 시스템을 구축해 정기배송 시장에 뛰어들기로 결정한 것이다.

생수 시장에서 일어난 이 일련의 사건은 구독 모델(subscription model)이 우리 경제에 엄청난 변화, 혁명에 가까운 변화를 일으키고

---

2 일반 탐사수가 100ml당 최저 22원인 반면 제주탐사수는 60원으로 3배 가까이 높은 가격이다.
3 "제주삼다수, 지난해 온라인·앱 매출 두 배 성장" (2021. 3. 24). 《파이낸셜뉴스》.

있다는 사실을 알려준다. 2015년 쿠팡이라는 신생 업체는 이커머스 시장에 '정기배송'이라는 구독 모델을 처음 도입하며 소비자들을 자신의 '단골 고객'으로 만들었고, 고객 데이터를 분석해 가장 인기 있는 제품을 자체 생산 브랜드로 대체했다. 이는 이마트, 홈플러스, 롯데마트 등 전통적 리테일 업체는 물론 쿠팡에 입점한 제조사조차 미처 생각지 못한 변화였다.

이후 리테일 업체들은 너도나도 정기배송·신속배송 서비스를 도입했고, 삼다수 등 발빠른 브랜드는 자체 앱과 유통망을 만들어 고객에게 직접 서비스를 제공하기 시작했다. 비즈니스 모델의 대대적 변화가 일어난 것이다. 그동안 삼다수는 제조사로서 생수 품질 관리와 유통 업체나 매장 납품만 신경 쓰면 됐다. 이제는 앱으로 실시간 들어오는 고객 주문 및 피드백을 관리해야 하고 전국 각지의 직배송 센터 130여 곳을 운영해야 한다. 그 대신 '삼다수 회원'이 생겼고 삼다수를 마시는 고객들의 니즈를 보다 생생하게 파악할 수 있게 되었다. 유통 업체에 대한 의존이 줄어들었고 신제품을 출시했을 때 직접 판매할 수 있는 플랫폼이 생겼다.

소비자 입장에서 일어난 변화는 무엇일까? 클릭 한 번으로 원하는 물건을 원하는 날짜에 배송받을 수 있고 할인까지 받게 되었다. 그뿐 아니라 내 주문 이력과 내가 남긴 피드백을 바탕으로 더 좋은 제품과 서비스가 출시된다.

이렇듯 구독 모델은 기업이 비즈니스를 하는 방식과 관점 그리고 소비자가 누리는 것을 완전히 바꿔놓고 있다. 전에 없던 혁신과 변화다.

기업과 소비자 모두에게 다양한 이점을 제공해주는 만큼, 도입하는 기업도, 이용하는 소비자도 급격히 늘어나고 있다. '구독 모델'이 혁명이라 불리는 이유이다.

혁명은 누군가에게는 두려운 일일 수도 있다. 특히 이미 오랫동안 해오던 사업 방식에 익숙한 기업들은 구독 모델의 이점을 누리기에 앞서 단행해야 하는 변화와 혁신을 두려워한다. 혹은 내가 해오던 비즈니스와 완전히 다른 것이거나 이를 대체하는 것으로 여기며 멀리하거나 잘할 수 없는 일로 치부해버릴 수 있다. 이는 구독 모델에 대해 면밀히 살펴보지 않은 사람들이 '구독 서비스=소유의 종말'인 것처럼 과장해서 이야기하기 때문이기도 하다. 옷이나 가전을 구독하는 서비스가 대세가 되면 사람들이 더 이상 옷이나 가전을 사지 않게 될 것이라면서 말이다.

그러나 구독 모델을 좀 더 깊이 알고 나면 두려워할 일이 아님을 알게 될 것이다. 구독은 소유의 반대말이 아니다. 소비자가 돈을 내고 지속적으로 이용할 만한 가치를 제공하는 데 방점이 있는 것이지, 물건을 가지는 것과 빌리는 것으로 나누는 이분법적 개념이 아니다. 게다가 세상에 없던 비즈니스 모델도 아니다.

그렇다면 구독 모델이란 정확히 무엇이고 그 미래는 어떻게 될까? 구독 모델이 가져다줄 혁명에 동참하려면 그 정체에 대해 좀 더 구체적으로 알 필요가 있다. 지금부터 구독의 세계로 들어가보자.

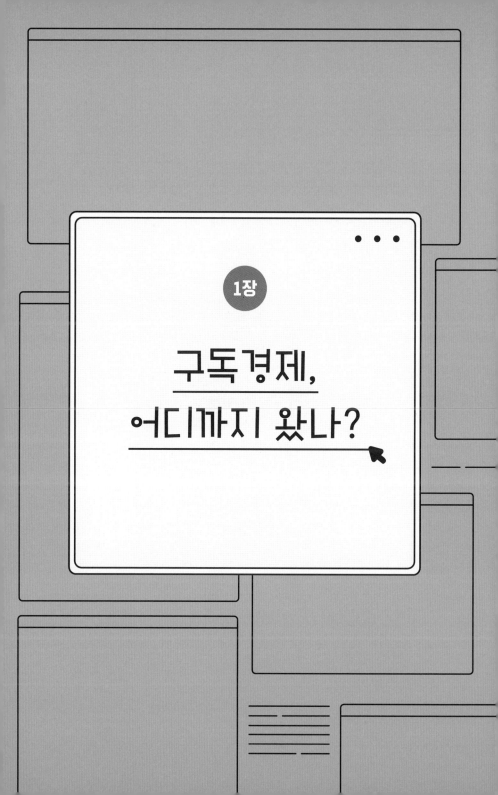

1장

구독경제,
어디까지 왔나?

구독 모델은 세상에 없던, 새롭게 등장한 비즈니스 모델이 아니다. 하지만 최근 기업 비즈니스 모델의 혁신 방향을 제시하며 소비자의 달라진 라이프 스타일을 보여주는 새로운 패러다임으로 떠오르고 있다. Everything-as-a-Service(만물의 서비스화)나 구독 경제(subscription economy)[1]라는 용어가 빈번히 사용되는 것은 그만큼 '구독 모델'이 경영과 소비 활동 곳곳을 파고들었다는 의미이다.

전통의 강자 기업들을 무너뜨리며 파란을 일으킨 구독 모델은 세계 최고 기업들의 핵심 비즈니스 모델과 새로운 성장동력으로 속속 자리 잡고 있다. 지금 글로벌 기업 현장에서 무슨 일이 벌어지고 있는지 살펴보면서 구독 모델의 현주소를 알아보자.

1 구독 서비스 기업에 결제 솔루션을 제공하는 기업인 주오라(Zuora)의 설립자 티엔 추오(Tien Tzuo)가 2007년 처음으로 명명.

1
전통 강자들의 아성을 무너뜨리다: 넷플릭스와 달러 쉐이브 클럽의 놀라운 성장

넷플릭스(Netflix), 달러 쉐이브 클럽(Dollar Shave Club)의 공통점은 무엇일까? 두 기업 모두 구독 서비스를 제공하는 기업이라는 점이다. 이들 기업의 성장 히스토리와 성과, 업계에서 차지하는 위상과 미래가 치를 보면, 구독 비즈니스 모델이 얼마나 엄청난 파급력을 자랑하는지 알 수 있다. 이들 기업은 구독 서비스를 통해 사람들의 소비 행태를 바꾸었으며, 업계에서 장기간 통용되던 주요 비즈니스 모델을 갈아치웠고, 나아가 경쟁 판도까지 뒤집었다.

시가총액에서 디즈니를 추월한 넷플릭스

먼저 넷플릭스를 살펴보자. 넷플릭스는 영화나 드라마, 다큐멘터리 같은 각종 영상 콘텐츠를 스트리밍 서비스로 제공한다. 넷플릭스 가입자는 매달 1만 원 남짓을 내면 1만 4,000여 개에 달하는 콘텐츠를 언제 어디서든 시청할 수 있다. 가성비가 좋을 뿐 아니라 새로운 콘텐츠가 매번 추가되고 사용자가 좋아할 만한 콘텐츠까지 추천해주면서 넷플릭스는 미디어 산업을 완전히 뒤흔들어놓았다. 사람들은 재미있을 만하면 광고가 나와 흐름이 끊기는 무료 VOD 서비스 대신 넷플릭스를 이용하기 시작했고, 정말 보고 싶은 채널은 추가로 가입해야 하는 케이블 TV, 최신 영화는 건건이 돈을 주고 사야 하는 IPTV보다 넷플릭스를 선호하게 되었다. 이른바 코드 커팅(cord-cutting) 현상[2]이다. 넷플릭스는 이제 전 세계적으로 2억 1,400만 명 넘는 유료 회원을 보유한 업체로 성장했고(2021년 3분기 기준), 설립 23년 만에 100년 역사를 가진 세계 최대 엔터테인먼트 기업 디즈니(The Walt Disney Company)의 시가총액을 넘어섰다.[3] 오로지 구독 비즈니스 모델 하나로 일궈낸 성과다.

넷플릭스가 만들어낸 이러한 흐름에 발맞추어 이후 디즈니도 자체 OTT[4] 서비스 디즈니 플러스(Disney+)를 출시했고, 워너 미디어('HBOMax'), CBS('CBS All Access'), NBC 유니버설('Peacock'), 그리고 애플('Apple TV+') 까지 스트리밍 서비스 대열에 합류했다.

질레트가 하던 일을 철저히 정반대로 한 달러 쉐이브 클럽

달러 쉐이브 클럽은 면도기 업계에서 구독 모델로 파란을 일으켰다. 자주 구매해야 하는 일회용 면도기와 면도날을 매우 저렴한 가격에 정기적으로 배송해준다는 단순한 아이디어로 단숨에 면도기 시장을 파

---

2 유료 케이블 방송을 이용하던 시청자가 가입 해지 후 인터넷TV나 온라인 동영상 서비스로 이동하는 현상으로, 이를 두고 '선을 끊는다'라는 식으로 표현했던 데서 비롯한다.

3 "코로나로 주가 오른 넷플릭스, 시가총액 디즈니 제쳤다" (2020. 4. 16). 《중앙일보》.

4 Over-the-Top 서비스의 약자로, 셋톱박스 없이 인터넷으로 방송과 영화 등 미디어 콘텐츠를 제공하는 서비스이다.

고든 이 업체는 결국 120년 전통을 가진 절대 강자 질레트(Gillette)의 아성을 무너뜨렸다.

달러 쉐이브 클럽은 질레트가 하던 일을 철저히 정반대로 했다. 온라인으로만 제품 주문을 받았고 인기 스포츠 스타를 기용한 광고는 하지 않았다. 또 면도기의 기능을 가능한 한 단순화해 가격을 낮췄다. 여기에 정기배송이라는 구독 서비스로 매번 면도기와 면도날을 사러 가야 하는 귀찮음을 해소해주었다. 그리하여 창업 5년 만에 320만 명의 회원을 확보했다.[5]

그렇다면 질레트는 어떻게 되었을까? 결국 디즈니 등과 같은 길을 가게 된다. 온라인 면도기 시장에서 달러 쉐이브 클럽에 점유율이 밀리자 2015년 '질레트 쉐이브 클럽'이라는 정기배송 서비스를 시작한 것이다.

2016년 달러 쉐이브 클럽은 도브, 립톤, 바셀린 등 생활용품 브랜드로 유명한 다국적 기업 유니레버(Unilever)에 인수되었다. 유니레버는 무려 10억 달러라는 거액을 치르고 이 회사를 인수했는데 이는 당시 달러 쉐이브 클럽 기업가치의 5배에 달하는 것이었다. 아울러 달러 쉐이브 클럽에는 '1달러 면도기로 세계를 제패한 기업'이라는 수식어가 붙었다.

이처럼 구독 서비스 모델은 신생 기업들이 시장에서 일대 파란을 일으키며 주목을 받았다. 영리한 스타트업들은 구독 모델로 과거의 비즈

---

5 "Unilever Buys Dollar Shave Club" (2016. 7. 20). *The Wall Street Journal*.

○ 달러 쉐이브 클럽과 질레트 비교

	질레트	달러 쉐이브 클럽
설립 연도	1901년	2011년
비즈니스 모델	면도기, 면도날 판매 – 면도기 20 달러 수준	면도기, 면도날 정기배송 – 월 1달러에 면도기 + 면도날 4개
판매 경로	온·오프라인(오프라인 중심) – 외부 유통업체 활용	온라인 – 회원 가입 및 주문
마케팅	스포츠 스타 출연, 슈퍼볼 광고 등 고액 광고	직접 제작한 유튜브 동영상, 구글 광고
차별화 포인트	자극 없고 안전한 면도기 "The Best A Man Can Get"	면도기와 면도날 구매의 부담과 번거로움 제거 "SHAVE TIME, SHAVE MONEY"

니스 모델에 머물러 있던 전통 기업들을 무릎 꿇렸고, 특히 2020년 초부터 전 세계를 덮친 코로나19 위기 속에서는 오히려 특수를 누리며 시장의 강호들과 어깨를 나란히 하게 되었다.

2 세계 최고 기업들의 핵심 비즈니스 모델이 되다: 아마존과 MS의 결정적 한 방

　현재 세계 최고의 기업가치를 자랑하는 기업들의 주된 비즈니스 모델이 바로 구독이다. 아마존을 포함해 전 세계 시가총액 1~10위 기업[6] 중 애플, 마이크로소프트, 구글, 테슬라, 알리바바 등 6개 기업이 구독 서비스를 제공하고 있다. 더욱이 4대 빅테크[7] 기업의 비즈니스는 구독 서비스를 빼놓고는 이야기할 수가 없다. 구독은 아마존과 마이크로소프트의 '핵심' 비즈니스 모델이며, 애플과 구글이 '지향하는' 비즈니스 모델이기도 하기 때문이다.

세계 최대 전자상거래 업체로 도약한 아마존의 한 수

　아마존은 온라인 서점으로 시작해 세계 최대 전자상거래 업체로 성장했다. 2020년에는 매출이 3,861억 달러(약 456조 원)에 달했으며,[8]

6　"Largest Companies by Market Cap Today (TOP 50 LIST)"
　〈https://www.dogsofthedow.com/largest-companies-by-market-cap.htm〉.

7　미국의 거대 IT 기업 네 곳을 총칭하는 것으로 흔히 MAGA(Microsoft, Apple, Google, Amazon)라는 약자로 표현한다.

○ 글로벌 시가총액 상위 10대 기업

순위	기업명	시총(달러)	주요 사업	순위	기업명	시총(달러)	주요 사업
1위	애플	2조 1,000억	IT 하드웨어, 콘텐츠 서비스	6위	테슬라	6,400억	자동차 제조, 소프트웨어
2위	MS	1조 8,000억	IT 소프트웨어, 게임, 클라우드	7위	알리바바	6,100억	이커머스, 클라우드, 콘텐츠 서비스
3위	아마존	1조 6,000억	이커머스, 클라우드, 콘텐츠 서비스	8위	TSMC	6,100억	반도체 제조
4위	알파벳 (구글 모회사)	1조 4,000억	검색, 광고, 클라우드, 콘텐츠 서비스	9위	버크셔 해서웨이	5,900억	지주회사
5위	메타 (옛 페이스북)	8,300억	SNS, 광고	10위	제이피모건	4,700억	금융 및 컨설팅

주1) 시가총액은 2021년 3월 31일 기준.

주2) 페이스북은 2018년 광고 없는 유료 구독 버전을 고려한 것으로 알려졌으나 여전히 무료를 고수하고 있으며, 2020년 화상회의 서비스 '페이스북 메신저 룸'을 출시했으나 이 또한 무료로 제공 중이다.

2021년 8월에는 매출 6,100억 달러를 발표하면서[9] 사상 처음 글로벌 리테일 공룡 월마트(Walmart)를 넘어섰음을 알렸다(같은 기간 월마트 매출은 5,660억 달러).

아마존의 눈부신 성장의 발판은 유료 구독 서비스인 '아마존 프라임 (Amazon Prime)' 멤버십이다. 연간 119달러를 내면 아마존 프라임에서 제공해주는 모든 서비스를 이용할 수 있는 것인데, 2021년 3월 기준

---

8 Amazon Annual Report (2021).

9 2020년 7월~2021년 6월 기준.

이용자가 무려 1억 5,000만 명이다. 이들은 구독료 지불 외에도 아마존 사이트에서 연간 구매하는 금액이 비회원 고객의 2배가 넘는 알짜 고객들이다.

아마존 프라임 가입 회원들은 할인과 신속배송 서비스를 제공받고 아마존의 전자책, 음악과 비디오 스트리밍 서비스의 무료 이용 등 다양한 혜택을 누린다. 그러다 보니 자연스레 아마존의 상거래, 스트리밍 플랫폼에 오랜 시간 머물게 되고 무려 90% 이상이 가입을 유지할 정도로 구독 갱신율도 매우 높다.

요컨대 아마존은 프라임 멤버십을 통해 상거래 플랫폼 비즈니스 업체의 새로운 수익모델을 제시했다. 입점 업체들로부터 판매 수수료나 광고료를 받는 것 외에도 독자적 회원제 서비스 구독료를 통해 막대한 수익을 올릴 수 있음을 증명한 것이다.

급성장하는 아마존에 맞서기 위해 전통 강자 월마트 역시 몇 년간 고군분투를 해왔다. 그러다가 마침내 '월마트 플러스(Walmart+)'를 출시했고,[10] 전자상거래 기능을 강화하기 위해 중국의 쇼트폼(Short form) 동영상 기반 SNS 앱 '틱톡(TikTok)' 인수전에 참여해 지분을 확보하기도 했다.

아마존의 프라임 멤버십 서비스는 아마존의 비즈니스 모델을 상징적으로 보여준다. 프라임 멤버십 구독료 자체가 아마존의 매출에서 차

---

10 2020년 9월 15일에 출시되었다. 월 12.95달러, 연 98달러를 내면 35달러 이상 주문은 무료 배송을 해주고 월마트 인근 주차장에서 연료 5% 할인 등의 혜택을 제공한다.

○ 아마존 프라임이 제공하는 서비스들

무료 배송 서비스	무제한 스트리밍 서비스
• 품목에 따라 2일 이내 또는 당일 배송 • 출시일 예약 배송	• 영화/방송(Prime Video) • 음악(Prime Music) • 게임(Prime Gaming) • 전자책(Prime Reading)
쇼핑 및 할인 혜택	그 외 혜택
• 지역에 따라 홀푸드마켓, 아마존 프레시 2시간 이내 배송 • 품목에 따라 최대 20% 추가 할인 • 특별 할인 딜(deal) 30분 먼저 공개	• 아마존 프라임 혜택 가족 공유(Amazon Household) • 사진 저장 공간 무한대 제공(Amazon Photos)

지하는 비중은 5~6% 정도로 크지 않지만, 프라임 멤버들이 아마존 커머스 플랫폼에서 구매하는 금액은 1인당 연간 평균 1,400달러로, 아마존 매출의 80%를 차지하는 판매 수수료에 기여하는 바가 지대하다. 더욱이 아마존이 제공하는 클라우드 서비스[11] AWS(Amazon Web Services)는 2018년 이래로 꾸준히 매출의 10% 이상을 차지하고 있다.[12]

클라우드 서비스가 아마존에 정말로 중요한 구독 서비스로 자리를

---

11 클라우드 컴퓨팅 서비스는 기업이나 개인을 대상으로 컴퓨팅 파워나 온라인 저장 공간을 필요로 할 때 필요한 만큼 이용할 수 있도록 제공해주는 서비스이다. 일반적으로 사용량만큼 과금하는 Pay-as-you-go(또는 Pay-per-use) 방식을 사용하고 있다. 매월 정기 결제일에 사용량만큼 지불하는 방식도 구독 비즈니스의 과금 방식 중 하나이다.

12 2017년 9.8% → 2018년 11.0% → 2019년 12.5% → 2020년 11.8%. Amazon Annual Report (2019, 2020).

잡아가고 있는 것은 매출 비중이 10%대인 클라우드 서비스가 이익의 70% 이상을 차지하기 때문이다. 아마존은 설립 후 8년 동안 적자였고, 2002년 최초로 흑자 전환을 한 이후에도 수시로 흑자와 적자를 넘나들었다. 제프 베조스(Jeff Bezos) 아마존 CEO는 커머스 사업의 성장을 위해 물류에 투자하고 고객을 최대한 끌어들이기 위해 최저가를 고집하면서 '의도된 적자'를 추구한다고 말해왔지만, 2006년 클라우드 서비스를 시작하지 않았다면 아마존의 사업이 과연 현재까지 지속 가능했을지 의문이다.

클라우드 기반 구독 서비스로 전환한 마이크로소프트

클라우드 서비스는 제프 베조스와 아마존에만 '결정적 한 방'이었던 게 아니다. 2014년 사티아 나델라(Satya Nadella) 역시 마이크로소프트(MS) CEO로 취임하면서 '클라우드 퍼스트(Cloud First)'라는 비전을 내걸었다. 이는 클라우드 서비스 사업을 하겠다는 의미를 넘어, 모든 사업의 구조를 클라우드 기반으로 바꾸겠다는 의지의 표명이었다.

그동안 마이크로소프트의 대표 비즈니스는 기업이나 개인 고객에게 윈도우(Windows) 및 오피스 소프트웨어를 판매하는 것이었다. 하지만 판매 가격이 비싸다 보니 특히 개인 고객들 사이에서 불법 유통 제품이 오갔고 불법 복제도 다반사였다. 소프트웨어는 업데이트나 업그레이드가 생명인데, 고객에게 한번 판매하고 나면 소프트웨어에 대한 불만이나 니즈를 정확히 파악하기도 어려웠다.

이에 사티아 나델라는 소프트웨어 판매를 클라우드 기반의 구독 서비스로 과감히 전환했고, 고객들은 이제 소프트웨어를 구입하고 설치해 사용하는 것이 아니라 매달 구독료를 내고 마이크로소프트의 클라우드에 접속해 사용한다. 불법 유통 문제도 줄어들었을 뿐 아니라 매달 안정적 수익이 발생하는 것은 물론이고, 고객들이 마이크로소프트의 소프트웨어를 어떻게 사용하는지 실시간 확인이 가능하다는 장점까지 있다.

마이크로소프트의 또 다른 효자 비즈니스인 게임 서비스에도 구독 모델이 파고들었다. 비디오게임의 비즈니스 모델은 본디 게임 전용 하드웨어인 게임 콘솔과 해당 콘솔에서만 구동되는 게임 소프트웨어를 판매하는 것이었다. 마이크로소프트도 게임 콘솔 엑스박스(Xbox)와 게임 타이틀을 판매하는 형태의 비즈니스를 오랜 기간 지속해오다가 게임회사 EA(Electronic Arts)[13]가 엑스박스 원(Xbox one)에서 최초로 서비스한 게임 구독 서비스 'EA 액세스(EA Access)'가 대성공을 거두자 이를 벤치마킹해 '엑스박스 게임 패스(Xbox Game Pass)'를 출시했다.

엑스박스 게임 패스는 '비디오게임의 넷플릭스'로 불리며 현재 구독형 게임 서비스 1위를 차지하고 있다.[14] 월정액을 내면 게임 패스 목록에 있는 게임을 무제한으로 플레이할 수 있고 클라우드 기반의 게임

---

13 피파(FIFA) 온라인, 스타워즈 게임 등으로 유명한 회사이다.
14 크게 2가지 요금제가 있다.
  ① 콘솔용 엑스박스 게임 패스: 월 11,800원, 엑스박스 게임 무제한 플레이, 엑스박스 스토어 게임 구매 시 10~20% 할인 혜택 제공
  ② 엑스박스 게임 패스 얼티밋: 월 16,700원, 연간 이용권 200,400원, 엑스박스 콘솔 및 PC에서 게임 무제한 플레이, 엑스박스/MS 스토어 게임 10~20% 할인 등

스트리밍 서비스도 이용할 수 있다. 엑스박스 게임 패스 얼티밋 서비스를 이용할 경우 스트리밍 서비스 이용이 가능하며 이 스트리밍 서비스는 엑스박스 콘솔이나 PC 외에 스마트폰에서도 이용할 수 있다. 마이크로소프트는 구독 모델 고객을 확대하기 위해 과감히 게임기와 게임 소프트웨어 간의 단단한 고리까지 스스로 끊은 것이다.

한발 더 나아가 엑스박스 올 액세스(Xbox All Access)는 게임 콘솔조차 구매가 아닌 대여로 사용할 수 있는 서비스이다. 이로써 마이크로소프트는 서피스(Microsoft Surface) 등 일부 하드웨어 제품군을 제외하면 거의 모든 판매 영역에서 구독 모델이 자리를 잡았다.

3

새로운 성장동력으로 등장하다: 애플과 구글의 지향점

구독 서비스 시장에 본격적으로 뛰어드는 애플

애플의 주요 사업은 아이폰, 아이패드, 아이맥, 아이팟 등 하드웨어 개발과 제조이다. 최근에는 무선 이어폰 '에어팟' 열풍을 일으키며 하드웨어의 신시장을 개척했다. 그런데 알고 보면 애플은 수년간 꾸준히 서비스 사업을 확대해온 기업이다. 앱스토어 입점 업체로부터 수수료를 받는 것 외에도 애플은 고객에게 직접 제공하는 서비스의 범위를 지속적으로 늘려왔다. 그리하여 어느덧 애플이 고객에게 제공하는 서비스는 음악, 영화, 뉴스, 게임 등으로 넓어졌다. 주목할 점은 이들 모두가 스트리밍으로 이용하는 구독 서비스라는 것이다.[15]

이 서비스들은 대부분 애플 TV, 아이폰, 맥북, 아이패드 등 애플 디바이스에서만 제공되기 때문에 고객들이 애플 디바이스를 구매하도록 유도하는 데 도움이 되고, 고객들을 계속 애플의 생태계에 묶어놓는 역

---

15 애플 뮤직, 애플 TV 플러스, 애플 뉴스 플러스, 애플 아케이드 등 다양한 콘텐츠 서비스들로, 개별 구독 가격은 월 10달러 전후이다.

애플의 번들형 구독 서비스 애플원에서 제공하는 다양한 서비스들.
자료: 〈www.apple.com〉

할도 한다. 하지만 애플은 이러한 '서비스 사업'의 역할을, 그리고 구독 비즈니스 모델의 역할을 단순히 애플 하드웨어의 판매를 늘리고 경쟁사 하드웨어의 구매를 가로막는 것으로 국한하지 않고 그 너머를 바라보고 있다.

애플의 전체 매출에서 '서비스 사업'이 차지하는 비중은 어느새 20%를 넘나들고, 이익률은 디바이스 제조 판매 이익률의 2배에 가깝다.[16] 2020년 10월 30일에는 애플의 서비스들을 묶음으로 제공하는 '애플

---

16 애플 서비스 사업의 이익률은 2019년 기준 60%대로 아이폰 디바이스 사업의 이익률 35%와 비교하면 2배 가까이 된다. "Apple's Services To Top $50 Billion Profits By 2025 – Beating iPhone" (2020. 2. 25). *Forbes*.

원(Apple One)'이라는 번들형 구독 서비스를 출시하면서 서비스 사업을 더욱더 확대하는 추세이다. 서비스 4~5개를 묶어 월 15~20달러 수준에 제공한다는 것이다. 여기에 애플은 헬스케어 등 새로운 구독 서비스도 추가해나갈 계획이며, 이 역시 애플원 번들에 포함될 것이다. 한편 인공지능 기술을 활용해 서비스 품질을 높이려는 노력도 계속하고 있어 애플의 서비스 매출과 서비스 사업이 전체 사업 포트폴리오에서 차지하는 비중은 앞으로도 확대될 것으로 보인다.

또한 애플 CEO 팀 쿡(Tim Cook)은 디바이스까지 월정액에 빌려주는 구독 서비스 도입을 구상하고 있다.[17] 지금처럼 통신사가 중간에 낀 약정 방식이 아닌 애플에 직접 월정액을 지불하고 디바이스를 대여해 사용하는 렌탈 방식이 될 수 있다는 것이다. 통신사나 유통업체들과의 관계를 어떻게 조율해나갈지 우려되는 부분은 있지만, 구독 기반 비즈니스로 사업 모델의 축을 전환하려는 애플의 의지만큼은 확고해 보인다.

2021년 1월 기준 애플 계정에 가입된 사용자는 10억 명에 달한다.[18] 가령 이들이 매달 애플에 20달러씩 지불한다고 생각해보라. 월 매출만 200억 달러, 우리 돈으로 약 24조 원에 달하게 된다. 여기에 기기 구독료까지 추가된다면 매출은 더욱 커질 것이다. 애플이 구독 서비스로 사업 방향을 바꾸려는 이유도 여기에 있을 것이다.

---

17 "Tim Cook hints at a potential future plan to sell iPhones as a subscription service" (2019. 10. 31). *Businessinsider*.

18 "Apple says there are now over 1 billion active iPhones" (2021. 1. 27). The Verge.

구독 서비스의 매력을 체감한 구글

애플과 함께 눈에 띄는 행보를 보인 또 다른 기업으로 구글이 있다. 사실 구글은 코로나19 사태가 지속되는 와중에 4대 빅테크 기업 중 유일하게 매출이 하락한 기업이다. 2020년 2분기 매출을 보면 비록 월가(Wall Street)의 전망치는 웃돌았지만 이전 해인 2019년 2분기보다 2% 감소했고 순이익은 26%나 줄어들었다.

증시 상장 이래 매출이 하락한 건 처음이었다. 구글은 검색과 광고가 매출에서 차지하는 비중이 80% 이상이며 구글에 광고비를 지출하는 건 대부분 기업 고객이다. 코로나19 사태로 기업들의 실적이 악화되면서 광고비를 줄인 기업이 많았고 이 때문에 증권가에서는 구글의 실적을 더 낮게 예상했던 것이다. 하지만 구글은 클라우드 매출과 유튜브 구독, 유튜브를 통한 광고 매출이 늘면서 예상치보다는 높은 실적을 기록했다.[19]

선다 피차이(Sundar Pichai) 구글 CEO는 이미 2020년 1분기 실적을 발표할 때부터 신성장동력으로 클라우드와 유튜브 구독을 꼽았고 이들의 매출을 처음으로 공개하며 성장성을 강조한 바 있다. 당시 선다 피차이의 발언에 대해 업계는 광고 매출의 성장성 둔화에 따라 기업 경기를 타는 광고 사업보다 수익이 안정적이고 시장도 빠르게 성장하는 사업들을 '강조'함으로써 주주들을 안심시키려는 의도가 담긴 것으

---

[19] '검색 및 기타(Google Search & Others)' 매출은 9.8% 감소했지만, 유튜브 광고와 클라우드 매출은 각각 5.7%, 43.2%가 증가했다. 알파벳 분기 실적 보고서 (2020. 2Q).

로 평가한 바 있다.

물론 구글이 검색 시장에서 차지하는 위상으로 볼 때 기존의 검색 광고 사업은 앞으로도 한동안 구글의 핵심 사업으로서 지위를 유지할 것이다. 그러나 구글 또한 구독 서비스의 매력을 실제로 체감한 이상 향후 클라우드와 유튜브 사업 확장에 더욱 집중할 것으로 보인다.

4 위기의 시대, 기회의 이름이 되다

2020년 초 시장을 덮친 코로나19 사태가 장기간 이어지면서 많은 기업이 타격을 입었다. 자가격리 사례가 늘어나고 사회적 거리 두기가 강화되면서 사람들의 이동과 소비가 현저하게 줄어들었다. 감염자가 나온 일터는 며칠씩 폐쇄되었고 공장이 셧다운 되면서 기업의 경영 활동에도 마비가 왔다. 전반적 경기 침체, 고용 감소로 인한 소득 감소는 소비를 더욱 위축시키는 결과를 가져왔다. 그런데 이러한 위기 속에서도 구독 서비스 제공 기업들은 흔들림 없이 실적을 유지하거나 오히려 코로나19 사태 이전보다도 성장했다. 구독 서비스 업체를 대상으로 결제 솔루션 서비스를 제공하는 기업 주오라의 조사 결과에 따르면, 구독 서비스 업체 중 80%에 달하는 기업이 코로나19 기간에도 꾸준히 성장했다. 그중 절반은 코로나19 이전의 성장률을 유지했고 18%는 성장률이 오히려 상승했다. [20]

---

20 Subscription Impact Report: Covid-19 Edition (2020), Zuora.

코로나19 이전보다 성장한 이유

비결은 2가지로 요약할 수 있다. 첫 번째는 구독 서비스 기업들이 가진 회원 기반과 이들로부터 나오는 정기구독료[21]가 위기를 버틸 수 있는 완충제 역할을 했기 때문이다. 구독은 정기적으로 돈을 지불하지만 그 금액이 크지는 않다. 그래서 소비자들은 경기가 악화되면 큰 소비는 줄이고 사려고 했던 것은 구입 일정을 미루지만 구독은 대체로 유지하는 경향을 보인다. 오히려 새로운 구독 서비스를 선택하는 소비자가 늘어나기도 하는데, 이번 코로나19 사태 때도 위생과 청결에 대한 관심이 급증하면서 공기청정기나 정수기, 의류 관리기에 대한 수요가 커졌고, 한 번에 큰 금액을 지출해야 하는 구매 대신 렌탈 서비스를 택한 소비자들이 많았다.[22] 이러한 이유로 구독 서비스 업체들은 제품 판매를 위주로 하는 기업보다 매출 감소폭이 크지 않고 기존 회원들을 통한 수입이 어느 정도 유지되면서 안정적 수익을 유지할 수 있었다. 즉, 구독 모델을 택하지 않은 많은 기업이 매출이 급감하고 문을 닫는 사이 구독 서비스 제공 기업은 타격을 거의 입지 않거나 오히려 성장했다.

두 번째는 코로나19 사태로 인한 라이프 스타일 변화와 기업들의 새로운 시도로 인한 수혜의 상당 부분이 구독 서비스를 제공하는 기업에

---

21 구독 서비스 업체들은 매달 구독료로 정기적 수입이 발생하기 때문에 '반복적 매출(recurring revenue)'이라는 표현을 쓴다.

22 "웃음꽃 핀 렌탈 업계, 코로나 여파에도 2Q 호실적" (2020. 8. 5). 《아이뉴스24》.

돌아갔기 때문이다. 현재 온라인으로 제공되는 대부분의 서비스는 구독 모델을 택하고 있다. 전자책, 음악, 영화, 게임, 온라인 강의 등이 월정액에 스트리밍 서비스로 제공될 뿐 아니라 기업들이 많이 사용하는 화상회의 솔루션이나 문서·그래픽 작업을 위한 프로그램(오피스, 어도비, 포토샵 등)도 대부분 구독 서비스로 제공되고 있다. 이커머스 업체들도 다양한 혜택을 담은 멤버십 서비스를 제공하기 시작했다. 코로나 19 사태로 비대면 서비스에 대한 선호가 증가하고 기업과 학교가 원격 시스템을 도입하면서 구독 서비스 업체들은 시장을 더 확장할 기회를 맞은 것이다.

예컨대 코로나19 확산 이후 영화관은 매출이 급감했지만 영화 스트리밍 서비스(OTT 서비스) 시장은 전반적으로 엄청나게 성장했다. OTT 시장은 이미 성장 가도를 달리고 있었지만 애플, 아마존 등 IT 기업, 디즈니, 워너미디어, AT&T 등 콘텐츠 제작사와 통신사까지 시장에 뛰어들면서 2019년 하반기부터는 치열한 경쟁이 예상되던 참이었다. 그런데 그 시점에 코로나19라는 재난이 닥치면서 저렴한 가격에 다양한 콘텐츠를 안전하게 무제한으로 즐길 수 있는 OTT 서비스 이용이 급증했고,[23] 시장 규모 또한 빠르게 커지면서 기존 강자인 넷플릭스의 가입자가 증가했을 뿐만 아니라 때마침 시장에 뛰어든 신규 서비스들까지도 별 어려움 없이 시장에 안착하는 기회를 잡을 수 있었다.

---

23 BCG(보스턴컬설팅그룹)는 2020년 세계 OTT 서비스 시장의 규모가 1,100억 달러로 2019년 930억 달러보다 20% 가까이 성장할 것으로 전망했다. "'코로나 집콕族' 덕에… 올 세계 'OTT 시장' 1100억 달러" (2020. 4. 14), 《문화일보》.

넷플릭스는 코로나19가 빠르게 확산되기 시작한 2020년 1분기에만 가입자가 1,500만 명 증가했고, 디즈니 플러스는 2019년 11월에 서비스를 시작해 1년도 채 되지 않은 시점에 구독자가 6,000만 명을 넘어섰다.[24] 월 구독료가 그다지 높지 않은 데다 서비스마다 오리지널 콘텐츠[25]를 구비하다 보니 여러 개의 서비스에 동시 가입하는 소비자도 많아지면서 경쟁이 치열해지기보다는 시장의 판 자체가 커지는 결과를 낳은 것이다.

또 재택근무와 온라인 수업이 늘면서 화상회의나 원격교육을 지원하는 서비스 이용도 크게 늘었다. 화상회의 서비스 '줌 미팅(Zoom Meeting)'[26]은 몇 개월 사이 전 세계적으로 유명해졌다. 갑작스레 원격근무나 온라인 강의를 도입해야 했던 미국의 기업과 대학이 가입과 사용이 간편한 줌을 활용하면서다. 2019년 12월만 해도 줌 미팅 앱의 1일 사용자 수는 1,000명에 불과했지만 2020년 3월에는 2억 명으로, 4월에는 3억 명으로 증가했다. 미국에서는 한때 '줌하자'라는 말이 '온라인에서 회의하자, 만나자'라는 말을 뜻했고 줌으로 강의를 듣던 학생들은 '줌 대학(Zoom University)' 로고를 새긴 티셔츠를 제작해 입기도 했다. 줌은 2020년 2분기에 전년 동기 대비 4.6배나 급증한 매출을 기록

---

24 "Disney Plus hits 60.5 million subscribers, helped by Hamilton bump" (2020. 8. 4). Cnet.

25 각 OTT 서비스 업체들이 자체 제작하는 콘텐츠로, 타사에는 배급하지 않거나 매우 고가의 로열티를 부과한다. OTT 서비스 업체들은 차별화 요소로서 오리지널 콘텐츠에 대한 투자를 늘려가고 있다.

26 2012년 설립된 줌 비디오 커뮤니케이션스(Zoom Video Communications)라는 스타트업에서 제공하는 화상 채팅 및 회의 솔루션 서비스이다.

줌을 이용한 화상회의 장면과 아마존에서 판매한 줌 대학 로고 와펜과 티셔츠.
자료: 〈https://zoom.us〉; 〈https://www.amazon.com〉

했고, 시가총액이 IBM을 넘어서는 기염을 토했다.[27]

코로나19 여파로 온라인 주문이 가능한 이커머스 업체의 매출도 폭발적으로 증가했다. 아마존은 2020년 1분기 매출이 26%나 성장했는데 아마존 정도의 규모를 가진 기업이 26% 성장한다는 것은 실로 어마어마한 실적이 아닐 수 없다. 한국의 아마존이라 불리는 쿠팡도 코로나19 특수로 매출이 급증하며 2018년 1조 원이 넘었던 누적 적자를 절반으로 줄이는 데 성공했다. 이에 탄력을 받아 2021년 3월 뉴욕 증시에 상장하며, 상장 첫날 시총이 매출의 10배 가까이 되는 100조 원을 돌파하기도 했다.

위기가 종식된 후에도 구독 모델은 계속 성장할까?

이처럼 이른바 '코로나19 특수'로 구독 서비스 업체들은 엄청난 성장

---

27 "9살 신생 기업 줌 110살 IBM 시총 넘다" (2020. 9. 2). 《한국경제신문》.

세를 구가했다. 그렇다면 코로나19가 종식되면 어떨까? 그 후에도 구독 모델은 성장을 지속할 수 있을까? 답은 '그렇다'이다. 구독 기업의 매출이 증가한다는 것은 '유료 구독자'가 늘어난다는 의미이다. 대부분의 구독 서비스 기업들은 '프리미엄(freemium)'이라는 전략을 채택하고 있다. 프리미엄 전략은 프리(free)와 프리미엄(premium)의 합성어로 많은 고객을 유인하기 위해 기본 서비스만 무료로 제공하거나, 서비스 무료 이용 기간을 제공하는 것이다. 줌 미팅도 무료 버전이 있고, 아마존 프라임도 30일 무료 체험 서비스가 있다.

무료로 서비스를 체험해본 고객들이 유료 구독자로 전환된다는 것은 그만큼 구독 서비스를 제공하는 기업들이 구독료가 아깝지 않을 정도의 가치를 제공하고 있다는 의미이다. 즉, 코로나19 상황을 맞아 구독자가 급증한 기업들은 서비스 경쟁력을 시장에서 한 번 더 인정받은 셈이다. 서비스 경쟁력을 가진 구독 서비스 기업들은 회원들의 충성도도 당연히 높다. 넷플릭스 회원이 서비스 이용 1년 뒤 가입을 갱신하는 비율은 74%에 달하고,[28] 아마존 프라임 서비스를 2년 이상 이용하는 고객 비율은 98%에 육박한다.[29]

이렇듯 구독 서비스 업체들은 코로나19 시기를 안정적으로 보내고 소비자 라이프 스타일 변화로 오히려 기회를 맞아 추가 성장의 발판까지 마련했다. 코로나19 시대에 추가로 확보한 회원 기반을 자산으로

---

28 미국 시장조사 업체 Bloomberg Second Measure 조사 결과 (2021. 1).

29 "How Amazon maintain over 90% customer retention" (2019. 8. 5). Beamer.

위기 이후에도 안정적 성장을 이어갈 수 있을 것으로 보인다.

어떻게 구독 모델은 신생 기업에 산업의 판도를 뒤흔들 정도의 위력을 부여했는가? 코로나19 사태에도 불구하고 고객들이 구독 서비스에 지갑을 연 이유는 무엇인가? 왜 구독 비즈니스 모델은 지금, 최고의 가치를 자랑하는 기업들이 추구하는 궁극의 비즈니스 모델이 되었는가?

앞서 살펴본 사례들로 우리는 이 문제에 대한 일부 힌트를 얻었다. 이제 좀 더 본격적으로 구독 비즈니스 모델이 과연 무엇인지, 성공적인 기업들은 어떤 고객가치를 제공하고 있는지, 또 산업별로 구독 비즈니스가 어떤 형태로 구현되고 있으며 성공 요인은 무엇인지, 향후 기업들이 구독 모델의 확산에 어떻게 대응해나가야 할지 알아보자.

구독 FAQ

코로나19는
구독과 공유의 운명을 어떻게 갈랐나?

어려움에 처한 공유 서비스

공유경제(sharing economy)가 산업의 판도를 뒤엎을 정도의 새롭고 막강한 소비 개념으로 여겨지던 때가 있었다. 차량 공유 서비스 업체 우버(Uber)의 창업자 트래비스 캘러닉(Travis Kalanick)은 "샌프란시스코 시내의 모든 차량이 우버에 가입한다면 교통체증은 사라질 것"이라 했고, 글로벌 컨설팅 업체 맥킨지 앤드 컴퍼니(McKinsey & Company)는 "차량 공유 서비스로 인해 자동차 구매가 급감하고 결국 도로 위에 나오는 자동차 수를 줄이는 결과까지 초래될 것"이라고 예견한 바 있다.

그러나 코로나19라는 불가항력적 사태를 맞아 공유와 구독의 운명은 확연히 갈리고 말았다. 구독 서비스 기업들은 추가 성장의 기회를 확실히 마련하고 위기 속에서도 눈에 띄는 실적을 올리고 있는 반면, 공유 서비스 기업들은 핵심 사업이 흔들릴 정도로 큰 어려움을 겪고 있는 것이다. 공유에 기반을 둔 대표 서비스는 차량 공유, 주거 공유, 의류 대여업 등이다.

차량 공유 서비스의 대표 주자 우버는 코로나19가 급격히 확산되면서 서비스 이용이 70%까지 급감하는 지역도 발생했고 결국 2020년 1분기 매출이 전년 동기 대비 최대 80% 하락했다. 그 여파로 그해 5월까지 6,700명에 달하는 직원을 감원해야 했다. 주거 공유 서비스 에어비앤비(Airbnb)도 100%에 육박하던 예약률이 10%대로 떨어지는 지역이 나오면서 사업의 기반이 송두리째 흔들렸다. 특별한 모임에 참석할 때 입을 옷이 필요한 사람들을 위한 의류 대여 업체 렌트 더 런웨이(Rent the Runway) 역시 상황은 비슷해, 대대적 감원을 단행하고 오프라인 매장은 문을 닫았다. 코로나19로 사람들의 이동이 감소하고 여행에 제약이 생겼을 뿐 아니라 각종 모임, 파티 등이 취소되면서 이들 서비스가 직격탄을 맞은 것이다. 게다가 모르는 사람과 차량, 장소, 옷을 공유한다는 점이 코로나19 시대의 소비자들에게는 서비스 이용을 꺼리게 만들었다.

구독과 공유, 두 서비스 모델이 코로나19 사태를 맞아 이렇게 명암이 갈린 것은 '집에 있는 시간의 증가'와 '안전성에 대한 신뢰'에서 그 원인을 찾아볼 수 있다. 코로나19로 인해 발생한 물리적 제약을 해결할 수 있게 도와주는 화상회의 시스템이나 이커머스 서비스, 그리고 집에 있는 시간을 즐겁고 의미 있게 보낼 수 있도록 도와주는 OTT 서비스와 각종 취미 강의, 교구 정기배송 등이 구독 시장의 성장을 견인한 반면, 상대적으로 사람들의 잦은 이동과 모임에 의존하고 물건이나 장소를 공동으로 사용한다는 개념에 기초한 공유 서비스는 '감염 위험에 대한 우려'로 인해 소외되었다. 여기에 더해 구독 비즈니스 모델은 위기 상황을 버틸 수 있는 '힘', 즉 고객과의 관계와 반복적 매출을 이끌어내지만 공유 서비스 기업은 이 2가지가 약하다 보니 코로나19 같은 상황이 닥치자 속절없이 무너지고 만 것이다.

코로나19 종식 이후에도 업무나 교육의 온라인화는 계속 진행될 것이고, 여유 시간을 즐겁고 유의미하게 보낼 수 있도록 도와주는 서비스 역시 가입 유지 비율이 높을 것이다. 건강과 안전에 대한 인식 또한 강해질 것이다. 그렇기 때문에 코로나19 이후에도 공유 서비스보다는 구독 서비스의 미래가 더 밝아 보이는 것이 사실이다. 공유 서비스 기업이 타개책 마련과 함께 위기대응 능력을 키워야 하는 이유이다.

재기를 노리는 공유 서비스 기업들의 노력

실제로 공유 서비스 업체들 역시 자구책 마련에 몰두하고 있다. 우버는 2020년 7월 6일 미국의 음식 배달 스타트업인 포스트메이츠(Postmates)를 26억 5,000만 달러(약 3조 1,000억 원)에 인수했다. 아이러니하게도 우버의 승차 공유 사업이 위기를 맞은 시기에 우버의 또 다른 서비스인 음식 배달 서비스 '우버이츠(Uber Eats)'는 매출이 50% 이상 성장했기 때문이다. 이 역시 코로나19로 집에서 음식을 주문해 먹는 사람이 늘어난 덕분이다. 여기에서 기회를 엿본 우버는 음식 배달 사업으로 재기를 노리는 중이다.

에어비앤비도 변화하는 트렌드에 대응하며 회생 전략을 고심하고 있다. 코로나19로 여행 트렌드가 변화하면서 해외를 짧게 여행하는 대신 국내에서 길게 머무는 여행객이 증가했다. 이에 에어비앤비는 각국의 국내 여행객을 대상으로 서비스하는 사업에 집중하면서 도시 근교나 농어촌의 빈집을 활용하기 위한 방식도 추진 중이다.

그런데 코로나19로 인해 새롭게 주목받는 공유 서비스도 있다. 외식업체들이 조리 공간을 함께 사용하는 공유 주방 서비스나, 넓게 보면 공유 개념에 포함되는 중고물품 거래 서비스가 그것이다. 어려워진 경제 상황 때문에 비용을 아끼려는 자영업자들과 소비를 줄여보려는 사람들의 니즈가 만들어낸 어두운 단면이기도 하지만, 공유 비즈니스 모델이 다양한 산업으로 확대되는 계기가 될 수도 있다는 관측을 낳는다.

'공유' 개념은 자원 절감과 불필요한 소비 줄이기라는 대의에 기초하는 것인 만큼 기존의 공유 업체들이 새롭게 주목받는 공유 서비스들을 지속적으로 발굴할 필요가 있다.

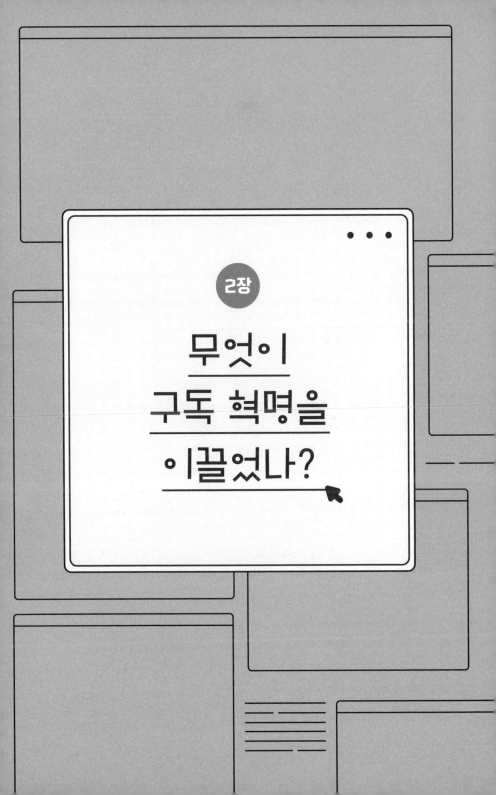

2장

무엇이
구독 혁명을
이끌었나?

'구독'[1]은 사실 꽤 오래전부터 존재해온 것으로 우리에게 이미 친숙한 서비스 모델이다. 신문 구독은 17세기에 시작되었고, 1872년 발표된 동화 《플랜더스의 개》의 주인공 넬로와 파트라슈는 아침마다 우유를 배달했다. 예전에 동네마다 성행했던 만화방에도 정기권이 있었다. 이토록 오래된 사업 모델이 최근 다시 주목을 받게 된 까닭은 무엇일까? 그 이유를 4가지로 정리하여 살펴본다.

1 구독(購讀)이라는 단어의 사전적 의미는 '책이나 신문, 잡지 따위를 구입하여 읽음'이다. 영단어인 subscription은 좀 더 넓은 의미를 담고 있는데 '①구독료; 구독, ②(정기적으로 내는) 기부금; 기부; (클럽 등에) 가입; (서비스) 사용, ③(어떤 일을 위한) 모금' 등이다. 최근 subscription commerce, subscription service는 매월 잡지나 신문을 구독하듯 일정 비용을 내고 서비스를 받는 상거래 방식을 두루 의미하게 되었다. 이를 우리나라에서도 그대로 받아 서브스크립션 서비스 또는 구독 서비스라고 하는데 혹자는 購讀이라는 한자가 담고 있는 의미가 책이나 신문 등에 국한되므로 '회원제 서비스' 등으로 불러야 하는 것 아니냐고 이야기한다. 하지만 이 책에서는 '구독 서비스'라는 표현을 쓸 생각이다. 이미 수많은 언론 기사, 번역된 책, 보고서 등에서 '구독'이라는 용어를 폭넓게 쓰고 있으며 일반 독자들도 더 이상 '구독'을 책이나 신문에 국한해 생각하지 않기 때문에 오히려 다른 용어를 사용하는 것이 더 혼동을 가져올 수 있어서다.

1

소유 개념의 확장: 오너십에서 유저십으로

구독은 한마디로 '회원제 기반의 서비스 모델'이다. 구독 서비스를 이용하는 소비자, 즉 '회원'들은 일정 금액을 내고 계약 기간 동안 유무형의 제품을 '사용'하며, 회원으로서 부수적 '특전'을 누린다. 다시 말해 유무형 제품에 대한 '사용권(usership)'을 부여받으며, 사용하는 과정에서 다양한 혜택도 얻는다.

예를 들어 신문사에 정기구독 회원으로 등록하면 계약 기간 동안 정해진 시간에 내가 지정한 곳으로 신문을 배달받는다. 즉, 나는 '정기배송 서비스'와 '신문'을 '사용'하며 매월 일정 금액을 지불한다. 신문 1년 정기구독을 신청하면 2개월을 무료로 얹어준다거나 각종 사은품을 주는데, 이런 것이 부수적 특전이나 혜택에 해당한다. 가판대에서 신문을 사는 것과는 완전히 다른 서비스이다. 가판대에서 신문을 구입할 때는 신문 가격을 지불하고 그 신문을 소유하는 데 그친다. 하지만 정기구독을 하면 신문이 내 소유가 될뿐더러 원하는 장소로 배달해주고 가격도 할인해주며 사은품까지 따라온다.

'사용할 권리'란 소유보다도 훨씬 넓은 개념이다. 우리는 구독을 하

○ 판매 모델과 구독 모델의 차이

면서 제품을 소유하기도 하고, 소유하지는 않지만 마치 내 것처럼 사용할 수 있다. 만화방 정기권을 끊은 소비자들은 비록 만화책들을 소유할 순 없어도 언제든 읽을 수 있는 권리를 가지기 때문이다.

　확실히 최근의 소비 형태는 '소유'보다는 '사용'을 선호하는 쪽으로 변화해가고 있다. 단순히 무언가를 소유하려 하기보다 언제든 사용할 수 있는 권리를 구매하는 사례가 증가한 것이다. 예컨대 MP3 음악 파일을 구매해 다운로드하기보다 언제 어디서든 온라인으로 원하는 음악을 들을 수 있는 스트리밍 서비스가 인기이다. 건강에 대한 우려가 증가하면서 집집마다 고가의 공기청정기와 정수기, 의류관리기까지 들여놓는 듯하지만, 사실 알고 보면 그 모든 게 월 몇 만원을 내고 장기 렌탈을 하는 중이다. 킥보드나 자전거도 굳이 구매해 집에서 도로까지 가지고 내려오거나 어디에 주차할지 고민할 필요가 없다. 정기권을 구매한 뒤 언제 어디서든 사용한 뒤 지정된 장소에 세워두면 그만이다.

이렇게 제품이나 서비스를 '소유'하는 대신 일시적으로 '사용'하는 것을 미국의 경제학자 제러미 리프킨(Jeremy Rifkin)[2]은 '접속(access)'이라고 정의했다. 그리고 접속의 시대, 즉 언제든지 내가 원하는 제품과 서비스에 접근해 사용할 수 있는 권리에 대해 값을 지불하는 경제가 도래할 것이라고 예측했다. 제러미 리프킨은 2000년에 출간한 저서 《소유의 종말(*The Age of Access*)》에서 다음과 같이 말했다.[3]

> 소유의 의미가 퇴색되면서 소유는 접속으로 바뀔 것이다. 소유 개념은 접속의 권리까지 포함해 새롭게, 넓게 정의되어야 한다.

---

2 미국 펜실베이니아 와튼 비즈니스 스쿨의 교수(1945년~). 《엔트로피》, 《노동의 종말》, 《바이오테크 시대》 등을 저술하며 수십 년을 앞서 사회 변화를 예견한 바 있다.

3 국내 번역본 제목인 《소유의 종말》은 필자가 생각하기에 저자의 의도를 정확히 반영하고 있지 않다. 저자는 소유의 개념이 접속으로 확대되는, 즉 잠시 사용하는 것까지 소유로 보아야 한다고 말했다. 그런 점에서 '소유의 확장'이라고 하는 것이 더 명확하다.

2 '구멍이 필요해서 드릴을 사는' 사람들

소유의 개념은 사용할 권리로 확장되었으며, 실제로 사람들은 이제 사용할 권리를 더 선호한다. 그러나 헨리 포드(Henry Ford)가 1913년 자동차의 대량생산을 위해 '포드 시스템'[4]을 도입한 뒤로 100여 년간 우리의 주된 소비 방식은 '구매'하고 '소유'하는 것이었다. 포드 시스템 도입을 기점으로 대량생산이 획기적으로 증가하면서 기업들은 공장에서 쏟아져 나오는 제품을 판매하기 위해 유통망을 늘리고 공격적 마케팅을 펼쳤다. 기업 입장에서는 '판매'가 가장 간단하고 빠르게 수익을 확보하고 투자금을 회수하는 방법이었기 때문이다.

이때 소비자들에게 선택권은 많지 않았고, 기업과 소비자 사이에서 이루어지는 거래는 단순했다. 기업은 제품을 판매했고 소비자는 가격을 지불하고 구매해서 '소유'했다. 어디에서 누구한테 사느냐에 따라 조금 더 할인을 받기도 했고 사은품을 받기도 했다. 서비스 상품도 마

---

4 제품 표준화, 부품 규격화, 컨베이어 벨트 도입 등을 통해 생산 효율을 극대화하여 원가를 절감하고 자동차를 대량 생산하도록 고안된 시스템.

찬가지였다. 싱크대 배관 교체 서비스도, 차량을 빌리는 서비스도 상응하는 가격을 지불하고 이용하는 식이었다.

산업화에 따른 급속한 경제성장으로 노동자들의 수입이 증가하고 가처분소득이 늘면서 소유가 주는 의미는 더 각별해졌다. 말하자면 '소유한 물건'이 곧 사회적·경제적 성공의 척도가 된 것이다. 소비의 목적은 큰 집, 고급 승용차, 고가의 보석 등을 내 것으로 만들어 자신이 거둔 성공을 '과시하는 것'이 되었다.

지금도 소유는 어느 정도 그런 의미를 내포한다. 집을 가지지 못한 사람들은 내 집 마련의 꿈을 꾸고, 해마다 출시되는 신차는 "아빠라면 누구나 사고 싶은 차"라는 식으로 광고한다. 여전히 내가 가진 물건이 나를 대변한다고 생각하는 사람이 있고, 소유욕은 인간의 본능이기도 하며,[5] 소유가 주는 안정감을 대신할 만한 것이 마땅히 없어 보이기도 한다. 하지만 이런 질문을 던진다면 어떨까? "당신은 소유하기 위해 소비하는가?"

과연 우리는 소유하기 위해 소비하는 것일까? 늘 그렇지는 않을 것이다. 소유는 소비의 유일한 목적이 아니다. 이를 단적으로 보여주는 말이 있다. 미국의 경제학자이자 하버드 비즈니스 스쿨 교수였던 시어도어 레빗(Theodore Levitt, 1925~2006)이 남긴 말이다.

---

[5] 2018년 3월 카이스트에서는 소유욕을 유발하는 뇌 신경회로를 발견했다고 발표했다. 이 신경회로가 잘 조절되지 못하면 물건을 집에 모아두는 '수집 강박증'이나 '쇼핑 중독'을 겪을 수 있다는 것이다. 인간은 소유를 본능적으로 원한다는 사실이 과학적으로 증명된 셈이다. "KAIST연구팀, 소유욕 만드는 뇌 신경회로 발견" (2018. 3. 15). 《파이낸셜뉴스》.

소비자는 4분의 1인치 드릴을 원하는 것이 아니라 4분의 1인치 크기의 구멍을 뚫기를 원한다.

마케팅 분야 구루인 시어도어 레빗은 학생들에게 늘 이 말을 강조했다. 기업들이 제품에만 주의를 기울이다가 정작 제품으로 고객이 얻게 될 편익과 경험의 중요성은 소홀히 여기는 것을 지적한 말로 레빗은 기업들의 이러한 행태를 경영상 최대의 실수로 여겼다.[6] 소비자에게는 제품을 구매하고 소유하는 것 자체보다 다양한 소비의 목적이 있고 기업들은 그 목적에 주목할 필요가 있다고 강조한 것이다.

이해하기 쉽게 '책'을 예로 들어보자. 사람들이 책을 사는 이유는 다양하다. 누군가는 좋아하는 작가의 책을 소장할 목적으로 살 수도 있고(이것은 소유 그 자체가 목적인 경우이다), 제목이나 표지를 보고 내용이 궁금해서 살 수도 있다. 베스트셀러여서 사는 사람도 있을 것이다. 책은 지식과 취향의 '과시재'이기도 하기 때문에 책꽂이에 꽂아두기 위해 산다는 것도 그럴듯한 목적이다. 하지만 대부분은 책의 내용을 읽으려고 살 것이다. 지식이나 감동을 얻고 싶은 마음도, 무료한 시간을 즐겁게 보내고 싶은 마음도 있을 것이다. 이처럼 책이라는 제품을 둘러싼 목적은 다양하고 소비자는 저마다의 목적을 달성할 것을 기대하며 책을 사고 소비한다.

---

6 Theodore Levitt (1975), "Marketing Myopia", *Harvard Business Review*, September- October, 26-44.

그렇다면 꼭 책을 사서 소유해야만 이러한 목적이 달성될까? 그렇지 않다. 실제로 요즘에는 전자책(ebook)을 스트리밍으로 이용할 수 있는 구독 서비스가 활성화되고 있다. 이제는 가상공간에 내 책장을 만들어 수십 권씩 담아놓고 언제 어디서든 읽을 수 있다. 남이 읽고 있다고 해서 기다릴 필요도 없다. 내가 어떤 책을 읽었는지 이력을 관리할 수도 있고 내가 좋아할 만한 책을 추천받을 수도 있다. 마음에 드는 문구를 따로 모아둘 수도 있으며, 비슷한 독서 취향을 가진 사람들과 온라인 소통을 할 수도 있다. 책을 읽는 각자의 목적이 충족될뿐더러 새로운 서비스로 인해 책과 관련된 경험이 이전보다 더 풍부해지고 즐거워질 수 있다.

구독은 이렇게 소비자의 다양한 소비 목적 달성 및 그 과정에서 얻게 되는 경험에 주목하는 서비스 모델이다. 물건을 팔 때 한 번 만나고 헤어지는 것이 아니라, 그 고객이 계속해서 내가 만든 서비스를 사용하게 만들기 위해 한 사람 한 사람이 소비의 진정한 목적을 달성할 수 있도록 도와야 하며 만족스러운 경험이 이어지도록 해야 하기 때문이다.

판매 모델과 구독 모델,
무엇이 다른가?

구독 모델의 특징을 더 깊이 이해하기 위해 판매 모델과 비교해 살펴보자(비즈니스 모델 간 우열을 가리기 위함이 아닌, 상대적 차이를 비교하는 것이 목적임을 미리 밝혀둔다).

구독은 회원제 기반의 서비스 모델이기 때문에 판매 모델과는 초점도, 목표도, 성과 지표도 완전히 다르다. 회원을 얼마나 모으고 회원들과의 관계를 얼마나 오랜 기간 유지할 것인가가 최대 관심사다. 기업으로부터 고객에게 제품이 일방으로 전달되는 구조가 아닌, 기업이 회원에게 다양한 경험을 제공하고 회원은 지속적으로 기업의 서비스를 이용하는 선순환 구조를 만드는 것이 구독 모델의 목표이다. '화장품 판매'와 '화장품 구독'의 예를 가지고 두 모델 간의 차이와 각 모델의 특징을 살펴보자.

판매 모델: 제품 중심의 비즈니스 모델

'화장품 판매' 모델은 백화점, 온라인 몰, 로드숍,[7] 면세점 등 다양한 유통 채널을 통해 고객에게 제품을 판매하는 비즈니스 모델이다. 최대한 많이 판매하는 것이 매출을 증가시키는 지름길이기 때문에 가능한 한 많은 고객과 제품이 만나도록 다수의 유통업체와 협력한다.

이때 화장품 제조·판매 기업은 고객을 특정 고객군(Customer segment)으로 분류하여 그들의 니즈를 분석한다. 예를 들어, 20대의 피부 트러블이 고민인 고객군을 타깃 고객으로 정한다면 그들의 고민을 가장 잘 해결할 수 있고 20대가 부담 없이 살 수 있는 가격대의 제품을 만드는 데 집중한다. 그리고 20대가 선호하는 연예인을 광고 모델로 기용해 다양한 매체로 마케팅을 한다. 무엇보다도 중요한 전략은 경쟁사보다 좋은 품질 또는 낮은 가격을 내세우는 것이다. 회사의 목표는 분명 '고객'이지만 전략은 '제품' 중심으로 이루어지며 이때 비교 대상은 경쟁사의 제품이다.

구독 모델: 고객경험 중심의 비즈니스 모델

'화장품 구독' 모델은 고객(회원)에게 매월 정해진 금액을 받고 정해진 날짜에 고객이 요청한 화장품을 배송해주는 서비스 비즈니스 모델이다. 모바일 앱과 같이 고객과 직접 연결된 채널(D2C; Direct to Customer)을 통해 회원 가입 및 서비스 구독 신청을 받는다. 고객은 이 과정을 통해 자신의 이름, 성별, 나이, 피부 타입 등의 구체적 정보를

---

7 유동 인구가 많은 길거리나 지하철역, 학교 주변 등에 위치하며, 다양한 브랜드 또는 한 브랜드의 여러 가지 제품 라인업을 모아놓은 매장이다.

기업에 제공하고 이를 바탕으로 기업은 고객에게 가장 적합한 화장품을 추천한다. 이후 고객은 모바일 앱을 통해 수시로 그리고 지속적으로 기업에 피드백을 보낸다. 그러면 기업은 이를 반영해 새로운 제품을 추가하거나 품질을 향상시키는 등 고객 한 명 한 명의 만족도를 높이기 위해 서비스를 개선한다.

구독 서비스를 제공하는 기업의 목표는 더 많은 고객을 회원으로 만들고, 이들 각자에게 최상의 경험을 제공함으로써 충성고객으로 만드는 것이다. 그 결과 기존 고객들에 의해 입소문이 나면 회원 수가 늘어나 매출도 증가하게 된다. 이때 분석과 비교 대상은 경쟁사 제품이 아닌, '나의 고객'이 평가한 '나의 제품과 서비스'이다.

제품수명주기 vs 구독생애주기

판매 모델과 구독 모델을 비교했을 때 가장 눈에 띄는 것은 '전략의 차이'이다. 판매 모델은 제품수명주기(product life cycle)[8]를 관리하며 수명주기에 따라 전략이 달라지지만 구독 모델은 고객의 구독생애주기(customer subscription life cycle)를 관리한다. 고객과의 지속적이고

---

8 제품수명주기는 크게 도입기, 성장기, 성숙기, 쇠퇴기로 나눈다. 혁신적 제품 출시를 통해 기존에 없던 새로운 시장이 만들어지면 해당 제품은 도입기에 들어간다. 도입기는 경쟁자가 거의 없는 독점 상태로, 기업은 제품 인지도를 높이고 사용법을 알리기 위해 광고·마케팅을 활발히 한다. 제품의 매출이 급상승하면 경쟁자들이 시장에 진입하면서 유사 제품이 늘어난다. 이때 기업들은 경쟁사와의 제품 차별화에 집중하고 대량생산을 통한 가격경쟁에 돌입한다. 어느 정도 경쟁 구도가 정착되고 시장이 거의 성장을 멈추며 정체되는 성숙기가 오면, 기업들은 제조원가를 줄이려 노력하고 차세대 제품 개발에 주력하게 된다. 이후 소비자가 줄어들고 기술이 일반화되면서 시장은 쇠퇴기로 접어드는데 이때 기업들은 더 이상 마케팅에 비용을 들이지 않고 현상 유지를 하거나 경쟁력이 없다고 판단되는 제품은 시장에서 철수시킨다.

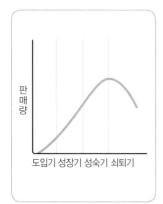

○ 제품수명주기

판매량

도입기 성장기 성숙기 쇠퇴기

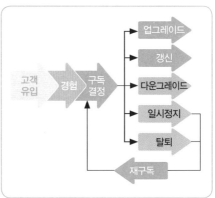

○ 구독생애주기

고객유입 → 경험 → 구독결정 → 업그레이드 / 갱신 / 다운그레이드 / 일시정지 / 탈퇴 / 재구독

유의미한 접점을 통해서다.

제품수명주기를 관리한다는 것은 성장 전략을 제품 중심으로 짤 수밖에 없고 다른 기업과의 경쟁에서도 결코 자유로울 수 없다는 의미이다. 제품이 도입기에 있으면 경쟁은 약하지만 제품 인지도도 낮기 때문에 마케팅에 집중한다. 제품이 성장기로 돌입하면 시장이 커지면서 경쟁사도 많아진다. 이때 기업은 생산에 투자해 규모의 경제로 원가를 낮추고 제품 생산량을 늘려 시장 지배력을 늘려나가는 데 집중한다. 성숙기로 진입하면 경쟁하는 제품 간 차별화도 미미해지고 시장 규모도 더는 커지지 않아 서로 가격을 낮추려 경쟁하거나 고급 제품을 내놓는 프리미엄 전략으로 가는 소모전이 발생한다.

반면 구독 모델은 고객의 구독 주기를 관리하는 데 집중한다. 고객을 어떻게 많이 확보하고 구독 서비스 가입으로 유도할지, 구독 서비스를 지속적으로 갱신하며 장기 구독자가 되도록 만들기 위한 전략은 어떻게 짤지, 또 서비스를 정지하고 탈퇴한 고객들을 다시 끌어들일 방법은 무엇인지 고민하며 고객의 실제 사용 데이터나 피드백 데이터에 근거해 해결책을 찾는다.

판매 모델은 신제품 출시, 마케팅 효과 등으로 일시에 판매가 급증하며 매출이 올라가는 짜릿함이 있다. 구독 모델은 초반에 회원을 모으는 단계에서는 매출이 상당히 완만히 증가하거나 투자 금액이 월등히 클 수 있다. 하지만 이 과정을 거쳐 탄탄한 충성고객 기반이 마련되고 나면 신규 고객 유치나 신제품 출시가 아니더라도 기존 회원의 객단가(customer transaction)를 높이는 방식[구독료 인상, 업셀링(upselling), 크로스셀링(cross-selling) 등][9]으로 매출을 효과적으로 높일 수 있다.

여기에 더해 기업은 구독이라는 멤버십 서비스로 고객과 직접 연결된 채널 및 장기적 관계를 얻게 된다. 관계가 장기적으로 지속되면서 고객 데이터가 축적되고 기업은 자신의 고객에 대해 더 많이 알게 된다. 이렇게 고객에 대해 학습한 내용을 기반으로 서비스를 개선하고 새로운 서비스를 개발할 수도 있다. 이는 다시 고객경험의 질을 높여주고 만족스러운 경험이 그를 충성고객으로 만든다. 충성고객 증가는 매출 증가로 이어지며, 기업은 이를 고객경험 증진에 재투자한다. 결

---

9 업셀링은 고객이 더 높은 가격의 고급 제품으로 업그레이드를 하거나 프리미엄 서비스에 가입하도록 유도하는 방식이고, 크로스셀링은 고객이 추가로 다른 상품도 구매하도록 유도하는 마케팅 방식이다. 이를테면 햄버거를 먹으려는 고객에게 추가 금액을 내면 라지 사이즈로 제공해주는 '사이즈 업'을 권하는 것이 업셀링이고, 감자튀김과 콜라가 포함된 '세트 메뉴'를 권하는 것이 크로스셀링이다.

과적으로 '기업의 고객경험 강화를 위한 노력 → 고객만족 → 충성고객 확보 → 기업 성장 → 재투자 → 고객경험 강화'라는 선순환 구조가 형성된다.

3 구독 모델을 되살린 기술의 발전

구독 비즈니스 모델이 어떤 것인지는 이제 알았다. 그런데 이런 구독 비즈니스 모델이 유독 최근 몇 년 사이 다양한 산업을 파고들고 있는 이유는 무엇일까?

다시 한번 최초의 구독 서비스 시절로 가보자. 기록으로 남아 있는 세계 최초의 구독 서비스는 독일에서 요한 카롤루스(Johann Carolus, 1575~1634)라는 출판업자가 발행한 신문 《릴레이션(*Relation*)》이다.[10] 1605년 정규 발행을 시작했고 4페이지로 구성된 주간지로, 고등교육을 받은 사람이나 부유층을 타깃으로 했다. 《릴레이션》은 중대한 뉴스부터 사소한 가십성 기사까지 두루 다루며 사람들의 다양한 호기심을 자극하고 충족시켜 구독을 이어가도록 만들었다.

그중 하나 예를 들어보면, 제47호 속보에서 다룬 기사가 갈릴레오의 망원경 발명 소식이었다. 30마일(약 48km)이나 떨어진 곳을 마치 바로

---

10 Clapp, Sarah L. C. (November 1931). "The Beginnings of Subscription Publication in the Seventeenth Century", *Modern Philology*, 29(2): 199–224. Chicago: The University of Chicago Press.

옆에 있는 것처럼 가깝게 볼 수 있다는 내용이다. 구독 서비스가 얼마나 오래전에 시작되었는지 체감하게 되는 대목이 아닐 수 없다. 그 옛날에 시작되어 신문이나 우유 등을 단순 배달하는 데 머물던 구독 서비스가 최근에는 거의 대부분의 산업에 등장하고 있는 것이다. 이런 흐름에는 모바일, 빅데이터, 인공지능, IoT(Internet of Things; 사물인터넷), 클라우드 컴퓨팅 등 정보통신기술(ICT)과 콜드 체인(cold chain)[11] 기술의 발전이 큰 역할을 했다.

　일단 구독 서비스를 제공하기 위한 전제 조건이 있으니, 바로 고객과 직접 연결된(D2C) 채널이다. 직접 연결된 채널을 통해 회원을 모집하고 마케팅을 하며 고객 피드백을 수시로 받아야 하기 때문이다. 예전에는 한 지역을 담당하는 영업소나 영업사원이 이 채널 역할을 했다. 집집마다 방문해 정수기 렌탈 영업을 했고 아파트 단지 입구에서 우유 배달 서비스 신청을 받았다. 고객들은 불만 사항이 있거나 구독 서비스를 변경하고 싶을 때 콜센터에 전화하거나 영업사원 또는 영업소를 찾았다. 그러다 보니 고객 입장에서는 불편함과 번거로움이 있었고, 기업 입장에서도 영업에 많은 시간과 비용을 들여야 했다. 그뿐 아니라 영업 인력에 따른 서비스 품질 차이도 감수해야 했다.

　이 문제를 획기적으로 개선한 것이 바로 모바일 기술이다. 이제 기업들은 모바일 앱을 통해 고객을 만나며 실시간으로 고객과 소통한다. 고

---

11 온도에 민감한 제품군의 품질 관리를 위해 생산·보관·유통·판매(배송) 전 과정을 저온으로 유지해주는 물류 시스템을 말한다.

객은 구독과 관련된 모든 절차를 앱 하나로 해결할 수 있다. 회원 가입부터 구독 서비스 신청, 결제까지 원스톱(one-stop)으로 가능하다. 구독 서비스 옵션을 변경하는 것도, 불만 사항을 접수하고 문제를 해결하는 것도 앱으로 가능하다. 모바일 기술은 어떤 기업이든 쉽게 고객접점을 만들 수 있도록 해줌으로써, 그리고 기업과 고객이 시공간을 초월해 만나게 해줌으로써 구독 서비스 확산에 기반을 제공했다.

클라우드 컴퓨팅, IoT, 콜드 체인 등의 기술은 구독 가능한 서비스 영역을 확장해주었다. '이런 것까지 구독이 가능해?'라는 놀라움은 바로 그 기술 덕분이다. 우선, 클라우드 컴퓨팅 기술은 간단히 말해 개인이나 기업이 인터넷으로 가상 서버에 접속해 방대한 저장 공간이나 무한에 가까운 컴퓨팅 자원을 저렴한 비용에 이용할 수 있게 해주는 기술이다. 이로 인해 다양한 스트리밍 서비스가 가능해졌다. 음성, 동영상 파일 등을 기기에 내려받을 필요 없이 인터넷에 접속해 실시간으로 재생할 수 있게 되었다.

책, 음악, 영화 등으로 확대된 스트리밍 서비스는 클라우드 기술의 고도화로 이제 엄청난 양의 그래픽 데이터를 처리해야 하는 게임에도 적용되고 있다. 심지어는 '클라우드 PC' 구독 서비스도 등장했는데, 일반 PC를 인터넷으로 클라우드에 연결해 저장 공간과 각종 고사양 성능 및 기능을 마음껏 이용할 수 있도록 해주는 서비스이다. 프로그램 개발자나 그래픽 디자이너, 고사양의 게임을 즐기고자 하는 사람들은 그래픽 카드를 구입해 PC에 장착하거나 고가의 PC를 구매해야 하는데 프랑스의 클라우드 PC 서비스 섀도우(Shadow)는 이런 사람들의 고민을 해결해준다. 월 35달러를 내고 섀도우의 클라우드 PC 서비스에 접속하면 구닥다리 PC가 최첨단 PC로 탈바꿈한다.

IoT 기술은 현재 어떤 구독 서비스를 가능하게 해주고 있을까? IoT 는 다양한 사물에 각종 센서와 통신 기능을 내장해 인터넷에 연결하는 기술이다. 이를 통해 사물들은 주변 환경에서 이런저런 데이터를 인식하고 수집할 수 있으며 어디론가 전달할 수 있고 스스로 기능을 제어하는 데 활용할 수도 있다. 스마트 공기청정기가 공기의 질을 측정하고 냄새를 인식해 자동으로 기능을 조절하는 것을 떠올리면 된다. 이 기술을 활용해 기업들은 각종 센서에 카메라까지 결합한 보안 서비스, 노인이나 아동 등을 모니터링하는 서비스, 또 에너지를 관리하고 절감해주는 서비스 등으로 구독 서비스 영역을 넓혀가고 있다.

그리고 콜드 체인 기술은 신선 식품, 밀키트(meal kit),[12] 이유식, 꽃, 약, 막걸리 등의 구독 서비스가 등장할 수 있게 해주었다.

빅데이터와 인공지능 기술도 구독 서비스 확산에 기여하고 있다. 데이터에 기초해 맞춤형 화장품, 의류, 액세서리 등을 정기적으로 배송해주는 서비스가 증가하고 있는데, 지속적이고 장기적으로 이용할수록 누적되는 데이터를 통해 추천이 더욱 정교해져 '구독'을 할 만한 유인이 충분하고 소비자 입장에서도 기꺼이 돈을 내고 이용할 만하다고 생각하기 때문이다.

---

12 바로 요리할 수 있도록 손질된 식재료와 각종 양념을 담고 조리 방법도 알려주는 식사 키트.

4 새로운 세대는 '구독'을 좋아한다?!

구독 서비스는 고객 중심의 비즈니스 모델이며 고객 한 사람 한 사람에게 만족스러운 경험을 제공하는 데 집중하는 모델이다. 바로 이 점이 요즘의 소비자들을 정확히 겨냥하고 있다.

유명 브랜드가 선호되고 선도 기업이 제시하는 방향을 시장이 따라가던 대중소비의 시대는 갔다. 이제는 고객 하나하나가 자신이 원하는 바를 분명히 밝히기 시작했고 실제로 고객은 그 니즈에 맞춰주는 기업을 선택한다. 누구라도 '개인화된 경험'을 제공받으면 기꺼이 값을 지불하고 충성고객이 된다. 고객 록인(Lock-in)의 조건이 달라진 것이다. 이제는 개인화된 '가치소비'가 대중화되었다.

플렉스 해버렸지 뭐야!

요즘 젊은 세대, 특히 트렌드를 주도한다는 이른바 '인싸(Insider에서 유래된 신조어)' 사이에서 통용되는 플렉스(flex)라는 말은 원래 '몸을 풀다, 구부리다'라는 의미로, 'flex your muscles'라고 하면 근육에 힘을 쥐 불룩거리면서 과시한다는 뜻으로 사용된다. 최근 래퍼들이 이 말을 유행시켰는데 한 번에 많은 돈을 쓴 경험을 플렉스라고 표현하면서 '플렉스 해버렸다'라는 말은 이제 사치하느라 돈을 다 썼다는 의미를 갖게 되었다. 한마디로 '플렉스'는 돈 자랑, 재력 과시의 대명사가 된 것이다.

밀레니얼이나 Z세대[13]는 이를 재해석해 사치품이 아닌 것에도 플렉스라는 표현을 쓰기 시작했다. 예를 들어 특별한 경험을 자랑할 때도, 윤리적 기업의 물건을 사는 개념 소비나 착한 소비를 자랑할 때도 이 용어로 표현한다. 탕진할 돈은 없지만 나만의 방식으로 만족스러운 소비를 하고 싶고, 나를 표현하고 싶은 소비자들은 그렇게 '가치소비'로 눈을 돌리는 것이다. 누구나 금방 물질적 가치를 알 수 있는 제품보다는 가격 그 이상의 가치를 지닌 경험, 시간, 감정, 스토리에 대한 소비가 늘고 있다.

그런데 가치소비가 비단 밀레니얼, Z세대에 국한된 소비 형태는 아니다. 나를 위한 가치 있는 투자, 내가 중심이 되는 소비를 지칭하는 말로 '미코노미(meconomy)'[14]가 있는데, 이는 자신을 위한 것에 아낌없이 투자하는 시니어 세대[15]의 새로운 소비 형태까지 포함하는 개념이다.

---

13 밀레니얼(Y세대)은 1981~1996년생을 주로 일컬으며, Z세대는 그 이후, 즉 1997년 이후에 태어난 이들을 지칭한다.

14 Me와 Economy의 합성어.

15 이들은 액티브 시니어(Active senior), 노노족(No-老族) 등으로 불리기도 한다.

경험과 가치에 투자하는 요즘의 이러한 소비 트렌드가 구독 서비스에 대한 관심을 높였고 새로운 구독 서비스가 등장하는 단초가 되기도 했다. 그 사례로 '돈 내는 독서모임' 트레바리(Trevari)를 한번 살펴보자. 트레바리는 독서 모임을 주관하고 공간을 제공하며 다양한 매니징을 해주는 서비스다. 트레바리 회원들은 20대에서 60대까지 다양하게 구성되어 있고, 독서 모임 4회 참가 비용으로는 다소 비싸 보이는 20만~30만 원에 상당하는 금액을 지불한다. 하지만 그들은 그 돈이 전혀 아깝지 않다고 이야기한다. 비슷한 취향을 가진 사람들과의 '관계', '지성(知性, intelligence)과의 만남'을 추구할 수 있고 나의 정체성을 나타내는 상징 소비라고 생각하기 때문이다.

구독 모델은 고객 중심으로 사고하고 고객과 장기적인 관계 속에서 끊임없이 그들의 니즈를 파악하기 위해 노력하는 모델이다. 그래서 소비자의 개인화된 니즈가 그 어느 때보다도 수면 위로 드러나는 이 시대에는 판매 모델에 비해 소비자 니즈를 발굴하고 충족시키기에 용이하다.

충성고객과 안정적 매출은 언제나 그래왔듯 기업에 최고의 무기이다. 하지만 이제 기업들은 고객의 충성심과 안정적 매출이 예전과는 다른 부분에서 나온다는 것을 명심해야 한다. 글로벌 브랜드, 최고의 기술력, 유명 모델의 광고가 아니라 고객 한 사람 한 사람의 마음속에서 그것을 찾아야 한다. 그들의 마음을 알지 못하고 일방적으로 제품과 서비스를 전달하기만 해서는 치열한 경쟁 속에서 나의 고객을 만들기가 결코 쉽지 않을 것이다. 그동안 과거의 성공 방정식에 기대 고객을 확보해온 기업도 이제는 변신과 혁신을 모색할 때이다. 구독 모델을 발판 삼아 자신들을 위협할 만한 존재들, 혹은 이미 그들 자신보다 커져버린 존재들이 나타나고 있기 때문이다.

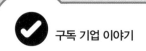

구독 기업 이야기

큐리나, 밀레니얼의 소비 니즈에 부응하는
예술 작품 구독 서비스

이제 소비자들은 자기만의 개성, 생각, 가치를 드러낼 수 있는 '독특한' 것을 원한다. 이 특성은 그중 밀레니얼에게서 도드라지며, 이들은 인스타그램(Instagram)과 같은 소셜미디어를 통해 자신의 남다른 일상과 생각을 보여주고 싶어 하는 경향이 있다. 무늬나 로고만 봐도 알 수 있는 명품을 자랑하기보다는 자기만의 스타일과 다양한 시도를 나타내기를 선호한다. 남들과 똑같은 인테리어나 이케아에서 대량으로 복제해 판매하는 포스터를 사서 거는 것 역시 거부한다. 디자이너가 만든 옷을 대여해주고 맞춤 스타일링을 코치해주는 렌트 더 런웨이나 계절마다 또는 이사할 때마다 가구를 바꿀 수 있는 가구 대여 서비스 페더(Feather)의 주요 고객이 밀레니얼인 까닭이다. 이러한 밀레니얼들의 욕구를 예술품 영역까지 확대시킨 기업이 있으니, 바로 예술품 렌탈 서비스 스타트업 큐리나(Curina)이다.

아사타니 미오(朝谷実生)는 29세이던 2017년, 컬럼비아 대학에서 MBA 과정을 밟기 위해 뉴욕에 왔다. 아파트를 임대한 그녀는 뉴욕 생활에 적응하기 위해 이런저런 시도를 한다.

> 뉴욕에서 유학 생활을 시작한 지 1년 차 때였습니다. 뉴욕의 문화를 제 나름대로 가깝게 느끼고 싶었고, 그래서 예술 작품을 아파트 벽에 걸어놓고 싶었어요. 하지만 작품을 사기는 어려웠죠. 일단 가격이 장애물이었습니다. 뉴욕 갤러리에 있는 작품들은 수천만 원에서 수억 원대를 호가했고 가격 표시도 불분명했어요. 게다가 갤러리에 들어가도 말을 걸기 어려운 분위기였고 작품 설명서를 읽어봐도 추상적이어서 이해가 가지 않았습니다. 요즘에는 온라인에서 미술품을 파는 사이트도 많지 않느냐고요? 물론 있죠. 하지만 거기에는 그림이 너무 많고 정보가 제대로 정리되어 있지 않아 저 같은 초보자들은 도대체 어느 걸 골라야 하는지도 몰라요. 그리고 실제로 작품을 직접 보지도 않고 큰돈을 쓰기란 쉽지 않죠.[16]

아사타니는 주변 사람들과 이런 고민을 공유했고, 고가 미술품에 관심을 가지고 있지만 쉽게 접근하지 못하는 젊은 층이 많다는 것을 알게 되었다. 그런데 정작 뉴욕의 갤러리들은 이들을 대상고객(target customer)으로 여기고 있지 않았다. 아사타니는 밀레니얼을 대상으로 한 비즈니스 기회를 포착하고 잠재고객을 파악하기 위해 뉴욕의 갤러리들을 인터뷰해보았다. 그리고 뉴욕 갤러리들의 대상고객은 '50대,

---

16 "いま、ニューヨークのアートは？ 現地で日本人が立ち上げたアートレンタルサービスCurinaと連携したトークイベント"(2020. 5. 26), 〈The Art Club by ArtScouter Vol. 05〉, Art Hours.

투자은행에 근무하는 백인 남성, 이혼한 사람'이라는 이야기를 듣게 되었다. 이들의 경우 돈을 쓸 만한 곳이 별로 없거나 집에서 홀로 지내는 이가 많아 예술 작품에 관심을 보이고 그것이 구매로 이어진다는 논리였다.

아사타니는 밀레니얼 또한 예술품으로 스스로를 표현하고 싶어 하리라 판단했다. 이에 따라 이들이 조금 더 쉽고 편하게 예술 작품에 접근할 방법을 직접 창출해보기로 했다.

예술품을 소유하는 새로운 방식을 제안하다

아사타니는 벤처투자자들에게 예술은 부자들만의 것이 아니며 예술을 사는 일이 꼭 심각하고 융통성 없는 방식으로 이루어질 필요는 없다고 역설하며 자신의 비즈니스를 설명했다. 그녀는 예술품 렌탈 모델이 더 많은 사람이 예술품에 접근할 수 있도록 진입 장벽을 낮춰줄 것이라고 강조했다. 결국 엔젤투자를 유치할 수 있었고 2019년 8월 예술품 구독 서비스 큐리나를 시작한다.

큐리나는 먼저 자신의 비전에 공감하는 뉴욕의 갤러리 '캐서린 마르켈 파인 아츠(Kathryn Markel Fine Arts)'와 파트너십을 맺고 렌탈 가능한 예술품을 조달했다. 구독 옵션은 총 4가지(월 38달러, 88달러, 148달러, 348달러)로 구성했다. 가격은 렌탈 가능한 예술품의 크기와 가치에 따라 다르다. 그리고 구독료에는 배송, 설치, 수거, 보험 등을 모두 포함시켰다. 한 작품에 대한 최소 렌탈 기간은 3개월이고, 이후 연장이나 작품 변경, 구독 옵션 변경, 또는 구매 등을 결정할 수 있다. 렌탈했

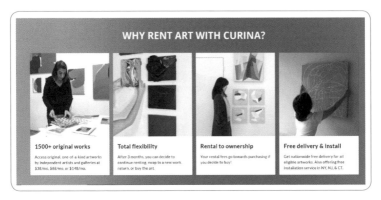

큐리나 홈페이지. 렌탈 가능한 작품 수와 가격을 안내하고 3개월 렌탈 후에는 유지·교체·구입 여부를 선택할 수 있다는 점과 무료 배달·설치 등을 홍보하고 있다.
자료: 〈https://www.curina.co/〉

던 작품을 구매할 경우에는 지금까지 지불한 구독료를 차감하고 나머지 금액만 지불하면 된다. 고객들은 대부분 예술 작품에 대해 잘 모르는 초보자들이고 구매 경험도 적어 최대한 심플하고 합리적인 제안을 하는 것에 초점을 맞추었다.

큐리나의 전략은 정확히 들어맞았다. 맨해튼, 뉴저지 등 뉴욕 근방에 아파트를 보유한 20~40대 직장인들이 큐리나의 주 고객이 되었다. 큐리나는 사무실에 그림을 걸고자 하는 젊은 벤처사업가들도 고객으로 끌어들였다. 그들은 큐리나가 제시한 부담 없는 가격, 이사하거나 사무실을 옮길 경우 새로운 그림으로 바꿀 수 있다는 유연성을 좋아했다.

큐리나의 첫 번째 고객은 캐럴라인 스피걸(Caroline Spiegel)인데, 메신저 앱 스냅챗(Snapchat)의 CEO 에번 스피걸(Evan Spiegel)의 여동생이다. 그녀 역시 사업가이며 큐리나로부터 3개의 작품을 렌탈해 자신의 사무실에 걸었다.

이후 큐리나는 빠르게 입소문을 타며 창업 6개월 만에 2만 달러 매출을 올렸으며 고객 범위가 확대되고 있다. 예술 작품을 구매하기 전에 경험해보고 싶은 사람들도 큐리나를 찾는다. 고가의 그림을 덥석 사기보다는 몇 달 걸어놓고 보다가 마음에 들면 렌탈료를 제외한 금액만 지불하고 사는 것이 위험도가 낮다고 생각하기 때문이다.

또 큐리나가 제공하는 새로운 서비스도 고객을 확대하는 데 기여하고 있다. 얼마 전 큐리나는 기프트카드와 선물하기 서비스를 시작했다. 기프트카드는 큐리나 서비스를 이용할 수 있는 다양한 금액권이며, 선물하기 서비스를 통해서는 직접 그림을 렌탈해 선물할 수도 있는데 큐리나가 선물하기에 알맞은 그림들을 추천해준다. 예를 들어 '미니멀리즘 인테리어에 어울리는 그림'이나 '자연을 사랑하는 엄마를 위한 그림' 등 다양한 컬렉션이 있다.

지역 예술가와 함께 가다

큐리나는 '밀레니얼', '뉴욕', '예술' 3가지를 효과적으로 매개해 성공을 거두었다. 큐리나는 고객들에게 '당신은 이 서비스를 통해 뉴욕의 아티스트 커뮤니티를 지원한다'라는 메시지를 보낸다. 밀레니얼은 물론이고 요즘 소비자들은 명분과 사회적 가치를 중요시한다. 더욱이 뉴욕은 예술의 도시이며 뉴요커들은 예술 소비를 통해 아티스트 공동체나 그들의 아이디어를 지지하는 것을 가치있게 여긴다.

큐리나는 작품의 콘셉트를 찾고 그에 맞춰 자신을 어필하는 데 어려움을 겪는 아티스트들을 발굴하여 그들의 작품을 직접 보며 이야기를 나눈다. 그리고 그들의 작품이 담고 있는 스토리를 고객에게 전달하는 데 집중한다. 이로써 큐리나의 고객은 자신이 렌탈한 그림의 작가에게 공감하고 그들과 연결됨으로써 독창성이 담긴 예술품을 소유한다는 즐거움과 자부심을 느끼게 된다.

고객들의 호응에 힘입어 2020년 코로나19 사태로 뉴욕 갤러리들이 문을 닫고 기약 없는 나날을 보내는 와중에도 큐리나의 비즈니스는 안정적으로 지속되었다. 이미 온라인 플랫폼과 디지털화된 콘텐츠를 가지고 있던 큐리나는 코로나19 사태를 맞아 다른 갤러리보다 한발 앞서 '가상공간 전시회(virtual gallery)'를 선보이기도 했다. 작품 설명을 제공하는 것은 물론이고 키보드와 마우스를 이용해 갤러리 안을 이동하듯 구경할 수 있고 작품을 클릭하면 가까이서 살펴볼 수도 있다. 또 온라인 저널을 통해 예술 작품 및 작가들에 대한 읽을거리도 충실하게 제공한다. 단지 그림을 렌탈해주는 플랫폼이 아닌, 예술을 즐기고 느끼고 알아가는 자기만의 갤러리를 만들어주는 것이다.

※자료: "The Art of Subscription Services" (2020. 2. 10), WWD.com; "Rent the Runway For Art? This Female Founder Is Banking on Millennials' Curated Tastes" (2020. 3. 3), The Story Exchange.

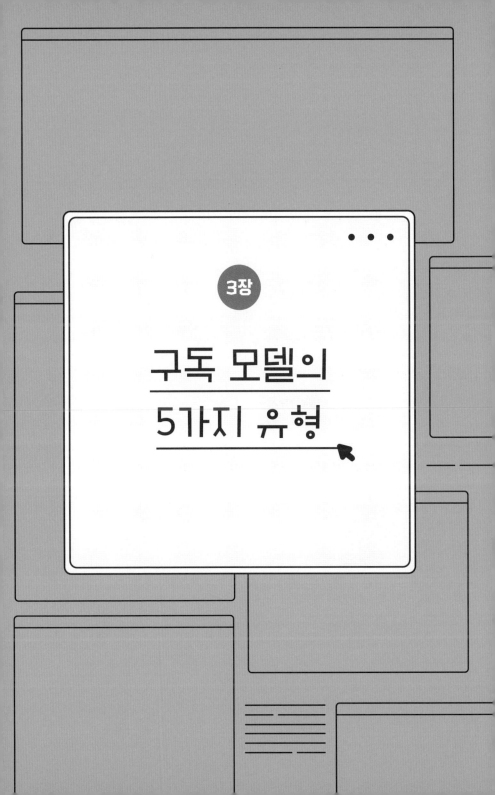

3장

구독 모델의
5가지 유형

소비자의 니즈와 기술의 발달이 맞물려 놀라운 속도로 확산되고 있는 구독 서비스는 그 업역(work area)만큼이나 유형도 다양해지고 있다. 구독 서비스의 유형은 어떤 경험을 전달할 것인가에 따라 5가지로 구분해볼 수 있다. 3장에서는 현재 서비스되는 구독 모델의 대표 유형 5가지를 자세히 살펴본다.

⭕ 구독 모델의 5가지 대표 유형

번들형	유무형의 제품이나 서비스를 묶음으로 제공
편의제공형	제품의 관리·유지·보수 등 정기적으로 이루어져야 하는 일을 대행
무제한 접근형	언제, 어디서나 이용이 가능하거나 무제한 이용이 가능
새로운 경험형	비용 부담 없이 지속적으로 업데이트, 업그레이드 되는 서비스
문제해결형	고객 데이터에 기반한 맞춤형 서비스나 성과·효율 개선과 같은 솔루션 서비스

1 번들형: 다양한 제품과 혜택을 하나로 묶다

우리는 묶음에 약하다. 대형 마트에 가면 하나만 필요한 물건도 3개 묶음으로 구매하는 경우가 허다하다. 이유는? 어차피 또 사야 하는 물건인데 묶음으로 사면 더 저렴하니까. 구독 서비스에도 번들형(bundling)이 있다.

묶을수록 혜택도 커진다?!

번들형 구독 서비스는 유무형의 제품이나 각종 혜택 등을 하나의 구독 상품(구독료)에 묶음으로 제공하는 것이다. 쉽게 말해 패키지 구독 상품이라고 보면 된다. 예를 들어 온라인 강의를 구독할 때 강의 하나당 구독도 가능하지만 여러 강의를 묶은 번들 상품의 구독이 유리하다. 강의 하나하나를 따로 구독하는 것보다 할인 혜택이 파격적이어서다.

번들형 구독 서비스가 제공하는 최대 가치는 '비용 절감', 이른바 '가성비'이다. 번들로 묶이는 제품의 숫자가 많거나 종류가 다양할수록, 단일 제품의 구독보다 할인의 폭이 클수록 만족감은 커진다. 그래서 번들로 제공할 제품을 다양하게 보유한 기업이 번들형 구독 서비스를 제공하기에 유리하다.

여러 가지 콘텐츠가 한 업체를 통해 번들링 구독 서비스로 제공될 수 있다. 이미 아마존은 영화 스트리밍과 게임 채널, 전자책, 음악을 묶어 아마존 프라임 구독 서비스로 제공하고 있고, 애플도 뉴스, 음악, 영화, 게임 등을 번들링으로 제공하고 있다. 국내 기업들 중에는 네이버가 2020년 6월부터 네이버 웹툰, 시리즈(전자책), 시리즈온(영화/방송) 등을 이용할 수 있는 '네이버 플러스 멤버십'이라는 구독 서비스를 시작했고 카카오 역시 웹툰, 음악, 카카오 TV, 게임 등을 보유하고 있어 향후 번들링 콘텐츠 구독 서비스를 제공할 가능성이 크다. 이미 구독 서비스화가 상당히 진전된 디지털 콘텐츠 시장에서 추가 비용은 거의 없이(디지털 콘텐츠의 재생산 비용은 제로에 가깝다) 소비자에게 훨씬 많은 혜택을 제공할 수 있는 번들링 서비스는 필연적 흐름으로 보인다.

아마존 프라임은 배송·할인 서비스와 콘텐츠 번들이 한 번 더 번들링된 형태이다. 아마존 프라임 회원은 무료 배송과 신속배송 서비스에 더해 추가로 할인 혜택을 제공받으면서 전자책, 음악, 영화, 게임 방송 스트리밍 서비스까지 이용할 수 있다. 프라임 멤버들에게는 아마존의 각종 신제품을 먼저 사용해볼 수 있는 혜택도 주어지고 아마존이 새롭게 제공하는 서비스가 생기면 멤버십 혜택에 추가된다. 이러한 혜택들은 언뜻 봐도 119달러라는 연회비를 훌쩍 넘는 가치를 제공한다. 그래서 아마존의 음악 스트리밍 서비스를 이용하고 싶은 고객도 이왕이면 다른 서비스까지 제공받을 수 있는 프라임 멤버십에 가입할 가능성이 매우 높다. 또 다양한 서비스를 이용할수록 멤버십을 해지할 가능성은 낮아진다. 아마존에서 구매한 횟수가 적어서 배송 서비스를 많이 이용하지 않은 달에도 스트리밍 서비스를 많이 이용했다면 구독료가 아깝지 않을 것이기 때문이다.

조금 비싸더라도 토털 케어를 선호하는 사람들

풀옵션 오피스텔도 번들형 구독 서비스로 진화하고 있다. 인도에서 시작된 호텔 체인 오요(OYO)[1]는 인도, 영국, 중국, 일본[2] 등에서 토털 하우스 구독 서비스를 제공하고 있다. 국가에 따라 오요 라이프(OYO LIFE) 또는 오요 룸스(OYO Rooms)라는 이름으로 운영 중인데, '캐리어 하나만 들고 들어가 바로 생활이 가능한 집'을 표방한다. 생활하는 데 필요한 거의 모든 것이 구비된 집을 빌려주기 때문이다. 얼핏 풀옵션 오피스텔을 떠올릴 법하지만, 오요의 서비스를 '토털 하우스 구독 서비스'라고 부르는 데는 이유가 있다. 우선 가구, 가전부터 조리 도구, 식기, 쿠션, 카펫, 스탠드, 옷걸이, 드라이어 등 웬만한 생필품 및 인테리어가 다 갖춰져 있고 전기·수도·와이파이 등 유틸리티 서비스 비용까지 월 구독료에 포함되어 있다. 스마트폰을 통해 모든 예약과 납부가 가능하고 희망하는 지역이나 조건이 있으면 상담원이 무료로 그에 맞는 집을 찾아준다.

---

1 소프트뱅크(Softbank)로부터 2015년 1억 달러의 투자를 유치한 스타트업.
2 일본에서는 야후 재팬과 함께 운영하고 있다.

○ **오요 라이프 서비스와 일반 임대 서비스의 가격 비교(일본)**

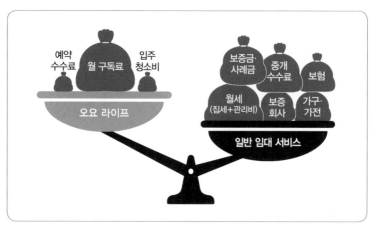

자료: 〈https://www.oyolife.co.jp/〉

　월 단위 구독이기 때문에 단기로 거주해야 하거나 지역 이동이 잦은 사람이 이용하기에 편리해 장기 출장자나 유학생들이 선호하는 서비스로 입소문이 나고 있다.

　특히 일본의 오요 라이프는 홈페이지에서 일반 임대 서비스와 자사의 번들 구독 서비스를 자세히 비교해 비용 측면의 장점을 부각시키고 있다. 일반 임대 서비스에는 당연히 가구나 가전이 구비되어 있지 않을뿐더러 관리비도 따로 지불해야 한다. 게다가 일본에서는 집을 구할 때 중개수수료 외에도 보증금(敷金; 시키킹)과 사례금(礼金; 레이킹)을 내야 한다. 보증금과 사례금은 각각 1~2개월 치 월세만큼 내야 하는데, 그렇다 보니 일본에서 집을 구할 경우 대개 2~4개월 치 월세를 미리 내고 들어가는 격이 된다. 꽤나 부담스러운 가격인데, 오요 라이프는 월 구독료 외에 보증금이나 사례금, 중개수수료를 전혀 부과하지 않는다. 이런 이점 때문에 도심의 비싼 월세로 고민하는 젊은이들이 하우스 구독 서비스를 이용하는 사례가 늘면서 일본에서는 오요 라이프 같은 서비스가 급증하고 있다.

임대나 렌탈도
구독 모델로 봐야 할까?

    임대나 렌탈도 '구독 서비스'에 해당하는가 하는 질문을 많이 받는다. 렌탈이 구독 서비스와 유사하게 월정액 지불이라는 요금제로 운영되기에 이런 궁금증을 갖는 것이다.

    렌탈 서비스 중에는 구독 모델에 해당하는 것도 있고 그렇지 않은 것도 있다. 예를 들어 우리나라에는 렌탈 중개업자가 다수 존재하는데 이들은 고객으로부터 렌탈 요청을 받으면 제조사로부터 제품을 구입해 고객에게 전달해주고 3~5년 정도 제품 가격을 분할해 수취한다. 분할 납부 기간이 지나면 제품은 고객 소유가 된다. 이 기간 동안 고객은 제조사로부터 무상 A/S를 받지만 렌탈 중개업자들과의 관계는 대개 물건을 받은 이후 종료된다. 엄밀히 말하면 고객과의 장기적 관계를 중심으로 하는 구독 서비스와는 거리가 먼, 사실상 장기 할부 구매에 가깝다. 일반 판매보다 납부 기간과 무상 A/S 기간을 조금 더 연장한 것이라고 보면 된다. 제조사는 판매량을 늘리기 위해 렌탈 중개업자와 거래를 하는 것이고, 이를 이용하는 고객은 초기 구매 비용을 낮추기 위한 목적이 크다.

하지만 코웨이, SK매직, LG전자 등 제조사가 직접 렌탈서비스를 제공하는 것은 구독 모델에 해당하는데, 직접 회원을 모집하고 렌탈 기간 내내 고객을 관리하기 때문이다. 또 제품 렌탈에 관리 서비스가 포함되어, 관리담당자가 정기적으로 고객을 방문해 제품을 점검하고 부품 교체도 해준다. 이러한 과정을 통해 기업은 고객의 불편 사항이나 니즈를 지속적으로 수집해 서비스를 개선하거나 신제품 개발에 활용한다. 일정 기간이 지나면 고객은 제품을 업그레이드할 수 있다. 여러 제품을 함께 렌탈하는 경우 할인 혜택도 제공한다. 이처럼 렌탈 서비스 업체이건 제조사이건 기업이 고객과 D2C 채널을 구축하고 직접 서비스를 제공하며 고객관리를 통해 지속적 이익을 창출한다면 구독 서비스를 제공하는 것으로 볼 수 있다.

앞서 살펴본 '집' 렌탈도 마찬가지다. 우리가 오요 라이프를 구독 서비스의 사례로 살펴본 것은 고객이 주거 공간을 찾고 이용하며 다른 주거 공간으로 옮기는 과정 전반을 관리해주기 때문이다. 그리고 오요 라이프의 목적이 고객에게 만족스러운 경험을 제공해 지속적으로 오요 라이프의 서비스를 이용하게 만들기 위함이기 때문이다. 이처럼 '렌탈형' 구독 서비스는 무엇인가를 단순히 빌려주는 데 그치지 않고 연관된 서비스가 결합되거나 빌리는 과정 자체를 서비스화한다.

2 편의제공형:
일상적 번거로움을 최소화하다

세상사에는 귀찮은 일도 많다. 생필품이나 식재료를 정기적으로 구입해야 하고 자동차 정기 점검도 필수이다. 깜박 잊고 제때 하지 않았다가는 생활이 불편해진다. 귀찮고 성가시지만 아주 중요한 이 일들을 누군가 해결해준다면 어떨까? 그런 일에 들이는 시간과 추가 비용에 굳이 신경을 쓰지 않아도 된다면?

'편의성'이라는 무기를 내세운 구독 서비스가 속속 등장하고 있으니, 바로 구독 모델의 두 번째 유형인 편의제공형(hassle-free) 서비스다.

정해진 날짜에 잊지 않고 필요한 것을 구매해준다

미리 지정해놓은 상품을 정해진 날짜에 배송해주는 '정기배송 서비스'가 편의제공형 구독 모델의 대표 유형이다. 정기적으로 필요한 것을 채워준다는 의미로 '보충(replenishment) 서비스'라고도 한다.

이런 유형의 구독 서비스가 주기적으로 구매가 필요한 제품 전반으로 확산되는 추세이다. 미국에는 물티슈와 기저귀 등 아기 용품을 정기적으로 배송해주는 어니스트(Honest)가 있고, 양말 정기구독 서비스

기저귀, 양말 등 꼭 필요한 일상용품을 정기적으로 배송해주는 구독 서비스들.
자료: 〈https://www.honest.com〉; 〈https://www.stance.com/subscription〉

를 제공하는 스탠스(Stance)나 여성에게 맞춤 속옷을 매달 보내주는 어도어미(Adore Me) 등이 있다.

우리나라에는 달러 쉐이브 클럽처럼 면도기와 면도날을 정기배송해주는 와이즐리(Wisely)라는 업체가 있고, 한국의 식문화 특성상 밀키트보다는 온라인 반찬 쇼핑몰 더반찬이나 한국야쿠르트가 제공하는 반찬 정기배송 서비스가 인기를 끈다. 정기배송 서비스는 매번 매장을 방문하거나 인터넷으로 제품을 검색하고 선택해서 결제하는 등의 번거로움을 없애준다. 미처 구매하지 못했을 때 느끼는 당혹감과 곤란함으로부터도 해방시켜준다. 또 자주 구매하기 귀찮아 굳이 대량으로 구매해 보관해야 하는 불편함을 감수할 필요도 없다.

정기배송 서비스를 제공하는 업체들은 약속한 날짜에 제품을 배송해주는 것 외에도 정기구매 제품이나 배송일을 언제든 쉽게 변경할 수 있는 편의도 제공한다. 기업 입장에서는 정기배송 서비스를 통해 단골 고객을 확보할 수 있고 정해진 날짜에 구매가 발생하므로 판매를 예측하고 배송 스케줄을 수립하기도 좋다는 이점이 있다.

관리와 소유에 따른 부담을 덜어준다

무언가를 소유한다는 것은 정기적으로 관리하여 성능을 유지하고 고장이 났을 때 수리하는 책임도 나에게 있다는 의미이다. 자동차나 최근 수요가 급증하고 있는 정수기, 비데, 공기청정기, 의류관리기 등 위생 가전제품은 정기적으로 소모품을 교체하거나 점검해야 기능과 성능이 제대로 유지된다. 가전과 가구는 이사로 인해 자리를 옮기거나 재설치를 할 때 큰 비용이 발생하기도 하고 고장 문제도 종종 발생한다. 그래서 자동차, 가전, 가구 등을 구독 서비스로 제공하는 기업들은 고객의 이런 부담까지 덜어주는 서비스를 함께 제공한다.

포르쉐의 포르쉐 패스포트(Porsche Passport)를 비롯해 BMW의 엑세스 바이 BMW(Acces by BMW), 도요타의 킨토(Kinto), 현대자동차의 현대셀렉션(Hyundai Selection) 등 다수의 자동차 제조사들이 제공하는 자동차 구독 서비스에는 차량의 유지나 관리, 보험 서비스가 포함되어 있다. 코웨이, SK매직, LG전자 등 가전 렌탈 서비스를 제공하는 업체들도 렌탈과 제품 케어가 결합된 구독 서비스를 제공하고 있다.

자동차 구독 서비스는 매달 내는 비용이 최대 수백만 원에 이르고, 가전 렌탈 서비스도 이용 기간 동안 지불하는 총 비용을 계산해보면 제품 구매 비용보다 비싸다. 그럼에도 소비자들이 자동차나 가전 구독 서비스를 이용하는 까닭은 무엇일까? 경우에 따라서는 구독 비용보다 훨씬 큰 돈이 들어갈 수 있는 관리비나 수리비가 구독에 포함되어 있고 전문적 서비스를 받을 수 있으며 노후화된 제품과 관련된 일체의 부담(부품 생산이 중단되어 수리가 어렵다거나 처분하는 비용이 발생하는 것)에 대해서도 걱정할 필요가 없기 때문이다. 그래서 결국 고객은 지불하는 비용 이상의 가치를 체감할 수 있는 것이다.

가구 구독 서비스도 마찬가지다. 가구는 구매부터 설치, 이동, 처분까지 모든 과정이 상당히 골치 아픈 제품이다. 또 가족 구성원이 바뀐다거나 방의 용도가 변해 가구를 바꿔야 하는 경우도 생긴다. 최근 등장한 가구 구독 서비스들은 이런 문제를 말끔히 해결해준다. 월 구독료를 내면 필요한 가구를 빌릴 수 있고 원하는 가구로 언제든 바꿀 수 있다. 게다가 배송, 설치, 이동, 처분까지 해결해준다. 가구가 파손될 경우 저렴한 비용으로 수리를 해준다든지, 손실을 보상받을 수 있는 소액의 보험료를 구독료에 포함시켜두기도 한다.

캐나다의 가구 구독 서비스 업체 피벗(Pivot)은 가구가 오염되거나 파손되었을 때 케어해주고 이사할 때 가구를 재설치해주거나 이사한 집에 맞는 가구로 교환해주는 서비스를 제공한다. 일본의 가구 및 가전 구독 서비스 업체 클라스(CLAS; クラス)는 배송, 조립, 설치, 교체 등에 따른 추가 요금이 없다. 고객이 요청하면 자사의 렌탈 제품이 아니어도 폐기 처분을 해준다. 유럽에서 가구를 대여해주는 인리스 퍼니처(In-lease furniture)는 고장, 이사 등 구독 서비스를 이용하면서 발생할 수 있는 다양한 이벤트에 대한 보장 서비스를 구독에 포함시키고 있다.

귀찮은 일은 무엇이든 대신해준다

와이셔츠를 매일 입는 사람들이 가장 많이 이용하는 서비스는 뭘까? 아마 세탁소 서비스일 것이다. 대부분 주로 이용하는 세탁소가 있고 세탁소에서는 세탁물을 찾아가고 세탁과 다림질을 마친 와이셔츠를 다시 가져다주는 서비스 정도를 제공한다. 일본의 와이클린(Yclean)이나 우리나라의 딜리셔츠(Delishirts)는 세탁소에서 제공해주는 이런 서비스는 기본이고 여기에다 다양한 와이셔츠를 골라 입을 수 있게 해주는 한편 코디 서비스를 더했다. 세탁소 아저씨를 만날 때마다 현금을 준비해야 하는 번거로움도 없앴다. 매달 또는 필요할 때 주문과 결제를 하면 새것 같은 와이셔츠를 집 앞까지 배달해준다.

세탁이나 다림질만큼 화장실 청소도 성가신 일 중 하나이다. 그렇다고 마냥 미루기에는 찜찜하다. 이에 착안하여, 화장실 청소를 전문으로 제공하는 업체가 정기 청소와 어메니티 서비스를 결합해 구독 상품으로 만들었다. 예를 들어 호텔리브(HOTELIV)는 욕실 청소와 함께 호텔에서 사용하는 헤어 및 바디케어 제품들을 집으로 가져다 채워준다. 편리함을 넘어 호텔 욕실을 이용하는 기분까지 느끼게 해주는 서비스로 진화하고 있는 모습이다.

누군가가 나를 위해 대신 해줄 수 있는 일은 과연 어디까지일까? 지식이나 정보도 대신 정리해 이해하기 쉽게 만들어준다면 어떨까? 서머리 콘텐츠(Summary Contents) 구독 서비스가 이런 발상에서 출발한 것으로, 실제로 꽤 인기를 끌고 있다. 서머리 콘텐츠란 책이나 영화, 드라마는 물론 뉴스와 같은 시사 콘텐츠까지 원래의 콘텐츠를 요약하

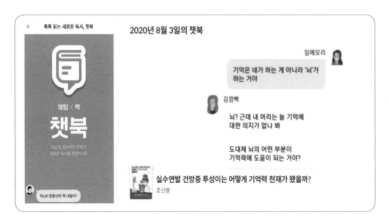

밀리의 서재의 챗북 서비스.
자료: 〈https://www.millie.co.kr〉

고 정리해 재가공한 콘텐츠를 의미한다. 아직 서머리 서비스 자체로 구독료를 받는 업체는 없지만, 유튜브에서 서머리 콘텐츠를 제공하는 채널이 수십만, 수백만의 구독자를 모으고 있고 콘텐츠 스트리밍 업체에서 부가 서비스로 제공되고 있다.

서머리 콘텐츠의 형태는 글이나 동영상 등으로 다양하며 1~2시간 분량의 영화나 드라마를 10~20분 분량으로 요약하거나 한 권의 책 내용을 몇 십 분만 투자하면 이해할 수 있게 줄여서 제공한다. 서머리 콘텐츠는 책이나 영화를 볼 시간은 부족하지만 사람들과 대화의 소재로 활용하고 싶은 사람들도 많이 이용하고, 책이나 영화를 보기 전 어떤 것을 볼지 선택하는 데 도움을 받고자 하는 사람들도 이용한다.

재미있고 새로운 형식의 요약 서비스도 등장하고 있는데, 예컨대 전자책 구독 서비스 밀리의 서재(Millie)에서는 책의 내용을 15분 내외 분

3장_구독 모델의 5가지 유형

95

뉴닉의 기사 예시(2021년 12월 16일 경제 기사)
자료: 〈https://newneek.co/post/SDIB4R〉

량으로 요약해 채팅창에서 대화하듯 설명해주는 '챗북'이라는 서비스를 2019년부터 시작했다.

　뉴스를 정리해주는 서비스 뉴닉(NEWNEEK)은 밀레니얼과 Z세대의 언멧 니즈(unmet needs; 충족되지 않은 니즈)를 공략한다. "우리가 시간이 없지, 세상이 안 궁금하냐!"라는 모토를 내건 뉴닉은 이들을 위해 일주일에 세 번, 주요 뉴스를 5분 안에 읽을 수 있는 간결한 콘텐츠로 만들어 메일로 보내준다. 뉴닉의 대표 캐릭터인 고슴이가 친근한 말투로 기사를 전달해주며, 이슈별로 특징을 살린 제목과 톡톡 튀는 신조어 활용이 뉴스의 이해도와 재미를 높여준다. 예를 들어, 아무리 여러 기사를 봐도 이해가 잘 안 가는 임대차 3법을 '2020년 9월 뉴니커 모의고사 부동산 영역'이나 '복덕방 슴 선생님: 임대차 3법 특강' 등으로 풀어내는 식이다. 뉴닉의 뉴스레터 서비스는 존댓말을 사용한다. 30대 초반 밀레니얼 100명을 대상으로 인터뷰 조사를 했더니 존댓말을 선호하는 사람이 59명이었다고 한다. 존댓말로 친절하게 말해주는 뉴닉의 기사를 읽고 있으면 개인 비서가 오늘의 뉴스를 차근차근 설명해주는 느낌을 받게 된다. 2018년 12월에 시작한 뉴닉 서비스는 2022년 1월 기준으로 41만 명이 넘는 구독자를 확보하며 빠르게 성장 중이다.[3]

　서머리 콘텐츠 시장은 앞으로도 계속 커질 것으로 보인다. Z세대의 경우 콘텐츠에 집중하는 시간은 8초 정도로 매우 짧은 반면,[4] 지식에 대한 열망이 크고 트렌드에 뒤처지는 것은 싫어하기 때문에 경제적이면서도 보다 쉽게 뉴스 콘텐츠를 접할 수 있는 서비스를 선호하는 경향이 강하다.

3　뉴닉 홈페이지 첫 화면에는 현재 구독자 수가 실시간으로 뜬다.
4　"Uniquely Generation Z−What brands should know about today's youngest consumers" (2017), IBM Institute for Business Value.

3 무제한 접근형: 언제 어디서나 부담 없이 사용하다

구독 모델의 세 번째 유형은 일정 금액을 내면 약속한 기간 동안 사용 횟수나 방문 횟수에 제한을 두지 않는 서비스를 제공하는 무제한 접근형(free access) 구독 서비스이다. 놀이동산이나 헬스클럽의 연간 회원권이 대표적 예이다. 연간회원권을 구매하면 1년 내내 원할 때는 언제든지(약간의 제약은 있지만) 놀이동산에 입장하거나 헬스클럽을 찾아 운동하는 게 가능하다. 방문 빈도가 높을수록 이득이고 기간 내에는 언제든 갈 수 있으니 스케줄 조정도 자유롭다. 소비자 입장에서는 부담 없이 편하게 즐길 수 있는 매력적인 서비스이다 보니, 요즘은 '무제한 사용'이 가능한 구독 서비스 대상이 상상 이상으로 많아지고 있다.

디지털 콘텐츠는 이미 '무제한' 스트리밍이 주류

기술의 발달로 음악, 영상, 문자 등 대부분의 콘텐츠가 디지털화되었고 스트리밍 서비스도 어디서나 쉽게 가능해졌다. 스트리밍 서비스는 '무제한 접근'을 보장하는 대표적인 구독 서비스이다. 스마트폰, 태블릿, PC 등 디지털 디바이스로 인터넷만 연결되면 원할 때 언제든지,

장소를 불문하고 '온라인상의 저장고'에 접속해 콘텐츠를 무한대로 즐길 수 있다. 저장고에는 수십만 곡의 음악이 있고 수만 개의 영상이 있다. 콘텐츠가 끊임없이 추가되며 내가 즐길 수 있는 영화와 음악이 늘어나지만 그렇다고 비용을 더 지불할 필요는 없다.

이제는 게임 서비스도 스트리밍으로 제공되는 경우가 증가하고 있다. 게임의 일반적인 서비스 방식을 요약해보자면 이러하다. PC 게임의 경우, 게임 유저(혹은 PC방)가 게임 SW를 구매하고, 디바이스에 게임 프로그램을 다운로드받아 설치한다. 그리고 플레이한다. 다른 유저들과 소통하고 싶을 때는 온라인으로 연결해 플레이하면 된다. 게임 SW 가격이 만만치 않고, 게임 사양이 점점 높아지면서 고사양 PC가 필요해졌기 때문에 게임 SW와 고사양 PC를 구매하기 어려운 유저들은 PC방에 가서 시간당 요금을 내고 게임을 즐긴다.

콘솔 게임은 전용 게임기와 게임 타이틀(SW)을 구매해서 플레이해야 하는데 가격이 비싸고 즐길 수 있는 게임도 내가 가지고 있는 게임 타이틀에 한정된다는 단점이 있다. 게임을 할 수 있는 장소도 PC나 게임기가 있는 장소로 제한된다. 게임 스트리밍 서비스는 게임을 할 수 있는 장소나 즐길 수 있는 게임 종류의 제한을 없앤 것이다. 즉, 온라인 연결만 되면 스마트폰, PC, 태블릿, 게임 전용 콘솔 등 다양한 기기에서 원하는 게임을 자유로이 플레이할 수 있다. 굳이 새로운 기기를 살 필요 없이 월 1만~2만 원이면 수백 가지 게임이 가능한 것이다. 스트리밍 서비스가 가능해지면서 더 다양한 게임을 즐기는 데 들어가는 비용 부담이 획기적으로 낮아졌다.

요즘 한창 '파이어족(F.I.R.E.; Financial Independence, Retire Early)'이 회자되고 있는데, 30대 말이나 40대 초가 되면 조기 은퇴를 할 목적으로 현재 수입의 70~80% 이상을 저축하며 극단적 절약을 실천하는 사람들을 가리키는 표현이다. 그런데 이들도 결코 포기하지 않는 것이 스트리밍 서비스라고 하니,[5] 스트리밍 서비스의 가성비에 대해서는 별다른 이견이 없을 듯하다.

컴퓨팅 파워도 내 마음대로

재미있는 것은, 언제나 저렴하게 콘텐츠를 이용할 수 있는 스트리밍 서비스를 가능하게 한 클라우드 컴퓨팅도 구독 서비스로 제공된다는 사실이다. 기업들은 아마존(AWS), 구글(GCP), 마이크로소프트(Azure)가 제공하는 클라우드 컴퓨팅 서비스를 이용하면 언제든 온라인으로 그들의 컴퓨팅 자원을 이용할 수 있다. 쉽게 말해 내가 구닥다리 컴퓨터 본체를 가지고 있어도 이 컴퓨터를 온라인으로 컴퓨팅 자원에 연결해 슈퍼컴퓨터로 만들 수 있고 자체 서버가 없어도 대량의 데이터를 활용한 비즈니스를 할 수 있는 것이다. 클라우드 컴퓨팅 서비스는 컴퓨팅 자원을 '이용한 만큼' 정해진 날짜에 결제하면 된다.

클라우드 컴퓨팅 서비스를 최초로 시작한 것은 아마존이다. 아마존은 크리스마스나 새해와 같이 선물 구매가 증가하는 시기에 아마존 사이트 접속 장애를 막기 위해 대규모 서버를 구축하고 해마다 증설했

---

5 "파이어족 확산·경기둔화 우려 속 승자는 '콘텐츠'" (2019. 3. 28), 《한국경제신문》.

다. 문제는 접속이 폭증하는 시기는 잠깐인데 서버 증설에 들어가는 비용은 너무 큰 데다 대규모 서버를 관리하고 유지하느라 1년 내내 추가 비용이 들어간다는 점이었다. 게다가 대부분의 기간 서버는 하는 일 없이 놀고 있었다. 제프 베조스는 놀고 있는 서버, 즉 유휴 자원을 활용한 비즈니스를 고민했고 컴퓨팅 자원을 다른 기업에 빌려주고 돈을 받는 클라우드 컴퓨팅 서비스를 생각해냈다.

클라우드 컴퓨팅 서비스의 탄생은 아마존에도 고성장·고수익의 비즈니스를 안겨줬지만 이를 이용하는 기업에도 비용 절감과 운영의 유연성을 제공해주고 있다. 이전에는 기업들이 사내에 서버를 구축하고 컴퓨팅 자원이 더 필요할 때마다 자체 서버를 증축하는 방식으로 대응해야 했다. 이처럼 자체 서버를 계속해서 구축해나가는 데는 비용이 많이 든다. 또 기업의 사업 영역에 따라서는 컴퓨팅 파워나 스토리지가 얼마나 필요할지 예측하기 어려운 경우도 많다. 그렇다면 당장 필요한 것보다 서버를 여유 있게 구축해야 하는데 그만큼 비용 부담은 커진다. 또 서버를 지속적으로 관리하는 데도 비용이 소요된다.

이 모든 문제가 클라우드 컴퓨팅 서비스를 이용함으로써 해소된다. 즉, 기업 입장에서는 사내 서버 구축 대비 더 저렴한 비용으로 원하는 만큼의 컴퓨팅 파워를 이용할 수 있는 것이고, 관리까지 서비스 업체에서 해주기 때문에 추가 비용 부담이 없다. 또 초기 사업자금이 그리 여유롭지 않은 스타트업들도 클라우드 컴퓨팅 서비스를 이용하면 서버 구축에 필요한 비용을 절감할 수 있다.

음식도, 옷도, 공간도 무제한으로

디지털 콘텐츠나 컴퓨팅 자원과 같은 무형의 제품만 무제한 사용이 가능할까? 그렇지 않다. 무제한 이용 서비스는 이제 유형의 재화에까지 적용되고 있다. 이를테면 커피, 칵테일, 프랑스 코스 요리 같은 식음료 서비스도 있고 명품 가방이나 의류 서비스, 또 공간(주거 또는 사무실) 서비스도 있다.

일본의 카페 체인 커피 마피아(Coffee Mafia; コーヒーマフィア)에서는 월 3,000엔(약 3만 4,000원)에 잔당 300엔짜리 커피를 무제한으로 이용할 수 있다. 마찬가지로 일본의 고급 레스토랑 프로비전(Provision; プロヴィジョン)은 월정액에 방문 횟수 제한 없이 1인분에 8,000엔짜리 프랑스 코스 요리를 무제한으로 주문할 수 있는 서비스를 제공한다. 1인 이용권이 1만 5,000엔이고 4인 이용권이 3만 엔이니 혼자서는 두 번만 방문해도 이득이고 4인은 한 번만 방문해도 본전을 뽑는 셈이다. 미국의 후치(Hooch)는 월 9.99달러에 후치와 제휴된 술집에서 매일 웰컴 드링크 한 잔을 마실 수 있는 서비스를 제공한다.

가방이나 옷, 심지어 공간까지 스트리밍이 가능해졌다. 옷을 자주 사는데도 정작 옷장을 열면 입을 옷이 없다는 느낌을 받는 경우가 종종 있다. 중요한 자리에 참석해야 하는데 마땅한 옷이 보이지 않고 고급스러운 가방도 없다. 이럴 땐, 내 옷장이 아닌 거대한 공동 옷장, 곧 스트리밍 옷장의 문을 열면 된다. 미국의 렌트 더 런웨이는 옷, 가방, 액세서리 등을 렌탈해주는 서비스를 제공한다. 서비스 플랜은 총 3가지로 월 회비는 대여할 수 있는 아이템 수에 따라 다르다(69달러에서

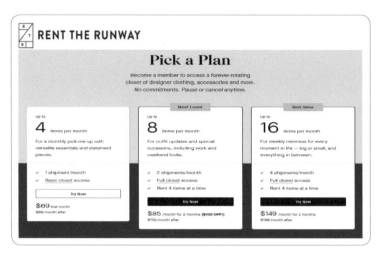

옷, 가방, 액세서리 등을 렌탈해주는 렌트 더 런웨이의 패션 구독 서비스. 3가지 서비스 플랜으로 운영된다.
자료: 〈https://www.renttherunway.com/〉

149달러). 서비스 가능한 브랜드가 500여 개에 달하며 제품 수는 10만 개에 이른다. 우리나라와 달리 서구권 국가에서는 파티가 자주 열려 드레스 수요도 높다. 이러한 니즈를 반영해 영국의 걸 미츠 드레스(Girl Meets Dress)는 디자이너 브랜드 드레스를 대여해준다.

명품 소비가 잦고 중고 명품 숍도 많은 일본에서는 락서스(Laxus; ラクサス)가 명품 가방 렌탈의 선두주자로 꼽힌다. 한 달에 6,800엔만 내면 구찌, 프라다, 루이뷔통 등 60여 개 명품 브랜드의 2만 5,000개 제품 중 원하는 것을 마음껏 사용할 수 있다. 가방 하나의 10분의 1도 안 되는 가격에 여러 개의 가방을 내 것처럼 들고 다닐 수 있는 것이다.

더 나아가 락서스는 공동 옷장뿐 아니라 '다른 사람의 옷장'까지로 접근 범위를 확대했다. 무슨 말인가 하면, 락서스가 빌려주고 있는 명품 가방의 3분의 1은 락서스 소유가 아닌 고객이 소유하고 있는 명품 가방들이다. 고객이 고객에게 가방을 빌리고 빌려줄 수 있도록 서비스를 구성한 것이다. 가방을 빌려준 고객들은 건당 2,000엔 정도의 수입을 챙긴다. 한 해에 371만 엔(약 4,100만 원)을 벌어간 회원이 있을 정도로 회원 참여도도 높고 서비스 이용률도 높다.

그럼 공간을 스트리밍한다는 것은 무엇일까? 내가 원할 때 필요한 공간을 언제든 이용할 수 있다는 의미이다. 일본의 아도레스(ADDress; アドレス)나 미국의 위워크(WeWork) 같은 서비스가 이런 구독 모델의 예시이다. 이들 업체는 월간 또는 연간으로 정액을 지불하고 다양한 지역에 위치한 집이나 사무실을 자유롭게 이용할 수 있다. 라이프 스타일이나 취향, 그날그날의 업무 스케줄과 지역에 따라 편안한 사용이 가능한 유연성을 제공해주는 것이다.

이용자 입장에서는 당연히 고정적 주거지로서 집이나 사무실을 계약하고 유지하는 데 들어가는 비용 부담을 크게 줄여준다. 게다가 이렇게 제공되는 주거 공간이나 사무실에는 일상생활과 업무에 꼭 필요한 것들이 잘 갖춰져 있다. 와이파이, 조리기구, 사무집기, 프린터 같은 것이 구비되어 있어 일일이 설치하고 구매할 필요가 없다. 이 정도면 '스트리밍 라이프(Streaming Life)'가 일상화되고 있다고 봐도 될 듯싶다.

아도레스,
주거 공간을 스트리밍하다

아도레스(ADDress; アドレス)는 주거 공간 구독 서비스를 제공하는 기업의 이름이자 서비스의 명칭으로, 영어로 주소를 의미하는 어드레스(address)를 일본식 발음으로 읽은 것이다. 사베토 다카시(佐別当隆志)라는 기업가가 설립한 아도레스는 2019년 4월부터 일본 전역에서 리모델링한 빈집, 별장, 셰어하우스 등을 구독 서비스로 제공해왔는데 한 달에 5만 엔, 1년에 48만 엔이면 전국에 있는 아도레스의 '코리빙(co-living) 하우스'에서 원하는 만큼 머물 수 있다.

아도레스 서비스를 이용하는 회원은 여러 장소에 흩어져 있는 주거 공간에 대한 접근권을 가지고 내가 필요할 때 필요한 곳에 들어가 마치 스트리밍 서비스를 이용하듯 공간을 이용한다. 그러므로 주거 공간 한 곳을 임대해 일정 기간 머무는 렌탈형 서비스와는 개념상 차이가 있다.

아도레스 구독 서비스로 이용할 수 있는 주거지 모습.
자료: 〈https://address.love/〉

주거 공간 구독 서비스가 등장한 배경

주거 공간까지 영화나 음악처럼 스트리밍하듯 이용하는 서비스가 등장하게 된 데는 사회상의 변화, 소비문화의 변화, 그리고 기술의 발전 등 다양한 요인이 작용했다. 일본에는 일명 '아도레스 호퍼'라는 새로운 라이프 스타일을 가진 사람들이 등장하고 있는데, 주소를 뜻하는 address와 깡충깡충 뛰는 것을 의미하는 hopper를 결합한 용어로, 혼자 살면서 주거 마련에 큰 비용을 들이기보다는 거주지를 자유롭게 옮겨 다니며 다양한 경험을 쌓고 그렇게 주소 없는 삶을 사는 이들을 지칭한다. 주로 밀레니얼 혹은 그보다 나이가 어린 Z세대가 아도레스 호퍼의 중심을 이루고 있다.

일본의 경우 도심의 주거비가 매우 높고, 이사 문화가 독특해 이사 시 비용이 매우 많이 든다. 또 건설업자들이 대량으로 짓는 획일적 주거 공간이 대부분인 데다 우리나라의 전세 제도 같은 게 없어 대다수가 월세로 산다. 그렇기에 집을 수리하거나 리모델링할 유인도 없다. 밀레니얼과 Z세대는 높은 주거비와 개성이 반영되지 않는 주거 공간에 대한 불만이 매우 높다. 일본의 내각부가 발표한 통계에 따르면 2014년 일본 도쿄 거주자들을 대상으로 설문조사를 한 결과 도심을 벗어나 외곽과 지방으로 이주하고 싶다는 사람이 40.7%였고 10~20대는 46.7%나 "그렇다"라고 대답했다. 또 이들은 최소한의 짐만 가지고 여러 거점을 이동해가며 일을 하고 다양한 사람들을 만나는 경험을 즐긴다고 답하기도 했다. 무선인터넷과 클라우드 등의 기술 발전으로 어디에서든 원격으로 일할 수 있는 시대가 되었다는 것도 이러한 삶을 가능하게 만든 중요한 배경이라 할 수 있다.

주거를 옮길 때 생기는 불편까지 관리하는 서비스

아도레스는 고객들의 이러한 니즈를 공략하고 다양한 편의를 제공한다. 아도레스의 전국 거점은 2020년 2월 기준으로 30곳이나 된다. 도심도 있고 시골도 있으며 휴양지도 있다. 아도레스는 전국 곳곳에 거점을 확보할 당시, 임대가 잘 되지 않아 주인들이 골머리를 앓고 있는 집을 최우선 섭외 대상으로 삼았다. 주로 집이 오래되어 낡았거나 교통이 불편한 곳에 위치한 경우였다. 또는 아예 빈집을 찾아 리모델링하여 개성 있는 공간으로 재탄생시켰다.

아도레스 회원들은 일이 바쁠 때는 놀 곳이 많은 도심이나 휴양지를 피해 조용한 시골의 거점을 이용하고, 여러 사람과 만나 업무 협의를 해야 하거나 도심에서 볼 일이 있을 때는 수도권의 거점을 이용하는

경향을 보인다. 거점마다 기본 설비와 가전, 와이파이 등이 잘 갖춰져 있고 사용료는 모두 구독료에 포함되어 있어 가격 부담과 불편함을 줄일 수 있다. 거점을 옮기며 다양한 사람들을 만나는 즐거움은 덤이다. 아도레스의 각 거점에는 거점 관리자 역할을 하는 '집 지킴이(家守り, 야모리)'가 있어 자주 거점을 옮기는 이들이 현지 생활에 빠르게 적응할 수 있도록 도와주고 거점 내 사람들과의 교류도 도와준다. 택배를 대신 수령해주기도 한다.

일정한 주거가 없을 경우 불편한 점은 없을까? 가지고 다니는 짐 외에 물건들을 보관할 곳도 필요할 테고, 더구나 일본에선 스마트폰 개통이나 직업을 구할 때 '주민표'가 필요하며 이건 일정한 거주지가 있어야 발급된다. 주차 공간 확보가 어려워 자동차를 소유하기도 어렵고 거점을 옮기는 데 필요한 교통편도 문제일 수 있다. 아도레스는 이러한 문제들도 나서서 해결해주는데, 연간 회원의 경우 아도레스 거점 중 하나를 자신의 고정 거점으로 지정해 주소로 활용할 수 있다. 즉 고정 거점 주소로 주민표를 발급받을 수 있고, 고정 거점에는 짐을 보관할 수도 있다. 또한 거점과 거점 간 이동을 편리하게 해주는 교통 관련 구독 서비스를 연계하는 노력도 하고 있다. 2020년 2월부터는 전일본항공(ANA)과 제휴해 항공권 정액제 서비스 테스트를 시작했고, 중고차 판매 업체 이도무(IDOM), 무제한 환승 구독 서비스를 제공하는 노레루(NOREL) 등과 제휴해 차량 구독이나 무제한 환승 서비스를 아도레스 서비스와 연계하기 위한 준비를 하고 있다.

코로나19로 새로운 기회 맞아

최근 일본에서는 아도레스 같은 공간 구독 서비스가 급증하고 있다. 일본 전국의 게스트 하우스를 이용해 만든 호스텔 라이프(Hostel Life)라는 서비스가 등장했고, 2019년 1월 나가사키에서 직영 1호점을 시작한 이후 거점을 해외 17개국까지 확대한 하프(HafH)라는 서비스도 있다.

그리고 이런 서비스가 코로나19 사태로 새로운 기회를 맞고 있다. 재택근무를 하는 회사가 증가하고 '사회적 거리두기'로 카페가 문을 닫으면서 사람들이 일할 공간을 새로이 찾아나선 것이다. 막상 집에서 일을 하려니 개인 공간이 없거나 육아 등으로 일을 제대로 할 수 없는 경우가 많았고, 카페에서도 일할 수 없는 상황이 잦다 보니 이렇게 원하는 기간 동안 자유롭게 사용할 수 있는 공간 스트리밍 서비스가 대안으로 떠오른 것이다.

일본의 공간 스트리밍 서비스는 저출산 고령화 여파로 갈수록 늘어나는 빈집 문제와 아도레스 호퍼라는 신(新)종족 탄생이 맞물리고, 거기에다 코로나19가 덮치며 새로운 기회를 맞은 서비스라 할 수 있다. 머지않아 이와 유사한 서비스가 더 확산되지 않을까 예상해본다.

4 새로운 경험형: 놀라움과 즐거움이 상자에 담겨 오다

매달 나를 즐겁게 해주고 놀라게 해주는 상자가 도착한다. 대충 어떤 종류인지는 알지만 정확히 무엇이 들었는지는 알지 못한다. 선물을 받았을 때처럼 기대감에 두근거리게 만들며 놀라움과 즐거움을 선사해주는 구독 서비스가 있다. 바로 새로운 경험형(always-new)이다.

매달 선물 상자가 집으로 온다

'박스 구독(box subscription)'이라 불리는 많은 구독 서비스가 고객에게 매번 새로움을 전달하고자 노력한다. 이 구독 서비스들은 톡톡 튀는 콘셉트를 가지고 매달 특정 분야의 상품들로 구성된 박스를 보내준다. 콘셉트와 분야는 아주 다양하다. 온갖 종류의 화장품으로 구성된 뷰티 박스부터 과자, 캔디 등을 가득 담은 간식 박스, 운동복과 간단한 운동 용품을 함께 보내주는 피트니스 박스, 장신구를 골라 담아 보내주는 액세서리 박스까지 개인별 관심사와 취향, 니즈를 반영한 박스 구독 서비스가 넘쳐나고 있다. 예를 들어 해리 포터(Harry Potter) 캐릭터 상품 박스 구독만도 한두 개가 아니다. 어떤 서비스는 매달 새로운 마법 지팡이(wand)를 보내주고(Wizardry Wands Box), 어떤 서비스는 해리 포터 느낌의 액세서리를 보내준다(Fandom of the Month Club). 부엉이 브로치나 번개 모양의 귀걸이 같은 것들 말이다.

그만큼 박스 구독은 소비자의 다양하고 세분화된 니즈를 공략해 시장을 만들어낼 수 있다. 물론 고객을 매번 놀라게 하고 만족시키기란 쉬운 일이 아니다. 그래서 박스 구독은 뷰티나 식음료처럼 시장에 존재하는 제품 자체가 아주 다양하거나, 캐릭터 상품처럼 팬덤(fandom)이 존재하거나, 박스를 받아보는 사람이 꼭 필요로 하는 정보를 함께 담아 보낼 수 있는 분야에서 많이 나타나고 있다.

정보 전달과 마케팅도 박스 구독으로

예를 들어, 임산부를 위한 박스 구독은 정보 전달과 마케팅 요소가 보다 강하다. 임신을 하면 먹을 것, 입을 것에 변화가 생기고 주의해야 할 점도 많다. 임산부에게 필요한 것도 많지만 태어날 아기를 위해 미리 알아두어야 할 사항도 많고 준비해야 할 게 한두 가지가 아니다. 따라서 '임산부를 위한 박스'에는 임신 기간 동안 임산부에게 필요한 것들과 알아두면 좋은 정보가 담기고, 출산이 다가오면 다양한 아기 용품이 담긴다.

같은 임산부 박스 구독이어도 업체마다 특색이 있다. 미국의 에코센트릭 맘(Ecocentric Mom)은 '친환경'을 강조하여 임산부에게 무해한 화장품이나 먹을거리, 유기농 기저귀 같은 것을 보내준다. 또 임산부가 아니라 아기 아빠들에게 제공되는 박스 구독 서비스도 있다. 래드 대

에코센트릭 맘과 더 래드 대드 박스의 구독 박스. 임신 기간에 필요한 물품과 정보를 담아 보내고 출산이 임박하면 유기농 기저귀, 아기 장난감, 손소독제 등을 보내준다.
자료: 〈https://ecocentricmom.com〉; 〈https://www.raddadbox.com〉

드 박스(The Rad Dad Box)는 아빠들이 아기를 만날 준비를 하고 미리 유대감을 형성할 수 있는 제품들을 담아 보내준다. 이를테면 기저귀를 갈아주기 전 손 씻을 비누나 손소독제를 보내준다거나 아기와 함께 가지고 놀 수 있는 장난감이나 읽어줄 만한 책, 귀여운 아기 그림이 있는 머그컵을 박스에 넣어주기도 한다. 출산 당일에 필요한 물품을 챙겨 넣어주는 박스 구독 서비스도 있다. 이러한 박스 구독 서비스는 우리나라에도 유사한 것이 있는데, 월간 임신, 텐박스(임신 기간인 열 달 동안 보내주는 박스라서) 등이다.

　존슨 앤 존슨의 '번들 박스 멤버십'도 정보 전달과 마케팅에 충실한 박스 구독 서비스이다. 존슨 앤 존슨의 주요 제품에는 의약품과 아기 위생 용품, 피부 미용 제품 등이 있는데 번들 박스 멤버십에 가입한 소아과 의사에게 매달 아기들을 위한 약, 화장품, 위생 용품 등의 샘플을 배송해준다. 이 서비스를 받는 의사들은 관련 정보를 얻는 동시에 샘플을 사용해보고 직접 효과를 확인해볼 수도 있다. 존슨 앤 존슨은 영업사원이 일일이 의사들을 찾아다니지 않아도 되어 비용을 절감할 수 있고, 의사들에게 존슨 앤 존슨의 제품을 홍보함으로써 강력한 마케팅 효과까지 누릴 수 있다.

5

문제해결형:
전문성과 기술로 솔루션을 제공하다

전문가가 엄선한 제품이나 코칭을 정기적으로 받아볼 수 있다면, 게다가 그 서비스가 시간이 갈수록 나에게 맞춤형으로 진화한다면 어떨까? 전문가의 지식과 노하우, 그리고 데이터를 활용해 적합한 제품을 추천해주는 구독 모델이 있으니, 바로 문제해결형(problem-solving) 구독 서비스이다.

전문가의 솔루션을 구독하다

우리의 삶에서 전문가의 선택과 솔루션이 절실히 필요한 분야는 무엇일까? 얼른 떠올릴 수 있는 것 가운데 하나가 육아와 교육이다. 특히 유아나 미취학 아동을 어떻게 양육하고 교육해야 할지 몰라 막막할 수 있다. 넘쳐나는 책과 학습지, 교구들이 있기는 하지만 그중 무엇이 실질적으로 내 아이에게 도움이 될지 단번에 파악하기란 쉽지 않다. 그러다 보니 괜히 불안한 마음에 고가의 학습지를 무작정 신청하거나 수백 권짜리 전집을 사서 아이 방에 들여놓곤 한다. 그런데 학습지는 약정 기간이 길어 아이가 관심을 보이지 않아도 당장 취소할 방법이 거의 없다. 또한 교구보다는 글자로 이루어진 정보나 책 중심의 학습지가 많아 아직 글을 모르는 유아들의 흥미를 불러일으키지 못해 그다지 교육 효과를 기대하기가 어려울 수도 있다.

이런 부모들의 고충을 덜어주는 데 초점을 맞춘 것이 문제해결형 구독 서비스로, 아이들이 가지고 놀면서 학습에도 도움을 받을 수 있는 교구를 배송해주는 서비스이다. 아이들의 연령대나 관심사에 맞추어 교구를 보내주며, 가격도 월 2만~3만 원대로 큰 부담이 없다. 월 단위로 신청이 가능하기 때문에 아이가 지루해하거나 내 아이에게는 별로 도움이 안 된다고 느끼면 곧바로 취소가 가능하다는 장점도 있다.

아마존은 자사 커머스 사이트의 장난감 판매 데이터를 분석한 결과, 학습에 도움을 주는 교구가 가장 잘 팔린다는 사실을 발견했다. 그래서 시작한 것이 교구 정기배송 서비스인 스템 클럽(STEM Club)이다. STEM은 과학(Science), 기술(Technology), 공학(Engineering), 수학(Mathematics)의 약자로, 이 4가지 영역의 학습을 도와주는 장난감을 배송해준다는 의미이다. 3~13세 어린이를 대상으로 이들이 가지고 놀면서 학습에도 도움을 받을 수 있는 교육용 장난감을 월 19.99달러에 정기적으로 배송해준다. 배송되는 교구는 아마존 한정 품목이며 수수께끼 문제 풀이를 위한 수학 놀이 상자, 프로그래밍이 가능한 로봇, 화학 실험 세트 등 전문가들이 엄선한 교구로 다채롭게 구성된다.

코로나19 사태로 아이들이 집에 있는 시간이 길어지면서 아마존 스템 클럽 가입자도 증가했으며, 그 이외의 다른 교구 정기배송 서비스에 대한 관심도 증가했다.[6] 키위코(KiwiCo) 역시 교구를 정기적으로 배송해주는 서비스를 제공한다. 여러 상품을 취급하는 아마존과 달리 이 회사는 교구 정기배송을 전문적으로 하는 업체이다 보니 제공하는 구독 라인업이 훨씬 다양하다. 대상 연령대가 광범위하며 과학뿐 아니라 예술적 창의성 계발을 돕는 교구도 있어 아이의 관심사나 특기에 맞춰 배송 키트를 선택할 수 있다.

나만의 상품을 만들어주는 구독 서비스

문제해결형 구독 서비스 중에는 전문가가 선별해주는 것을 넘어 아예 소비자 맞춤 상품을 만들어서 제공하는 서비스도 있다. 예를 들어 피부 고민을 가진 사람들을 위한 맞춤 상품을 구독 박스에 담아주는 것이다. 사실 피부 상태는 사람마다 다르고, 컨디션이나 계절에 따라서도 달라진다. 지성이니 건성이니 하는 피부 타입은 부위별로도 다르다. 하지만 대다수 사람들은 자신의 피부 타입이 어떤지 제대로 알 기회가 별로 없으며, 당연히 피부 상태에 따라 화장품을 쓰기란 거의 불가능한 일이다. 그러므로 보통 사람들이 할 수 있는 일은 그저 이것저것 사서 발라보고 자신에게 맞는 화장품을 찾아내거나 화장품 가게 직원이 추천해주는 화장품을 선택하는 것이다. 이도 저도 안 된다면 피부 관리실이나 피부과 병원을 찾아갈 수도 있다. 그런데 맞춤형 화장품 구독 서비스는 이 복잡한 문제를 단번에 해결해준다.

우리나라의 천연 화장품 제조 업체 톤28(TOUN28)은 그 이름 속에

---

6 "Subscription Boxes Experience Growth Amidst Coronavirus" (2020. 4. 27), DMS Insights.

이미 서비스가 전달하려는 가치가 담겨 있다. 피부 톤(색조)을 개선한다는 의미와 함께 영문명 TOUN에는 얼굴의 'T존(이마에서 코까지)'과 'U존(볼에서 턱까지)'을 따로 관리한다는 의미도 들어 있다. 또한 28은 여성의 생체리듬 주기인 28일을 의미하는데 생체리듬에 따라 변하는 피부 상태를 고려하고 짧은 주기로 신선한 화장품을 제조해 전달한다는 뜻이다. 톤28의 직원은 고객을 직접 만나 피부 상태를 측정하고 진단한다. 그리고 이 데이터를 온도, 습도, 황사 등 기후변화 데이터와 결합해 28일 주기로 고객의 피부 상태와 기후를 고려한 부위별 맞춤형 화장품을 만들어 배송한다. 고객은 서비스 이용 기간 중 원할 때 무료로 피부 상태 진단을 받을 수 있고 진단 결과에 따라 화장품의 성분과 배합 비율이 달라진다.

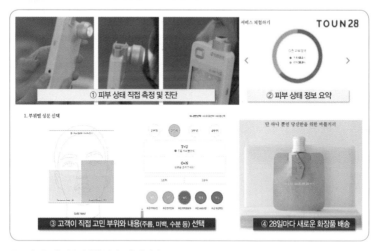

톤28의 피부 측정과 맞춤형 화장품 출시 과정.
자료: 〈https://toun28.com〉

화장품만큼이나 세심한 조언과 솔루션이 필요한 분야가 바로 패션이다. 나에게 꼭 맞는 패션 스타일을 찾기 위해서는 고려해야 할 것이 아주 많다. 체형, 나이, 신체 사이즈, 피부 톤부터 선호하는 스타일, 옷을 착용하는 목적(TPO: 시간(Time), 장소(Place), 상황(Occasion))까지 신경을 써야 한다. 구독 서비스 업체 스티치 픽스(Stitch Fix)는 이런 니즈를 파악해 개인 맞춤형 스타일링을 제공한다.

스티치 픽스가 배송해주는 박스에는 5가지 패션 아이템 및 이를 활용한 스타일링 안내문이 들어 있다. 이 아이템과 스타일링 솔루션은 고객 데이터에 기초한 100% 맞춤 제안이다. 스티치 픽스는 고객이 직접 스티치 픽스 앱에서 풀어볼 수 있는 스타일 퀴즈, 구매 이력, SNS 사진 등을 통해 고객의 선호도를 파악한다. 고객은 자신의 체형과 착용 목적 등을 입력하고, 이 데이터는 스티치 픽스가 직접 개발한 머신 러닝[7] 알고리즘을 통해 분석된다. 여기에 전문가의 안목이 결합해 맞춤형 스타일링이 탄생한다. 스티치 픽스는 데이터 분석 알고리즘 개발을 위해 넷플릭스, 판도라[8] 등에서 일하던 75명의 데이터 전문가를 영입했다.

스티치 픽스가 소비자에게서 받는 구독료는 맞춤 스타일링에 대한 비용이다. 고객이 스타일링으로 제시된 아이템을 실제로 착용하고 싶다면 그것은 별도로 구매해야 한다. 스티치 픽스가 보내는 스타일링

---

[7] 인공지능의 한 분야로 컴퓨터가 방대한 데이터 분석을 통해 스스로 학습하고 판단하여 특정 결과를 도출해내는 기술이다.

[8] 미국의 음악 스트리밍 서비스 업체.

구독 박스를 받은 고객의 80%는 스티치 픽스가 제안한 5가지 아이템 중 최소 1개 이상을 구매한다. 이 회사가 제공하는 스타일링에 대한 만족도가 그만큼 높다는 뜻이다.

이와 같이 5가지 유형으로 구독 모델을 나누어 살펴보았지만, 사실 하나의 구독 서비스에는 여러 형태의 서비스가 함께 녹아 있는 경우가 많다. 그리고 다양한 유형이 결합되어 있을수록 고객에게 주는 경험과 가치 또한 다양해지고 풍성해진다.

구독을 이용하는 소비자들은 때로는 확실한 가성비로 만족감을 얻고, 때로는 귀찮은 일에서 해방된다. 원할 때 필요한 만큼 이용할 수 있는 유연성을 누리며, 매번 달라지는 구독 박스로 새로움과 놀라움을 느낀다. 나에게 딱 맞는 솔루션을 제공받기도 한다. 이 모든 것은 구독 모델을 설계하는 기업들이 소비자 중심으로 생각하며 만들어내는 고객가치이다.

나아가 구독은 고객의 경험을 확장하는 동시에 결국 그들에게 '자유'를 선사한다. 이 자유는 지갑 사정에 제약을 받지 않을 자유, 원할 때 사용할 자유, 번거로운 일은 잊어버려도 되는 자유, 심지어 내가 뭘 좋아하는지 나에게 무엇이 가장 잘 맞는지 고민하지 않아도 될 자유이다.

언젠가 필자는 최신·첨단 IT 디바이스 구독 서비스를 제공하는 독일의 스타트업 그로버(Grover)에서 시니어 프로덕트 매니저로 근무했던 사람을 인터뷰할 기회가 있었다. 그로버의 구독 서비스가 제공하는 핵심 가치는 무엇인가 하는 질문에 그는 이렇게 대답했다. "그로버는 자유(freedom)와 유연성(flexibility)을 제공합니다."

이어지는 그의 설명을 요약하면 이러하다.

"고객들은 고액의 초기 비용 없이 다양한 제품을 원하는 대로 경험할 수 있고 원할 때 언제든지 빠르게 제품을 교체할 수 있습니다. 현재 그로버는 10개 카테고리에 걸쳐 2,000개 이상의 제품을 대여합니다. 핵심 고객층은 경제적 여유가 넘치는 이들은 아닙니다. 하지만 그들은 젊고, 최신 트렌드를 경험하기 원하는 밀레니얼들이죠. 예를 들어, 부유한 밀레니얼 세대는 최신 아이폰을 별 고민 없이 구매하지만 경제적으로 어려운 밀레니얼 세대는 아이폰을 구입할 여력이 없습니다. 하지만 커뮤니티에서 소외되기를 원하지는 않습니다. 그로버는 원하는 기간만큼 최신 기기를 사용할 수 있는 구독 서비스를 제공하고 선불 비용을 최소화하면서, 새로운 제품이 나오면 언제든 바꿀 수 있게 해주죠. 즉, 경제적으로 어려운 밀레니얼들이 자신들의 지갑 사정으로부터 자유로워질 수 있게 해주고 소비하는 물건으로 자신을 표현해야 하는 사회적 압박(society pressure)에서 해방되도록 도와줍니다. 그뿐이 아니에요. 제품을 빌리고 사용하고 반납하는 전 과정이 물 흐르듯(frictionless process) 편리하죠. 편리하지 않으면 아무리 좋은 서비스라도 고객들은 이용하지 않을 겁니다."

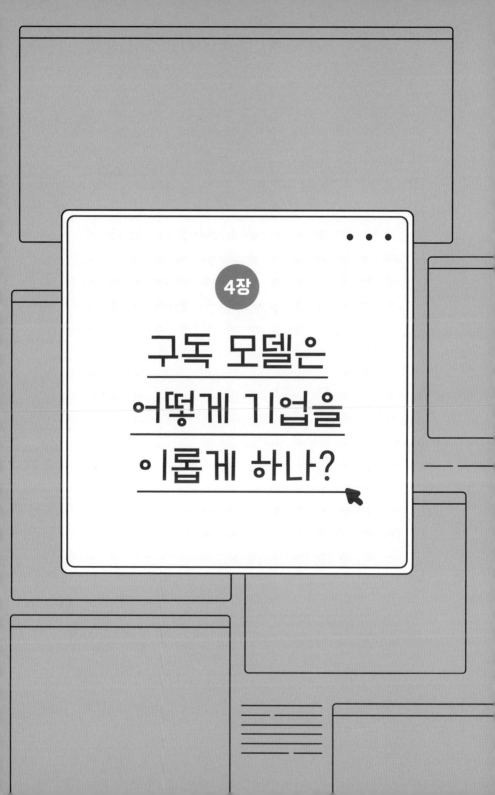

4장

구독 모델은
어떻게 기업을
이롭게 하나?

구독 모델은 단순히 상품이나 서비스를 정기적으로 제공하는 것을 말하는 게 아니다. 오늘날 수많은 기업이 구독 모델을 채택하려고 하는 까닭은 고객 니즈를 기반으로 지속적 가치를 제공하고 이로써 궁극적으로는 안정적 매출 및 수익 확보의 선순환 구조를 만들고자 함이다.

기업이 구독 모델을 통해 누릴 수 있는 이점은 다양하다. 구독 모델을 채택하고 잘 관리하여 탄탄한 회원층이 확보되면 반복적 매출을 통해 안정적 현금 흐름을 유지할 수 있고 기업의 미래가치를 높일 수 있다. 고객가치를 높이면서 합리적으로 구독료를 인상하면 고객과 기업이 원원하는 결과를 가져온다. 기업은 고객을 더 자주 만날 수 있고 이를 통해 고객당 매출을 올리거나 고객에게 기업 이미지를 효과적으로 각인시킬 수 있다. 새로운 시장을 개척하는 데 따르는 리스크도 줄일 수 있고, 자신감 있게 신제품과 서비스를 소개할 수도 있다. 그 구체적 이점을 하나씩 살펴보자.

1 안정적 수익 구조를 구축하다

구독 모델을 이야기할 때 언제나 가장 먼저 등장하는 단어는 '반복적 매출(recurring revenue)'이다. 매일같이 치열한 시장에서 경쟁을 해야 하는 기업들 입장에서 이것은 너무나도 매력적인 말이 아닐 수 없다.

회원들이 매달 내는 구독료는 기업에 정기적으로 발생하는 수익으로 돌아오며, 기업은 이로써 안정적 현금 흐름을 유지하게 된다. 구독 모델을 제대로 설계했다면 판매 모델 대비 구독 모델의 이익률이 높다. 구독 모델은 기존 회원의 구독료에 신규 가입자의 구독료가 더해지는 구조라서 매출과 이익이 시간이 지날수록 우상향하기 때문이다.

또한 구독 모델은 기업이 미래 매출을 예측하는 데도 용이하다. 판매 모델과 비교하면 더더욱 구독 모델이 지닌 예측의 용이성이 두드러진다. 판매 모델은 월간 매출을 마감하고 나면 다음 달은 다시 0에서 시작한다. 이번 달의 판매량으로 다음 달 판매량을 예측할 수 있는 게 아니다. 계절적 수요가 분명한 제품이나 스테디셀러 외에는 판매량과 매출에 대한 예측이 쉽지 않다. 하지만 구독 모델은 기존 계약이 있는 상태에서 신규 계약 건이 추가되는 것이므로 다음 달이나 내년 등 미래에 대한 가시성이 판매 모델에 비해 높다.

O **판매 모델과 구독 모델의 매출 구조**

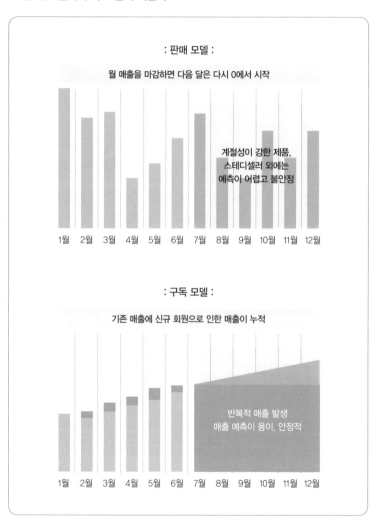

소니, 구독 모델 도입 이후 우상향하는 매출

플레이스테이션(PS) 게임기로 유명한 소니의 게임사업부 실적 추이를 보면 2014년 이후 매출과 영업이익률이 점진적으로 우상향하는 것을 알 수 있다. 2014년 이전에는 매출에 비해 영업이익률의 기복이 굉장히 심했다. 올라갈 때는 20% 가까이 상승했다가 떨어질 때는 −25%까지 내려갔다. 하지만 2014년 이후로는 마이너스 이익률을 기록한 적이 한 번도 없을뿐더러 2~3%p씩 꾸준히 상승하고 있다. 매출도 새로운 플레이스테이션 디바이스가 출시될 때마다 반짝 상승하고 시간이 갈수록 하락했던 사이클에서 훨씬 안정화되었고 점진적으로는 우상향하는 모습이다.

소니는 2010년 구독 비즈니스 모델을 도입했고, 어느 정도 회원이 확보된 2014년부터 그 효과가 나타난 것으로 보인다. 콘솔 게임 산업의 비즈니스 모델은 하드웨어(게임기)와 그 하드웨어에서 구동하는 소프트웨어(게임 CD)를 판매하는 방식이다. 그래서 새로운 게임기를 출시하면 게임기 판매와 게임 CD 판매가 동시에 상승하지만 어느 정도 시간이 지나 게임기를 구매할 만한 사람이 모두 구매를 마치면 매출이 하락한다. 하지만 이 시기에도 신규 게임기와 게임 소프트웨어 개발을 위한 투자는 지속적으로 이루어지기에 새로운 게임기가 출시되기 전까지는 영업이익률이 함께 하락한다. 결국 신규 게임기가 대박을 터뜨려 그동안의 손실을 복구해주기를 기대하며 그 시기를 버틸 수밖에 없다.

그랬던 소니가 2014년 미래 전략의 일환으로 비즈니스 모델을 전환

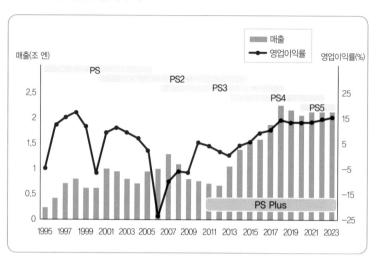

자료: 소니 사업보고서, 2021~2023년은 다이와증권 추정치

했다. 게임기와 소프트웨어를 판매하는 기존 방식을 유지하는 한편 새로 'PS 플러스(PS Plus)'라는 구독 서비스를 론칭했는데, 월정액에 다른 유저들과 멀티 플레이가 가능하고 매월 지정된 무료 게임을 무제한으로 플레이할 수 있는 서비스이다. '게임기를 어떻게 만들어서 더 팔까'에 주목하기보다는 '게임을 하는 유저들이 어떻게 하면 더 즐겁게 게임을 하고 더 많이 게임을 하게 할 수 있을까'에 초점을 맞추기 시작한 것이다. 그리고 그 즐거움과 게임을 무제한으로 즐길 수 있는 혜택에 기꺼이 돈을 지불하도록 만들었다.

이후 PS 플러스는 글로벌 가입자가 2021년 9월 기준 4,700만 명에 이르러 소니에게 안정적 수익 창출의 기반이 되고 있다. 소니는 오리

○ 소니의 플레이스테이션 연계 구독 서비스

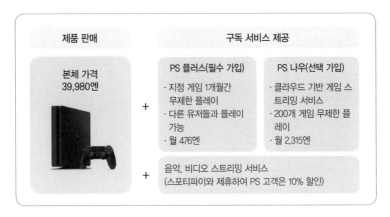

| 제품 판매 | | 구독 서비스 제공 | |

| 본체 가격 39,980엔 | + | **PS 플러스(필수 가입)**
·지정 게임 1개월간 무제한 플레이
·다른 유저들과 플레이 가능
·월 476엔 | **PS 나우(선택 가입)**
·클라우드 기반 게임 스트리밍 서비스
·200개 게임 무제한 플레이
·월 2,315엔 |
| | + | 음악, 비디오 스트리밍 서비스
(스포티파이와 제휴하여 PS 고객은 10% 할인) | |

지널 게임 콘텐츠를 경쟁력으로 삼아 가입자 확대에 성공했다. PS 플러스가 성공적으로 자리를 잡자, 소니는 'PS 나우(PS Now)'라는 클라우드 기반 게임 스트리밍 구독 서비스도 시작했다. PS 나우는 게임기 간 역호환성을 제공한다. 즉, 기존에는 PS3에서 하던 게임을 PS4에서는 할 수 없었지만 온라인으로 연결하면 게임기에 상관없이 원하는 게임을 즐길 수 있다. 어찌 보면 새로운 PS 게임기 구매가 필요 없게 만들어 기기 판매에 도움이 안 될 것도 같지만 결과적으로 과거에 PS 게임기를 샀으나 지속적으로 게임을 하지 않던 사람까지 다시 PS 게임을 하도록 만들 수 있다는 게 장점으로 작용했다. 그뿐 아니라 PS 게임기가 없는 사람도 자신이 가진 PC에서 게임을 즐기도록 함으로써 게임 유저와 플레이 시간을 늘렸다는 데 큰 의미가 있었다.

그리고 구독 플랫폼에 과거의 게임 소프트웨어들을 올려놓음으로써 이들도 계속 소비될 기회를 늘리고 구독 회원들에게는 즐길 콘텐츠가 많아 보이게 하는 효과까지 있다. 아주 옛날에 보았던 영화가 문득 생각날 때 DVD를 사서 보진 않아도 넷플릭스에서 검색해서 보는 것과 같은 이치이다.

무엇보다 고무적인 것은 이들이 정기적으로 구독료를 내고 이 서비스를 이용한다는 사실이다. PS 나우의 성적표는 2021년 5월 기준 글로벌 가입자 수 320만 명 정도로 아직은 썩 좋지 못하다.[1] PS 게임이 글로벌 시장의 70%에서 서비스가 되고 있고 PS 게임의 팬이 7,000만 명 정도임을 감안할 때 5%가 채 안 되는 가입률이다. 하지만 이는 소니의 구독 모델이 성공적으로 설계되지 못한 탓이라기보다 클라우드 기반의 게임 시장 자체가 아직은 도입 단계이기 때문으로 보인다. 또 앞서도 언급했다시피 기존에 매우 공고했던 게임기와 게임 소프트웨어 판매라는 비즈니스 모델을 일부 허물어버리는 방식이라 클라우드 기반 게임이 업계에서 안정적으로 자리를 잡으려면 좀 더 시간이 필요할 것으로 보인다.

나아가 기술력과 인프라도 더 보완될 필요가 있다. 클라우드 기반의 스트리밍 서비스는 게임을 디바이스에 다운로드해서 이용하는 것이 아니라 온라인으로 연결된 상태에서 이용하는 것이어서 인터넷 통신 인프라와 서버 등 컴퓨팅 자원이 중요하다. 끊김 없이 게임이 이어져

---

1 "Sony Confirms PS Now Has Reached 3.2 Million Subscribers, Up 2.2 Million Since Relaunch" (2021. 5. 27). 〈www.psu.com〉.

야 유저들의 경험을 망치지 않을 테니까 말이다. 현재 애플, 구글, 마이크로소프트 등이 방대한 클라우드 자원을 기반으로 게임 스트리밍 서비스 산업으로 진출하고 있다. 클라우드 게임의 미래가 기대되는 이유이다.

분명한 것은 소니의 게임사업부가 소니를 되살리는 데 일조했다는 사실이다. 2020년 게임사업 부문의 영업이익은 3,422억 엔으로 전체 영업이익 9,719억 엔의 35%를 차지했다.[2] 이러한 영업이익률 상승의 배경에 구독 서비스 도입이 있었다.

구독 모델 도입과 함께 영광을 되찾은 마이크로소프트

안정적 수익은 기업의 생존율을 높이고 기업가치 향상에도 기여한다. 마이크로소프트는 시가총액 1위 자리에서 내려온 지 무려 16년 만인 2018년에 '1위'라는 명성을 되찾으며 화려한 부활을 알렸는데, 그 배경에도 클라우드 기반의 구독 모델이 있다. 미국의 1세대 IT 기업인 마이크로소프트는 2000년대 초반 닷컴 버블이 붕괴되면서 시스코(Cisco), 인텔(Intel), 오라클(Oracle), IBM 등과 함께 주가가 하락하며 애플, 알파벳, 메타 등 2세대 IT 업체들에 대형주 자리를 내주었다. 그후 10년간 이렇다 할 변화나 도약의 계기가 없던 마이크로소프트는 클라우드로 방향을 틀며 대반전을 시작한다.

당시 마이크로소프트의 주된 비즈니스 모델은 소프트웨어 판매였

---

2 SONY Annual Report (2020).

다. 윈도우, 오피스 등 컴퓨터를 사용하고 문서를 작업하는 데 필요한 소프트웨어를 기업이나 개인에게 판매했는데 일회성 판매로 그치다 보니 고객이 소프트웨어를 사용하면서 어떤 점을 불편해하는지, 개선해야 할 점은 무엇인지 등이 제대로 파악되지 않았고 당연히 제품 업그레이드에도 고객 니즈가 반영되지 못했다. 게다가 소프트웨어 구매 가격이 다소 부담스러워 개인 사용자들 간에는 불법 복제 CD를 설치하는 일이 잦았고, 마이크로소프트는 매출을 올리기 위해 계속 다음 버전을 출시하며 새로운 소프트웨어 구매를 유도해야 했다.

이렇게 소프트웨어 판매 영업만 이어가던 마이크로소프트는 클라우드에서 새로운 가능성을 발견하게 된다. 아마존이 선도적으로 시작한 클라우드 컴퓨팅 서비스 시장이 워낙 빠르게 성장하고 있었을 뿐 아니라 클라우드를 기반으로 한 소프트웨어 서비스도 등장하고 있었다. 소프트웨어 CD를 구입하거나 웹에서 다운로드받아 컴퓨터에 설치하고 구동해 사용하는 것이 아닌, 인터넷으로 소프트웨어 서비스 업체의 클라우드에 접속해 마치 내 컴퓨터에 설치한 것처럼 소프트웨어를 이용하는 서비스가 일반화되고 있었던 것이다.

클라우드 기반의 소프트웨어는 서비스 기업의 클라우드에 반복 접속해 이용해야 하기 때문에 '구매'가 아니라 '구독'을 한다. 소프트웨어 구독은 여러 장점을 가진다. 소비자 입장에서, 필요한 기능이 적다면 좀 더 저렴한 구독 상품을 이용할 수 있고 필요한 기능이 많다면 프리미엄 구독 서비스를 이용할 수 있다. 컴퓨터에 설치할 필요가 없기 때문에 저장 공간을 차지하지도 않는다. 서비스 기업에서 수시로 업데이트를 해놓으니 내 컴퓨터에서 몇 시간씩 업데이트를 진행해야 하는 번거로움도 없다.

기업 입장에서는 소프트웨어 패키지를 대량으로 판매하던 것에 비해 매출이 일시적으로 감소할 수 있다. 하지만 일회성 판매에 그치던 비즈니스 모델이 다달이 반복적 매출을 발생시키는 비즈니스 모델로 전환되고, 고객의 가격 부담이 낮아져 결과적으로는 가입자가 늘어나게 된다. CD 형태의 불법 복제 소프트웨어의 유통도 방지할 수 있다〔물론 아이디를 불법으로 공유할 수 있지만 상시 인터넷에 접속해 사용해야 하는 소프트웨어는 이용자의 위치 정보(IP 등)로 이 문제를 해결할 수 있다〕. 또한 이용 패턴이 실시간으로 관찰되고 소프트웨어를 사용하는 과정에서 발생하는 문제점이나 불편 사항 역시 즉각 인지할 수 있어 제품과 서비스를 효과적으로 개선해 소비자 불만을 원천적으로 해결할 수 있다.

마이크로소프트는 2010년, 클라우드컴퓨팅 서비스 애저(Azure)와 기존의 오피스(Office) 프로그램을 구독 상품화해 '오피스365'라는 이름으로 출시한 데 이어, 2014년 사티아 나델라가 CEO에 취임하면서 '클라우드 퍼스트(Cloud First)'라는 비전을 내걸게 된다. 모든 비즈니스의 방향, 즉 비즈니스 모델부터 조직 구조, 영업사원 평가 기준까지 클라우드 기반 서비스를 중심으로 바꾸고 재구성한 것이다. 2017년에는 'Xbox 게임'에도 구독 서비스 모델을 도입하기에 이른다. 이렇게 구독 모델 전환을 통해 안정적 수익 기반을 마련하고 궁극적으로 고객 기반(가입자)을 확대한 결과, 마이크로소프트는 매출과 주가를 빠르게 회복했고 미국의 1세대 IT 기업으로는 유일하게 2, 3세대 IT 기업들(애플,

◯ 마이크로소프트의 주가 추이

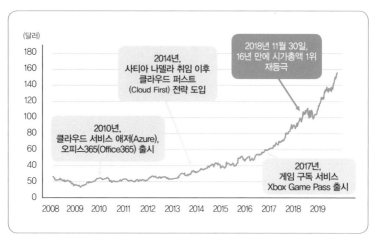

자료: 나스닥, 언론사 보도 등을 종합해 재구성

알파벳, 아마존, 메타 등)과 어깨를 나란히 하게 되었다.

코로나19 위기에도 매출이 상승한 구독 기업들

2020년 코로나19로 경기가 악화되고 기업들의 실적이 하락하는 상황에서도 구독 비즈니스 모델로 사업을 영위하는 기업들은 큰 타격을 입지 않았거나 오히려 매출이 증가했다. 구독 비즈니스 모델이 크나큰 위기에도 흔들림이 없는 이유는 기존 회원과 정기구독료가 사업의 탄탄한 기반이 되어줌으로써 위기 시에도 매출이 크게 줄어들지 않아서다.

주지하다시피 구독 모델은 회원 기반을 확장할 때 한 번씩 매출이 올라가고 신규 가입자를 어느 정도 유지하고 고객이탈률이 안정화되면 올라간 매출이 유지되는 형태의 성장 공식을 따른다. 그러한 공식을 잘 보여주는 사례로 미국의 원격 의료 사업체 텔라닥(Teladoc Health)을 들 수 있다. 이 업체는 월정액에 무제한으로 장소와 시간에 관계 없이 전화나 인터넷, 모바일 앱을 통해 의사와 상담할 수 있고 간단한 처방전까지 받을 수 있는 온라인 진료 구독 서비스를 제공한다. 텔라닥은 구독자 수가 증가하면서 매출도 안정적으로 증가해왔다. 더욱이 2020년에는 코로나19로 직접 병원을 찾기보다 원격 진료를 받으려는 환자가 증가하면서 1년 새 회원 수가 1,400만 명가량 늘었고 매출은 2배로 상승했다.

아마존, 넷플릭스, 줌, 펠로톤, 텔라닥 등이 코로나19 국면에서 도리어 특수를 누렸는데, 사실 본 게임은 이제부터이다. 이들의 실적 향상은 일시적 현상이 아니기 때문이다. 코로나19 사태를 계기로 신규 회원을 대거 확보한 넷플릭스나 아마존, 텔라닥, 쿠팡 같은 기업은 정기 구독료를 매달 지불할 회원 기반의 확대에 따라 미래 전망도 밝다. 탄탄한 고객 기반이 있고 고객이 매달 내는 구독료에서 안정적 매출이 발생하며 여기에 신규 회원이 꾸준히 증가하고 있다면 그 기업은 지속 성장이 예상되고, 미래가치 또한 높을 수밖에 없다.

기업의 미래가치는 주가에 반영된다. 몇몇 기업의 주가 그래프를 한번 비교해보자. 물론 산업도 다르고 기업 간 역량과 전략의 차이도 고려해야겠지만 일단 추세는 살펴볼 수 있다. 코로나19 팬데믹 기간 내내 구독 서비스 기업들의 주가는 전반적으로 상승 곡선을 그렸다. 이는 단지 이 시기에 이 기업들의 매출이 늘어나서만은 아니다. 그보다

는 이 기간에 확보된 새로운 고객과 그 고객이 향후 지불할 구독료, 그리고 이 고객들을 기반으로 기업이 미래에 더 많은 수익을 낼 것으로 기대되기 때문이다. 반면, 구독 모델을 채택하지 않은 기업들은 코로나19가 급격히 확산하던 시기에 매출이 급감했고 이후로도 회복이 더뎠다.

위기의 펜더,

온라인 기타 레슨 구독 서비스로 부활하다

1970~1990년대를 풍미하던 록음악의 인기가 시들해지면서 2000년 대 들어 일렉트릭 기타 시장은 쇠락의 길을 걷는다. 일렉트릭 기타 의 최대 시장인 미국에서 일렉트릭 기타 판매량은 2008년 145만 대 에서 2018년 109만 대까지 감소했다. 이 시기 지미 헨드릭스와 에 릭 클랩튼이 애용한 기타로 유명했던 펜더(Fender Musical Instruments Corporation)도 2011년 170만 달러 적자를 내며 파산 직전까지 가는 위기를 겪었다.

구원투수 등판, 고객 분석에 착수하다

판매 감소로 고전하던 펜더는 2015년 나이키와 디즈니에서 일한 베 테랑 마케터 앤디 무니(Andy Mooney)를[3] CEO로 영입했다. 펜더에 출 근한 무니는 회사가 그동안 고객 분석을 전혀 하지 않고 있었다는 사 실을 알게 된다. 그는 판매 감소를 막을 방법은 고객에 대해 보다 철저 히 파악하는 것뿐이라 생각했다. 그래서 이전 5년간의 기타 구매 데이터를 수집해 분석해봤고 결과는 충격적이었다. 앤디 무니의 말이다.

> 우리 기타를 구매한 사람 중 45%가 기타를 처음 연주하는 사람들이었습니다. 게다가 이들 중 50%가 여성이었어요. 생각지도 못한 결과였죠. 그런데 문제는 이들 중 90%가 12개월 안에 기타 연주를 포기한다는 것이었습니다. 기타를 구매한 사람들이 추가로 장비를 구매하는 것보다 기타 레슨에 쓰는 돈이 4배나 많았던 것을 보면 기타 연주가 그만큼 어려워 금세 관심과 흥미를 잃었던 것 같습니다.[4]

 그동안 펜더의 경영층은 과거 록음악의 전성기, 즉 뮤지션과 밴드가 주 고객이던 시대에 머물러 있었던 것이다. 기타의 소비자층이 예전과 판이하게 달라졌고 그들은 기타에 대한 생각도, 기타를 소비하는 방식도 예전의 주 소비자층과 많이 달랐다. 그저 기타를 한번 연주해보고 싶고 남들 앞에서 멋지게 한 곡 정도 선보이고 싶을 뿐이지만 안타깝게도 기타를 배우기가 쉽지 않아 레슨에 어마어마한 돈을 쓰고서도 얼마 안 가 흥미를 잃고 말았던 것이다. 주요 고객층이 기타 연주를 빨리 포기하다 보니 자연스레 기타 구매도 감소하는 결과로 이어졌다.

---

3 앤디 무니는 고도의 고객 분석을 바탕으로 새로운 비스니스 아이디어를 고출이는 것으로 유명하다. 그가 디즈니에서 일하던 2000년 아이스링크를 방문했을 때, 여자아이들이 하나같이 공주 같은 깜찍한 옷을 입고 있는 것을 보고 떠올린 아이디어가 바로 디즈니 공주(Disney Princess) 굿즈(goods)였다. 디즈니 공주 의상부터 액세서리, 공주 캐릭터를 활용한 각종 상품들까지 무니가 낸 아이디어는 매년 디즈니에 3조 원의 매출을 안겨주고 있다.

4 "For Fender Guitars, The Future Is Digital And Female" (2018. 3. 28), *Forbes*.

파는 것보다 오래 즐기도록 만드는 데 집중하자

그래서 펜더가 내린 결론은 기타를 구매한 고객들이 기타를 쉽게 배워 평생 취미로 즐길 수 있도록 만들자는 것이었다. 더 오래 즐길 수 있게 하면 그들이 또 기타를 구매할 것이고 판매는 절로 늘어날 것이라는 판단이었다.

그렇다면 펜더가 집중하기로 결정한 '고객'은 누구였을까? 바로 기타 초보자와 여성 고객이었다. 이들이 기타를 오래 즐기도록 돕기 위해 펜더가 가장 먼저 한 일은 바로 기타 조율 방법을 가르쳐주는 것이었다. 기타를 처음 잡는 초보자들은 조율하는 방법에서부터 먼저 벽에 부딪히기 때문이다. 보통은 매장 직원들이 조율하는 방법을 가르쳐주지만 온라인에서 기타를 구입하면 이런 기회마저 가질 수 없다. 특히 여성 고객들은 기타 매장이 주는 특유의 강한 분위기 때문에 온라인 구매를 선호하는 것으로 나타났다.

펜더는 2016년 기타 조율 방법을 가르쳐주는 앱 '펜더 튠(Fender Tune)'을 출시했다. 펜더 튠 앱을 실행하고 사용자가 기타 소리를 들려주면 앱이 인식해 정확한 음정인지 판단하여 제대로 된 소리가 날 때까지 알려주는 것이다. 또 앱이 들려주는 음정을 듣고 사용자들 스스로 조율할 수도 있다. 물론 무료 앱이다.

펜더 튠은 출시되자마자 폭발적 인기를 끌었고, 지금까지 500만 건 이상 다운로드되며 꾸준히 사용되고 있다. 펜더는 이어 2017년에는 '펜더 톤(Fender Tone)' 앱을 출시한다. 기타 톤(사운드)을 메이킹해주는 앱인데 펜더에서 판매하는 특정 앰프를 사용하는 사람들은 이 앱을 통해 곧바로 원하는 기타 톤을 다운받거나 편리하게 조절할 수 있다.

이 2가지 앱을 통해 기타 초보자들의 관심과 니즈를 파악한 펜더는 곧바로 온라인 기타 레슨 구독 서비스를 출시한다. '펜더 플레이 (Fender Play)'가 그것이다. 펜더 플레이는 매달 9.99달러를 내면 수백 개의 강의를 무제한으로 이용할 수 있는 구독 서비스로, 미국에서 기타 레슨을 30분 받는 데 평균 20~40달러의 비용이 드는 걸 감안하면 매우 저렴하다. 또 구독자에게는 기타나 주변 기기를 10% 할인된 가격에 구매할 수 있는 혜택도 제공한다. 강의는 유튜브에 올라오는 '기타 배우는 법'과 같은 영상과는 비교가 안 될 정도로 높은 수준이며, 다양한 레벨의 수업을 제공하고 있어 스스로 단계를 올려가며 자신의 속도에 맞게 기타를 배울 수 있다.

펜더 플레이의 강좌는 수강자가 코드를 하나만 배우더라도 그 코드를 이용해서 최신 인기곡을 짧게라도 쳐볼 수 있도록 구성되어 있다. 코드를 하나 배우는 데 들어가는 시간은 2분이고 이 코드를 활용해 곡 하나를 완주하는 데 걸리는 시간도 20분 정도밖에 되지 않는다. 이러한 강좌 구성을 통해 수강자들은 초보일 때부터 성취감을 느껴 흥미를 잃지 않을 수 있다. 좋아하는 연주 스타일이나 장르별 강사를 팔로우할 수 있고, 라이브 클래스에도 참여할 수 있다. 커뮤니티에서는 강사들과 질의응답도 한다.

펜더 플레이 전략은 성공적이었다. 빠르게 구독자가 늘었고 수강생이 늘어남에 따라 기타 판매도 늘었다. 펜더는 이 여세를 몰아 제품 혁신에도 박차를 가해 2018년 3월에는 가볍고 저렴한 여성용 기타를 출

다양한 수준의 기타 레슨을 구독으로 제공하는 펜더 플레이 광고. 기타를 파는 것보다 오래 즐기도록 하는 데
집중하는 전략으로 쇠락하던 기타 제조기업은 극적으로 부활할 수 있었다.
자료: 〈https://www.fender.com/tone〉

시했다. 앰프에 꽂지 않아도 통기타처럼 연주할 수 있는 기타였다. 펜더는 온라인 강좌 서비스 출시와 여성 고객 잡기에 집중하면서 매달 기타 판매량이 15%씩 증가했다. 펜더 플레이의 구독료가 꾸준한 현금 흐름을 만들어내면서 펜더의 매출은 빠르게 회복되었다. 2017년 5억 달러, 2018년 6억 4,000만 달러의 매출을 기록하며 기타 판매에 치중하던 경쟁사들이 고전하는 사이 펜더는 독보적 성장을 이어간다.[5]

코로나19로 인한 이벤트가 가져온 놀라운 결과

2020년 초, 코로나19 사태가 심각해지면서 기타 업계도 여타 제조 업계와 마찬가지로 공장이 일시적으로 문을 닫거나 소비심리 위축으로 판매가 감소했다. 펜더 역시 이 시기를 헤쳐나갈 수 있을지 우려가

---

5 "Fender revamps its electric guitars amid sales recovery" (2018. 6. 19). *Reuters*.

컸지만 도시 봉쇄, 자가격리 등으로 힘든 시간을 보내는 사람들을 위해 이벤트를 계획한다. 2020년 3월, 선착순 10만 명에게 펜더 플레이 3개월 무료 이용권을 제공한 것이다. 그런데 놀라운 일이 일어났다. 무료 체험 서비스를 실시한 이후 3개월 동안 무려 80여만 명의 신규 유료 앱 고객이 생겨난 것이다.

2020년 3월 15만 명이던 유료 구독 회원이 6월에는 93만 명으로 늘어났다. 신규 가입자 대부분이 기타를 처음 잡아보는 사람들이고, 여전히 여성이 50%를 차지했다. 펜더는 유료 구독자 수의 증가와 함께 기타 판매까지 늘어나면서 역대 최대 실적을 기록했다. 놀라운 것은 다른 기타 제조사들도 판매가 늘었다는 것이다. 2020년 펜더 매출은 7억 달러를 넘어 사상 최고치를 기록했고 또 다른 기타 브랜드 깁슨(Gibson)도 4억 달러에 육박하는 매출을 올린 것으로 추정된다.[6] 펜더의 예상대로 기타를 즐기는 사람들이 늘어나면서 일렉트릭 기타 시장 자체가 커진 것이다.

펜더의 성공을 가져온 '선순환의 법칙'

이제 펜더는 펜더 플레이에서 파악된 고객 데이터를 활용해 서비스를 고도화하는 전략까지 구사하고 있다. 기타를 배우는 고객들의 연주 정보를 수집해 강의 설계에 활용하는 것이다. 학습자마다 배우는 데

---

6 무려 117년의 역사를 가진 기타 제조 명가 깁슨은 2015년 매출 21억 달러에서 2017년에는 17억 달러로 하락했고, 2018년에는 부채만 5.2억 달러에 달하며 파산 보호 신청을 한 바 있다.

어려움을 겪는 부분이 다르기에 이를 수집해 맞춤형 강의를 만들어 제공한다. 기타 제조와 판매에만 집중하는 기업들로서는 쉽게 상상하기 어려운 전략이다.

펜더는 고객들이 지속적으로 기타를 즐길 수 있게 하자는 목표에 집중했고, 자연스럽게 기타 제조회사에서 기타 서비스 회사로 변신했다. 구독 서비스로도 높은 수익을 올리는 한편 기타를 즐기게 된 고객들이 다시 펜더의 기타를 구매하는 선순환 구조를 만들어내는 데 성공한 것이다. 이 모든 일은 펜더가 그 무엇보다 고객 중심으로 생각했기 때문에 가능했던 일이다. 또한 구독 서비스로 고객에게 지속적 가치를 제공해줄 확실한 통로를 마련한 덕분이다.

이제 고객들은 다른 브랜드의 기타를 구입하더라도 기타를 배우기 위해서는 펜더 플레이를 이용할 것이다. 펜더의 미래가 밝은 이유다.

2 본업 집중으로 고객가치를 높이다

구독 모델이 가져다주는 안정적 수익 구조는 기업이 본업과 고객에 더욱더 집중하도록 하여 지속 성장으로 이어지는 선순환 구조를 만들 수 있게 도와준다.

모바일 플랫폼을 통해 상품을 중개하거나 정보를 제공하는 기업들의 주된 수익원은 여전히 중개수수료나 광고비다. 보험 비교 앱의 경우, 사용자는 다양한 보험 상품을 비교해보고 그중 한 가지를 선택해 가입할 수 있다. 이때 보험 비교 앱은 보험회사로부터 광고비와 가입 수수료를 받게 된다. 중개수수료나 광고비 수익을 올리기 위해서는 일단 고객을 많이 끌어모아야 한다. 많은 기업의 상품과 서비스를 모아야 하고 마케팅 비용도 지출해야 한다. 고객 숫자가 어느 정도 확보되기 전까지는 중개수수료나 광고비 수익이 나기 어렵기 때문이다. 플랫폼 가입자가 많아질수록 수익이 늘어날 것을 기대할 수는 있지만 중개하는 상품이나 서비스의 품질에 따라, 그리고 사용자의 상품 구매 횟수에 따라 수익이 오르락내리락할 수밖에 없다.

구독료는 기업이 고객으로부터 직접 받는 돈이다. 상품을 중개하고 받는 수수료나 기업 홍보를 해주고 받는 광고비와는 사뭇 다르다. 기업이 직접 만들어내는 상품이나 서비스의 가치에 대해 고객이 지불하는 금액이기 때문이다. 자체 상품과 서비스를 통해 고객과의 관계를 구축하는 데 성공하고 구독 모델이 안정화되면 꾸준히 들어오는 수익을 상품과 서비스 품질 제고에 재투자해 고객만족도를 더 높이고 구독료 수익을 확대하는 선순환 구조를 만들 수 있다.

우리나라의 대표적인 핀테크 기업인 비바리퍼블리카의 토스(toss)는 간편송금 서비스로 시작했다. 토스 앱을 통해 계좌번호를 몰라도 연락처 입력만으로 송금이 가능하고 연락처를 통해 송금하는 경우 횟수에 상관없이 수수료가 무료라는 획기적 서비스를 제공하며 빠르게 성장했다. 하지만 송금 대행이라는 비즈니스 모델에는 한계가 있었다. 송금이 발생할 때마다 고객 대신 은행에 송금 수수료를 지불해야 했고 플랫폼 규모를 키우기 위해 고객들에게 토스 머니(현금)를 지급하는 이벤트를 자주 진행하는 등 마케팅 비용의 부담이 컸다. 토스는 수익성 개선을 위해 직접 금융 서비스 제공에 나섰다. 결제, 주식 거래, 보험 등으로 사업을 다각화하는 동시에 2019년 5월 '토스 프라임(toss prime)'이라는 구독 서비스를 시작했다.

토스 프라임 서비스 초기에는 월 2,900원에 본인 계좌 간 송금 무료, 전국 ATM 무료 출금, 환전수수료 100% 우대 등의 혜택을 제공했다. 사업다각화를 통해 적자에서 벗어난 토스는 지난 7월 토스 프라임의 구독료를 5,900원으로 올리고 혜택을 전면적으로 바꾸었다. 송금 관련 혜택은 모두 없앤 반면 토스의 결제 기능이나 주식 거래와 연동되는 혜택을 추가했다. 토스 머니나 토스에 연결된 계좌, 카드로 결제할 때 결제 금액의 6%를 적립해주고 토스 증권으로 수수료 없이 주식을 거래할 수 있도록 했다. 아직 토스 프라임의 수익률이나 가입자 수와 같은 구체적 성과가 발표된 바는 없지만 금융이라는 본업으로 사업을 확장한 토스가 구독 모델을 통해 본격적으로 수익성을 확보하려는 움직임을 보이는 것만은 분명해 보인다.

구독 모델이 이미 자리잡은 시장도 있다. 디지털 콘텐츠 시장에서는 이미 구독 모델이 주류 비즈니스 모델이 되었고 이를 통해 광고주 의존도를 상당히 낮췄다. 그중에서 뉴스 시장에서 일어난 변화를 살펴보자.

사실 구독 형태로 제공된 최초의 상품이 바로 신문이다. 하지만 인터넷과 포털 사이트, SNS의 등장과 함께 신문 기사는 거의 공공재가 되다시피 했다. 종이 신문 구독자는 현저히 줄었고 신문사들은 온라인상으로 얻는 광고 수입에 의존하게 되었다. 그러자 기사 클릭 수를 늘리기 위해 자극적인 제목을 달거나 다른 기사를 베껴 빠르게 대량의 뉴스를 생산해내는 데만 열중하는 언론사도 생겨났다.

이런 상황에서 구독 모델의 성공적 도입은 언론사의 비즈니스를 정상화하는 데 일조하고 있다. 대표적 예가 《뉴욕타임스(*The New York Times*)》이다. 《뉴욕타임스》는 2011년 온라인 뉴스 구독 서비스를 시작했다. 《뉴욕타임스》의 구독 서비스는 일부 기사는 무료로 모든 사람에게 공개하되 유료 회원에게는 제한 없이 모든 콘텐츠를 볼 수 있는 혜택을 제공하는 페이월(paywall) 방식이다. 2005년에 도입했다가

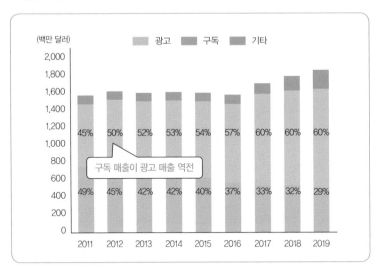

자료: The New York Times Company Annual Report와 언론사 보도 등을 종합해 재구성

한번 실패를 겪은 후 재도입한 것인데, 두 번째 도입은 대성공으로 이어졌다. 2020년 11월 유료 구독자가 470만 명에 이른 것이다. 더욱 주목할 만한 것은 구독 서비스가 자리를 잡아가면서 전체 매출에서 구독 매출의 비중이 광고 매출을 넘어섰다는 사실이다. 2020년 기준 매출의 60% 이상이 구독료에서 나왔는데, 이는 광고 매출의 2배가 넘는 수준이다.[7]

어떻게 이런 변화가 가능했을까? 바로 CEO의 의지와 꾸준하고 일관된 전략 덕분이었다. 2015년, 《뉴욕타임스》의 전 CEO 마크 톰프슨

7 The New York Times Company Annual Report (2020).

(Mark Thompson)은 《비즈니스 인사이더》와의 인터뷰에서 이렇게 이야기한 바 있다.

> 우리의 비즈니스 모델은 광고 의존도를 줄이는 방향으로 나가야 한다. 디지털 구독 확대에 집중하면서 독자들로부터 직접 수익을 확보해야 한다. 이를 위해 기업이 고객 중심으로 사고하는 것처럼 우리 역시 독자에게 초점을 맞춰 기사를 만들 줄 알아야 한다.[8]

이때부터 《뉴욕타임스》는 양질의 기사 제작은 물론이고 영상 콘텐츠, 팟캐스트, 다큐멘터리 제작 등 새로운 형태의 뉴스 콘텐츠 개발에 투자를 집중한다. 광고주(기업) 눈치를 보고 그들의 입맛에 맞는 기사를 쓰거나 광고를 무리하게 싣기보다 상응하는 값을 치르고 기사를 읽는 구독자들을 위해 기사 품질을 더욱 높이는 데 몰두한 것이다. 여기에다 십자말풀이, 요리 레시피 앱 등 다양한 유료 구독 서비스를 추가하고 뉴스 구독과 연계해 프로모션을 강화했다. 그 결과 유료 구독자가 빠르게 증가했고, 2020년 코로나19 사태로 기업들이 광고비를 줄이면서 맞이한 위기 상황에서도 《뉴욕타임스》는 굳건히 성장을 이어가고 있다. 이는 시장 평가에서도 나타난다. 온라인 구독 모델 도입 이전에 비해 주가가 거의 4배나 상승한 것인데, 광고주 실적에 따라 오

---

8 "New York Times CEO Mark Thompson says there will still be a print paper in 10 years, but he's really into virtual reality" (2015. 12. 22). *BusinessInsider*.

○ 《뉴욕타임스》 온라인 유료 구독 회원 수와 주가 추이

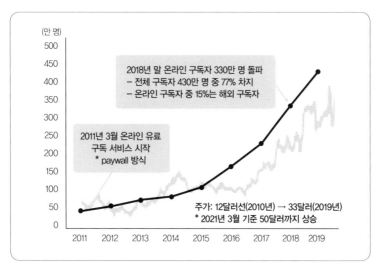

(만 명)

2018년 말 온라인 구독자 330만 명 돌파
– 전체 구독자 430만 명 중 77% 차지
– 온라인 구독자 중 15%는 해외 구독자

2011년 3월 온라인 유료
구독 서비스 시작
* paywall 방식

주가: 12달러선(2010년) → 33달러(2019년)
* 2021년 3월 기준 50달러까지 상승

자료: 나스닥, 언론사 보도 등을 종합해 재구성

락가락하는 광고비가 아닌 꾸준히 발생하는 구독료가 매출의 중심이
된 덕분이다.

구독 모델 확대를 통해 저널리즘을 되찾았다고 자평하는 《뉴욕타임
스》는 이제 새로운 CEO를 내세우고 온라인 구독 서비스를 더욱 강화
하며 2025년까지 구독자를 1,000만 명으로 확대하는 것을 목표로 하
고 있다.[9]

9 "New York Times names Meredith Kopit Levien next CEO" (2020. 7. 22). CNN.

《뉴욕타임스》,

저널리즘의 본령을 되찾다

구독 모델을 성공적으로 도입한 《뉴욕타임스》의 스토리를 좀 더 자세히 들여다보자. 《뉴욕타임스》의 부활은 전 CEO 마크 톰프슨을 빼고는 이야기할 수 없다.

마크 톰프슨은 《뉴욕타임스》의 정체성은 저널리즘이고, 저널리즘의 고객은 광고주가 아니라 독자라는 것을 분명히 했다. 따라서 독자에게 전달할 가치에 집중해야 한다는 메시지를 던졌다. 이 가치를 더욱 높이려면 구글이나 페이스북 등의 플랫폼을 통해 뉴스를 접하는 소비자들을 뉴욕타임스 사이트를 직접 방문하게 만들어야 한다고 생각했다. 나아가 그 방문이 《뉴욕타임스》 온라인판 구독으로 이어지도록 해야한다고 믿었다.

"저널리즘의 고객은 광고주가 아니라 독자다"
그의 신념은 분명했다. 다른 플랫폼을 통해 들어오는 고객들은 과연 《뉴욕타임스》의 독자인지 알 수 없고 그렇다면 《뉴욕타임스》의 독자들이 무엇을 원하는지도 알 수 없다는 것이었다. 특히 플랫폼의 콘텐츠 장악은 신문사가 젊은 독자들에게 도달할 기회를 상당 부분 앗아가고 있었다. 《뉴욕타임스》는 바로 그들 고객에게 직접 도달해야 했고, 그들이 원하는 것을 알아내 더 좋은 기사를 쓰는 데 활용해야 했다. 그리하여 궁극적으로는 그들이 《뉴욕타임스》 기사를 읽기 위해 돈을 지불하도록 만들고, 이렇게 얻은 구독료 수익이 다시 저널리즘의 질을 높이는 데 투자되어 고객가치를 높이는 선순환의 고리를 만들어야 한다고 생각했다.

그래서 《뉴욕타임스》는 양질의 저널리즘(quality journalism)에 집중했다. 흥미 위주의 기사나 광고주의 입맛에 맞추는 기사보다는 긴 시간 공들여 기획한 진지하고 묵직한 기사들에 집중한 것이다. 그 결과,

○ 미국인들의 뉴스 소비 방식의 변화: 뉴스를 주로 접하는 방식

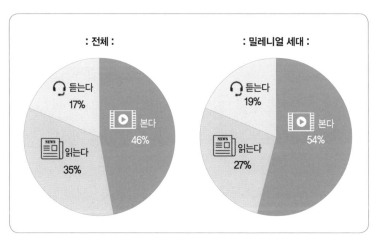

자료: Pew Research Center (2019)

2011년에 시작된 유료 서비스 구독자가 2020년 현재 600만 명 이상에 달하게 되었으며, 이 중 500만 명이 디지털 구독자이다. 이제 구독료 수익은 《뉴욕타임스》 매출의 60% 이상을 차지한다.

《뉴욕타임스》는 양질의 기사에 집중할 뿐 아니라 고객의 만족도를 높이기 위해 다양한 시도를 해왔다. 신문 기사라는 틀에 박힌 형식을 파괴하고 콘텐츠의 영역도 넓혔다. '기사를 읽는 독자'보다 점차 '콘텐츠를 보고 듣는 소비자'가 많아지는 시대적 변화에 맞추어 《뉴욕타임스》를 개편하는 등 트렌드에 발빠르게 대처한 것이다.

이는 구독자의 증가로 이어졌을 뿐 아니라 새로운 수익모델을 만드는 계기가 되기도 했다. 예를 들어, 《뉴욕타임스》는 2015년 여행 기사의 형식을 과감히 파괴했다. 글과 사진으로만 이루어지던 기사 형식을 진행자가 있는 영상으로 바꾼 것이다. 프로덕션 회사와 협력해 만든 '36 Hours' 시리즈가 그것이다. 미국의 인기 요리 프로그램 〈톱 셰프 시즌 10〉에서 우승을 차지한 크리스틴 키시(Kristen Kish)와 전 미국 국가대표 축구 선수이자 스포츠 전문 매체 ESPN 해설자 카일 마르티노(Kyle Martino)를 진행자로 내세워 그들이 세계 각지의 숨은 명소를 찾아다니며 현지 음식을 먹고 현지인들과 교감하는 모습을 담았다. 영상 분량은 한 회당 1시간으로 구성되었고 콘텐츠가 큰 인기를 끌면서 책으로도 출판되었다.

처음으로 시도한 영상 콘텐츠가 성공을 거두자 《뉴욕타임스》는 자신감을 얻어 2017년부터 본격적으로 영상 및 오디오 사업을 시작한다. 영화·TV편집국을 신설해 HBO 출신의 프로듀서를 영입했으며, 방송사와 프로덕션 출신들을 채용해 영상 팀도 꾸렸다. 또 본사 16층 창고를 녹음실로 개조했으며 라디오 PD도 다수 영입했다. 단, 《뉴욕타임스》는 '저널리즘'과 '논픽션·팩트 중심'의 콘텐츠로 정체성을 이어나가 다른 프로덕션(영화나 드라마, 애니메이션을 만드는)과는 차별점을 갖기로 한다.

2017년 《뉴욕타임스》는 첫 사업으로 팟캐스트를 시작한다. '더 데일리(The Daily)'라는 제목의 인터넷 방송은 하루의 주요 뉴스를 정리해주는 내용으로 시작해 지금은 기자나 취재원과의 전화 인터뷰를 진행하고 전문가 논평도 담고 있다. 2019년까지 누적 다운로드가 무려 10억 회에 달했다. 2020년에는 오디오북 플랫폼 스타트업 리슨 인 오디오(Listen In Audio, Inc.)를 820만 달러(약 98억 원)에, 팟캐스트 운영업체 시리얼 프로덕션(Serial Productions)을 2,500만 달러(약 299억 원)에 인수하는 등 지속적으로 사업을 확장해나가고 있다.

'읽는' 기사에서 벗어나 다양한 시도

한편 영화·TV편집국은 2019년 스트리밍 서비스 홀루(Hulu)와 손잡고 〈더 위클리(The Weekly)〉라는 뉴스쇼를 제작했다. 내용은 기자들의 취재기이다. 매주 금요일에 30분씩 방영되는데, 한 주간 기자들의 취재 과정과 뒷이야기를 담아 기사의 투명성을 강화하면서 독자들의 신뢰도 얻고 호기심도 충족시키는 일석이조 효과를 얻고 있다. 다큐멘터리 분야도 개척해, 2020년 1월, 제36회 선댄스 영화제에서 뉴욕타임스 사의 기자들이 제작한 다큐멘터리 〈Some Kind of Heaven〉과

〈Time〉을 상영하기도 했다. 이 가운데 영화감독 개릿 브래들리(Garret Bradley)와 함께 만든 〈Time〉은 다큐멘터리 부문 감독상을 수상했다. 미국의 엔터테인먼트 매체 《버라이어티》는 《뉴욕타임스》가 저널리즘이 가진 힘을 최대한 활용하는 영리하고 매력적인 전략을 선보였다면서 다음과 같이 논평했다.

> 저널리즘과 다큐멘터리는 여러모로 닮았다. 영화 제작사와 《뉴욕타임스》의 협업은 시너지를 발휘했다. 영상의 호흡이 지나치게 길어지거나 감상적으로 빠질 때면 기자들이 끊었고, 감동과 여운을 더해야 할 때는 브래들리 팀이 나섰다. 영화계에서 《뉴욕타임스》가 성공적인 데뷔를 해냈다.[10]

《뉴욕타임스》에 소개된 기사를 바탕으로 제작한 넷플릭스 다큐멘터리 〈아버지, 군인, 아들〉. 이 외에도 기사를 잇달아 영상물로 제작하여 유력 스트리밍 플랫폼에 공개하며 《뉴욕타임스》 사는 명실공히 오리지널 콘텐츠 업체가 되었다.
자료: 〈https://www.netflix.com〉

---

10 "Why the New York Times Is Getting Into the Documentary Films Business" (2020. 1. 21). *Variety.*

2020년 4월에는 《뉴욕타임스》에 소개되었던 기사를 바탕으로 무려 10년간 취재해 제작한 〈아버지, 군인, 아들〉이라는 다큐멘터리를 넷플릭스 오리지널 콘텐츠로 공개했다. 아프가니스탄 전쟁에서 부상을 입은 싱글 대디가 집으로 돌아와 두 아들을 키우며 겪는 일을 담은 내용으로, 이 가족의 10년 여정을 취재한 결과물이다.

이 외에도 인도의 왕족 이야기를 담은 기사 '더 정글 프린스 오브 델리(The jungle prince of Delhi)'는 아마존 프라임 비디오의 오리지널 드라마 시리즈로 제작될 예정이고, 노예제도의 잔재를 보도하고 2020년 퓰리처상을 수상한 기사 '더 1619 프로젝트(The 1619 Project)' 역시 TV 시리즈로 제작될 예정이다. 오프라 윈프리가 제작에 참여한다고 알려졌다.

정체성과 수익이라는 2마리 토끼를 잡다

이렇게 《뉴욕타임스》는 구독 회원의 만족도 높이기와 선순환에 집중하며 명실공히 오리지널 콘텐츠 업체가 되었고 자체적으로 구독료 매출을 올리는 동시에 다른 스트리밍 플랫폼을 통해서도 수익을 올리는 배급사가 되었다. 여기에 덧붙여 《뉴욕타임스》가 신문사로서 정체성을 살려 구독 수익을 올리고 있는 재미있는 서비스 2가지가 있다. 십자말풀이 앱과 요리 레시피 앱이다.

미국 영화나 드라마를 보면 커피숍에서 신문을 펼치고, 한가롭게 십자말풀이 퍼즐을 하는 인물이 종종 등장한다. 일상에서 심심풀이로 십자말풀이 퍼즐을 즐기는 미국 사람이 그만큼 많다. 《뉴욕타임스》는 고

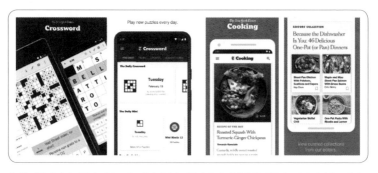

《뉴욕 타임스》에서 개발해 서비스하는 십자말풀이 게임과 요리 레시피 앱. 신문사로서의 정체성도 살리고 구독 수익도 올리는 서비스로 평가받고 있다.
자료: 〈https://play.google.com/store〉

객에게 재미를 주던 십자말풀이를 디지털화하는 작업을 2016년에 단행했다. 그리고 월 약 7달러를 내면 십자말풀이 게임을 무제한 이용할 수 있는 디지털 구독 서비스를 선보였다. 그리고 십자말풀이 퍼즐 앱과 함께, 연간 40달러만 내면 《뉴욕타임스》가 만들어내는 다양한 요리 관련 정보를 디지털로 구독할 수 있는 앱 NYT Cooking도 함께 만들어 출시했다.

　다양하게 제공된 디지털 서비스에 대하여 소비자 반응은 폭발적이었다. 2020년 2월 《뉴욕타임스》 기사에 따르면, 십자말풀이와 요리 레시피 앱을 정기구독하는 사람만 110만 명이 넘는다. 그리고 이 서비스를 이용하면 《뉴욕타임스》 기사 구독 서비스를 할인받기 때문에 많은 사람이 《뉴욕타임스》 구독자로 전환했다. 기본 뉴스만 볼 수 있는 구독자를 확보하는 데도 전략적으로 큰 공을 들이고 있지만, 이처럼 특정 콘텐츠를 지속적으로 구독하기를 원하는 이들을 위해 미니 구

독 서비스를 다채로운 방식으로 고안해 판매하려는 시도를 거듭하고 있는 것이다.[11]

2020년 9월, 마크 톰프슨에 이어 49세의 여성 메러디스 코핏 레비엔(Meredith Kopit Levien)이 CEO로 취임했다. 《뉴욕타임스》 역사상 최연소 CEO이다. 레비엔은 기자 출신이 아니라 디지털 마케팅 전문가로, 《포브스》에서 최고매출책임자(CRO)와 발행인을 지낸 뒤 《뉴욕타임스》에서 다시 CRO를 맡아 디지털 구독 관리와 데이터 관련 업무를 맡았다. 레비엔은 마크 톰프슨의 의지를 이어 저널리즘의 본령을 지키면서도 디지털 상품을 늘려 구독자를 증가시키는 데 집중하겠다고 밝혔다.

이제 《뉴욕타임스》는 수많은 창의적인 디지털 개발자부터 멀티미디어 프로듀서까지 흡수해 가상현실(VR) 등 최신 디지털 기술을 자신들의 콘텐츠에 담아내려 하고 있다. 이것이 지금 수많은 사람이 169년 된 기업을 마치 유니콘 기업(10억 달러 이상의 기업가치를 보유한 스타트업)처럼 바라보는 이유이다.

---

11 두 앱을 합쳐 110만 명 이상이 구독 중이다(2020년 2월 기준). 십자말풀이 게임 앱은 월 6.95달러, 연간 39.95달러이며 《뉴욕타임스》 구독자(온라인, 오프라인)에게는 50% 할인을 해준다. 레시피 앱은 월 5달러, 연간 40달러에 이용할 수 있다.

3 강력한 록인 효과로 고객을 붙잡다

현재의 구독 회원을 충성고객(loyal customer)으로 만들면 기업은 그 고객으로부터 장기간 안정적 매출을 기대할 수 있다. 그리고 그렇게 충성고객을 확보하면 기업에는 또 다른 기회가 주어진다. 바로 매출을 '증가'시킬 기회이다.

구독 모델 기반의 기업이 매출을 늘리는 방법에는 신규 회원을 확보하는 길도 있지만 기존 회원들로부터 더 많은 구독료를 받거나 구독료 이외의 추가 지출을 유도하는 방법도 있다. 한마디로 고객 한 사람 한 사람에게서 최대한의 지불을 끌어내는 것이다. 기업이 고객의 충성심을 이용하는 것처럼 들릴 수도 있지만 요즘의 소비자처럼 영리한 고객들을 마주한 기업들 입장에서는 충성고객을 확보하고 그들로부터 추가 지불을 끌어낸다는 것 자체가 어마어마한 노력의 대가이다.

가격 인하가 아니라 가격을 올리는 마케팅?

탄탄하게 충성고객층이 형성되었다면 기업은 구독료 인상을 통해 기존 회원들로부터 얻는 매출을 일시에 확대할 수 있다. 넷플릭스와 아마존의 사례를 보자.

넷플릭스는 서비스 출시 이후 총 4번 가격을 인상했는데 이때마다 넷플릭스의 주가가 큰 폭으로 상승했다. 2019년 1월에는 무려 13~18%라는 역대 최대 폭의 인상을 단행했는데 가격 인상안 발표 후 주가가 5%나 급등했다. 이유는 간단하다. 구독료를 인상해도 이탈하는 고객이 거의 없고, 바로 다음 달부터 '가격 인상액×회원 수'만큼의 매출 증가가 확실하기 때문이다. 2019년 1월 당시 회원 수가 1억 3,700만 명이었으니 스탠더드 요금제(3가지 구독 옵션 중 중간 가격대 옵션)의 인상액인 2달러로 계산해도 월 매출이 2억 7,400만 달러(약 2,800억 원) 증가하는 셈이다.

사실 구독 모델의 경우 가격 인상이 판매 모델보다 용이한 편이다. 고객들의 반발이 비교적 적기 때문이다. 아마존 프라임은 고객 확대를 위해 2005년부터 2014년까지 무려 10년간 가격을 그대로 유지하다가 이후 두 차례 가격을 인상했다. 연간 멤버십 구독료를 20달러나 인상했음에도 고객 이탈은 거의 없었고 오히려 신규 가입자가 늘어났다. 이런 일이 가능한 이유는 무엇일까? 구독료가 가지는 '분할 납부' 그리고 '서비스 비용'이라는 특징 때문이다.

최근 몇 년 사이, 봄철만 되면 우리나라에서는 미세먼지 대란이 벌어진다. 2020년 3월에도 미세먼지가 기승을 부렸는데, 당시 일부 공기청정기 제조사들은 몇 달 새 가격을 30% 이상 인상했다. 기업 입장에서는 시장에서 수요가 증가할 것을 예상해 일시에 매출을 올리기 위한 전략이었지만 SNS나 블로그 등에서 갑자기 오른 가격에 대한 소비자

○ 넷플릭스의 가격 변화

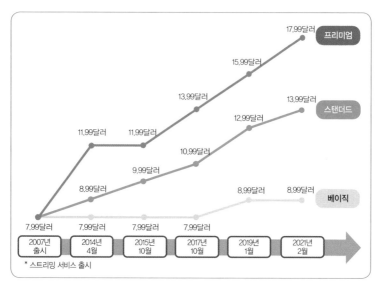

주) 넷플릭스 미국 가격 기준.

○ 아마존 프라임 서비스의 가격 변화

주) Amazon key는 CCTV와 스마트도어 시스템 등을 이용해 집 안이나 자동차 트렁크 안까지 배달해주는 서비스이다.

불만을 쉽게 찾아볼 수 있었다. 제품은 똑같은데 가격이 폭등했다는 것이었다.

두말할 나위도 없이 이런 방식의 제품 판매가 인상은 고객들의 반발을 불러올 수 있다. 아무리 할부가 가능하다 해도 어쨌든 결제는 한 건으로 발생하는 것이기에 지출의 크기가 부담스러운 것이다. 그리고 이때의 제품 가격 인상은 미세먼지 대란 같은 '수요 증가 요인'이나 '제품원가 상승' 등 단지 기업 입장에서 가격 인상의 필요성을 인지하고 올리는 것이지 고객의 입장은 거의 반영되어 있지 않은 정책이다. 물론 좀 더 좋은 필터가 들어가고 공기질을 알아서 측정해주는 인공지능 기능이 더해져 가격이 인상되는 경우도 있겠지만 그 점이 소비자 입장에서 잘 실감되는 것은 아니다. 그래서 고객들은 판매가가 인상되면 '이해는 하지만 내 지갑 사정도 좀 생각해주지…' 하며 다소 씁쓸함을 느끼게 된다.

그런데 공기청정기를 구입하는 것이 아니라 렌탈 서비스를 받는 경우에는 어떨까? 이때 소비자의 반응은 좀 다르다. 장기간 구독료를 분할해서 내는 것이다 보니, 좀 더 좋은 공기청정기를 이용하고자 할 때도 가격 부담이 적다. 한 달에 몇 천 원만 더 내면 최신 기종을 사용할 수 있어서다. 더욱이 정기 점검과 세척 서비스도 받을 수 있다(서비스가 굳이 필요 없다면 그 옵션은 선택하지 않으면 된다). 좀 더 품질 좋은 제품을 쓰고 싶을 때 비용 부담은 크지 않고, '점검 서비스'가 '인공지능 기능'보다 체감 효과는 더 큰 것이다. 즉, 구독 서비스를 이용하는 소비자는 확실히 더 좋은 서비스를 이용하기 위해 돈을 더 낸다는 느낌을 받는 경우가 많다.

이렇듯 구독 모델을 활용한 가격 인상은 고객들에게 부담을 덜 주면서 혜택을 늘리려고 가격을 인상하는 것이라는 느낌을 줘 반발이 적을 수 있다. 또한 제품 개발에 들어간 비용에다 서비스 제공 비용을 덧붙여 서비스 구독료를 추가로 받음으로써 기업은 투자된 자금을 더 빠르게 회수할 수 있다.

더욱이 플랫폼 서비스라면 하나의 제품이나 서비스를 추가해도 모든 고객이 혜택을 누리는 '네트워크 효과'가 작용해 비용은 적게 들이면서 구독료 인상에 대한 정당성은 충분히 확보할 수가 있다. 예를 들어 넷플릭스가 서버 확장을 통해 스트리밍 품질을 개선하고 배급사와 계약해 최고 인기 시리즈를 추가하게 되었다면 한 번의 투자로 넷플릭스의 전체 회원이 혜택을 보는 셈이며, 이는 넷플릭스 입장에서 구독료를 인상하기에 충분한 이유가 된다.

업셀링과 크로스셀링을 유도하라

기존 회원들을 활용해 매출을 상승시키는 방법에는 구독 옵션 중 좀 더 높은 단가의 옵션을 구독하도록 유도하는 업셀링이나 구독 외에 다른 제품을 구매하도록 하는 크로스셀링이 있다. 기업은 번들형 구독 상품 구성을 통해 업셀링과 크로스셀링 기회를 만들 수 있다.

예를 들어 애플원 구독 서비스는 업셀링과 크로스셀링 방식을 잘 활용하고 있다. 애플원 상품 구성을 보면, 'Individual'과 'Family' 상품에서 제공하는 서비스 구성은 똑같다. 하지만 많은 사람이 월 5달러를 추가로 지불하고 가족 또는 친구 여럿이 공유할 수 있는 'Family' 상품을 선택할 가능성이 높다. 또 애플 뉴스 플러스와 새롭게 선보이는 피트니스 플러스 서비스는 'Premier' 상품에만 포함시킴으로써 그 2가지 서비스에 관심 있는 사람이라면 가장 가격대가 높은 'Premier' 상품을 이용할 수밖에 없도록 전략적으로 구성해놓았다. 이것이 바로 업셀링 전략이다.

애플원의 서비스 구성에서는 크로스셀링 전략도 엿보이는데, 다른 서비스에 비해 상대적으로 경쟁력이 약하고 가입자 수가 적은 애플 TV 플러스와 애플 아케이드 서비스를 모든 구독 상품에 포함시킨 것이다. 2019년 말에 출시된 두 서비스는 경쟁 서비스와 비교할 때 그다지 성공적이라고 평가하기는 어려울 듯하다. 애플 TV 플러스는 2021년 9월 기준으로 2,000만 명 정도의 회원을 모집했고 애플 아케이드는 회원 수를 공개하지 않고 있다.

애플 TV 플러스는 아케이드보다는 성과가 좋아 보이지만 경쟁 서비스인 넷플릭스(2억 900만 명, 2021년 10월 기준), 아마존 프라임 비디오(2억 명, 2021년 5월 기준), 디즈니 플러스(1억 1,600만 명, 2021년 9월 기준)와 비교하면 갈 길이 멀다.[12] 게다가 회원 중 대다수가 2019년 진행된 무료 프로모션 가입자라는 점을 감안하면 실제 유료 구독자 수는 훨씬 적을 것으로 예상된다. 그래서 애플은 다른 매력적인 서비스들과 묶어서 제공함으로써 아케이드나 TV 플러스 이용자까지 늘리려는 계획이다.

---

12 Statista.

○ 애플원의 번들형 구독 상품 구성

Individual	Family	Premier
월 14.95달러	월 19.95달러	월 29.95달러
* 개별 구독 대비 월 6달러 절약	* 월 8달러 절약, 5명까지 계정 공유	* 월 25달러 절약, 5명까지 계정 공유
Music TV+ Arcade iCloud (50GB)	Music TV+ Arcade iCloud (200GB)	Music　　News+ TV+　　Fitness+ Arcade iCloud (2TB)

자료: 〈https://www.apple.com/apple-one〉

재미있는 점은 마침 애플원 구독 상품을 출시하는 시기가 애플 TV 플러스의 1년 무료 프로모션 기간이 끝나는 시점이라는 것이다. 이때 번들형 상품을 출시하면, 애플 TV 플러스에서 회원이 대거 이탈하는 상황도 막고 이들을 번들형 상품 구독으로 유도할 수도 있다.

많은 구독 기업이 채택하는 '프리미엄(freemium)' 전략도 궁극적 목표는 업셀링 유도이다. 한 달 무료 이용권이나 1회 무료 체험 상품으로 잠재고객을 끌어들여 경험해보게 만든다. 때로는 아주 기본적인 기능이나 서비스만 제공하는 무료 구독권이 준비되어 있기도 하다. 이를 사용해본 고객들 중 지속적 서비스 이용을 원하거나 좀 더 다양한 기능을 써보고 싶은 사람들은 유료 구독을 하게 된다. '무료'에서 '유료'로 업셀링이 되는 순간이다.

가입자가 3,500만 명에 이르는 쿠팡의 경우에도 정기배송이나 로켓배송 서비스를 무료로 제공하다가 로켓 프레시(신선식품 무료배송)와 같은 각종 혜택을 추가한 '와우클럽'을 론칭하면서 기존 회원들을 자연스럽게 월 2,900원 구독 서비스로 유도한 바 있다.

또한 구독 서비스는 고객과의 접점이 만들어지고 정기적 방문(고객의 집이나 사무실, 온라인 사이트, 앱, 오프라인 매장 등)을 이끌어낼 수 있기에 훌륭한 크로스셀링의 기회가 된다. 코웨이나 SK매직, LG전자는 가전 방문 점검 서비스 직원들이 고객을 정기적으로 만나는 순간이 엄청난 마케팅 기회라고 이야기한다. 고객의 집에서 일대일로 만나면서 여유 있게 새로 나온 제품도 소개하고 상세한 설명까지 곁들일 수 있어서다. 지금 렌탈하는 상품에 추가하거나 묶음으로 렌탈하면 어떤 혜택이 있는지도 소상히 알려준다. 실제로 이렇게 이루어지는 추가 판매가 매장에서 손님을 기다리는 것보다 고객 획득 비용이 훨씬 낮고 성공률은 높다.

고객 데이터를 활용할 수 있다는 것도 장점이다. 구독 서비스 이용 데이터나 피드백을 통해 고객들의 불편 사항이나 니즈를 발견할 수 있어 이를 잘 활용하면 크로스셀링에 성공할 가능성이 높아진다. 월 3,000엔(약 3만 4,000원)에 잔당 300엔짜리 커피를 무제한으로 제공하는 일본의 카페 체인 커피마피아(Coffee Mafia; コーヒーマフィア)는 고객들이 어떤 메뉴를 가장 많이 구매하는지, 이 매장에서 커피와 함께 먹으면 좋겠다고 생각하는 게 무엇인지 조사했다. 많은 고객이 커피와 함께 점심도 간편하게 해결할 수 있으면 좋겠다고 답했고 커피마피아는 런치 메뉴를 추가했다.

결과는 대성공이었다. 구독 서비스로 인한 손실이 금방 메워졌을 뿐

커피와 함께 샐러드를 제공하는 커피마피아의 샐러드 구독 서비스. 커피를 팔던 카페 체인이 간편하게 한 끼를 해결하기 원하는 고객의 니즈를 반영하여 크로스셀링에 성공한 사례다.
자료: 〈https://blog.favy.co.jp〉

아니라 구독 회원이 비회원에 비해 월평균 139엔을 더 소비하는 것으로 나타나, 결국 구독 서비스가 전체 매출 증가에 큰 역할을 하는 셈이었다. 커피마피아는 이 성공에 힘입어 샐러드 구독 서비스, 단백질 식단 중심의 프로틴 구독 서비스 등을 이어서 출시했고, 일부 매장에서는 저녁 6시 이후 수제 맥주를 반값에 이용할 수 있는 구독 서비스 등 다양한 구독 상품을 도입해 새로운 회원 모집과 기존 회원의 추가 구독 서비스 이용을 유도하고 있다.

이처럼 구독 모델은 고객에게 서비스를 추가로 제공하면서 그 체감 가치는 판매 모델보다 더 직접적으로 전달하고 분할 납부를 통해 고객의 지불 부담은 줄이면서 가격을 인상할 수 있다. 또 주기적 대면 기회와 이용 데이터 확보라는 2가지 수단을 통해 보다 효과적인 판매 전략을 구사할 수 있어 전에 없이 강력한 고객 록인 효과를 발휘하고 있다.

구독 서비스의 핵심,
고객생애가치는 어떻게 높일까?

구독 서비스 기업이 고객 기반을 활용해 매출 상승을 도모하는 전략은 곧 '고객생애가치(CLV; Customer Lifetime Value)'를 높이는 전략이라 할 수 있다. 고객생애가치는 고객이 전 생애에 걸쳐 특정 기업의 제품과 서비스에 얼마를 소비하는가로 나타난다. 고객생애가치는 여러 가지 방법으로 계산할 수 있지만 구독 서비스 기업이 단순하게 적용해볼 만한 공식은 다음과 같다.

CLV = 평균 고객가치 X 평균 고객수명

평균 고객가치: 객단가(구독료 + 추가 소비 금액)

평균 고객수명: 구독 유지 기간

구독 서비스를 제공하는 기업들은 고객을 최대한 오래 회원으로 유지할수록, 그리고 회원당 객단가(Average Order Value: 고객 한 명이 1회 구매 시 결제하는 평균 금액)를 올림으로써 고객생애가치를 높일 수 있다.

객단가를 높이는 방법이 앞서 살펴본 것들, 즉 구독료 인상과 업셀링·크로스셀링 유도이다.

고객생애가치를 높인다는 목표는 기업의 전략 수립, 특히 신규 사업 진출 전략에 새로운 방향을 제시해준다. 기업들이 신규 사업 진출을 고려함에 있어 과거 가장 많이 활용했던 기준은 산업의 매력도였다. 즉, 매년 고속 성장세를 보이며 진입 여력이 많은 시장이라 높은 매출과 이익이 예상되는 산업이 신규 사업 후보 1순위였다.

이후 고성장 산업이 줄어들고 기업의 수가 많아지면서 경쟁이 치열해지자 기업들은 고성장 시장을 찾기보다는 '내가 잘할 수 있는 영역'을 찾게 된다. 기업 내부의 기존 자원과 역량을 분석하고 이를 확장, 활용할 수 있는 사업을 신규 사업 후보로 고려하게 된 것이다. 예를 들어 모터 기술을 가진 기업이 선풍기, 세탁기 등 모터가 들어가는 제품으로 시장을 확장한다든지 의류 기업이 매장에 액세서리나 신발을 추가하는 식이다. 그런데 이제는 여기서 더 나아가 회원이라는 고객 기반을 가진 기업들이 이 '고객'들을 중심으로 새로운 서비스와 사업을 고민하기 시작했다.

예를 들어, 카카오가 SNS 플랫폼에 다양한 서비스를 추가해나가는 것을 보라. 이는 고성장 영역을 기준으로 신규 사업을 선정하는 것도 아니고 카카오가 가진 기술이나 자원을 활용하는 방식도 아니다. 단지 SNS 플랫폼에서 고객이 편리하게 이용할 수 있고 그 때문에 카카오 플랫폼을 계속해서 사용할 유인이 생기는 서비스라면 외부와 제휴하거나 그 어떤 자원이든 사 와서라도 추가한다. 신사업의 선정 기준이 '고객가치의 제고, 고객 유지'로 변화한 것이다. 고성장 산업을 선택하거나 자신의 자원을 확장할 수 있는 영역을 선택하면 결국 경쟁사와의 싸움에 매달려야 한다. 하지만 '나의' 고객에 집중해 사업을 선정하고 기존에 존재하던 사업, 경쟁이 치열한 사업이라도 고객의 미충족 니즈(unmet needs)나 불편한 점, 개선이 필요한 점(pain point)을 면밀히 분석해 개선하고 서비스화한다면 어떨까? 자신만의 차별화된 가치를 제공할 수 있다면 기존의 무분별하고 의미 없는 경쟁에서 벗어나 블루오션을 창출할 가능성이 그만큼 커진다.

4 브랜드를 재발견하다

구독 모델이 가진 또 하나의 놀라운 힘은 기업들이 고객을 '직접' 만날 기회를 만들어준다는 것이다. 또한 기업이 설계한 고객경험을 바로 전달할 기회를 창출해준다. 이는 허공에 대고 쏘는(누가 언제 어떻게 볼지 확실히 알 수 없는) 광고보다 자사의 브랜드 및 지향점을 고객에게 강력하게 각인시키는 데도 훨씬 효과적인 방법이다.

고객과의 이색적인 만남을 주선하는 구독 서비스

우리는 '주류 업체'를 어떻게 만나는가? 일단, 술 한잔이 생각나는 밤에 TV 광고를 통해 만난다. TV 속의 주류 광고가 보여주는 이미지는 사실상 차별화가 되어 있지 않다. 대개 소주는 여성 연예인이 광고 모델로 등장한다. 같이 마시고 싶다는 생각이 들게 하려는 목적도 있겠지만 (사실상 불가능하므로) 부드럽고 순한 소주를 강조하면서 여성 고객을 끌어들이려는 목적이 더 클 것으로 여겨진다. 반면 맥주는 보통 남성 연예인들이 아주 시원하게 들이키는 모습으로 광고에 등장한다.

이런 TV 광고가 아니라면 우리는 술집이나 식당에서 그 주인이 들여놓은 소주나 맥주를 마시면서 주류 업체와 만난다. 물론 마트나 편의점에서 해외 맥주를 할인 가격으로 구매하며 만나기도 한다. 그런데 일본의 맥주 업체 기린(KIRIN)은 좀 이채로운 방식으로 소비자와 만난다. 독특한 구독 모델을 설계해 이를 통해 고객이 기린 맥주를 만날 수 있도록 했다.

맥주 공장에서 갓 만들어진 생맥주를 마시는 것은 쉽게 해보기 어려운 경험이다. 그런데 기린은 구독 서비스로 누구든 이 경험을 즐길 수 있도록 했다. 바로 '기린 홈탭(KIRIN Home Tap)' 서비스이다. 기린 홈탭 서비스를 신청하면 양조장에서 만든 수제 맥주를 구독 고객의 집으로 한 달에 두 번 냉장 상태로 직송해준다. 이때 크림 거품 제조가 가능한 '케그(keg)'를 함께 보내준다. 이른바 '혼술' 제조기로 유명한 케그는 생맥주 기계인데, 기린은 '홈탭 서버'라는 이름의 자그마한 가정용 케그를 보내준다(케그의 가격은 10만 원 상당이다). 맥주와 케그를 받은

기린 홈탭 구독 서비스. 수제 맥주와 가정용 생맥주 기계를 구독으로 제공하는 서비스로 브랜드에 '즐거움'과 '편리함'이라는 새로운 이미지를 가져다주었다.
자료: 〈https://hometap.kirin.co.jp〉

고객은 친절한 설명서에 따라 갓 만든 듯 신선한 생맥주를 즐길 수 있다. 이 모든 게 한 달에 7,500엔(약 8만 4,000원)이다. 기린 홈탭에 대한 소비자의 반응은 가히 열광적이었고 주문량이 넘쳐 잠시 서비스를 중단해야 할 정도였다.

기린은 고객경험의 완성도를 높이기 위해 맥주를 즐기는 과정을 빈틈없이 디자인했다. 예를 들어 케그 안에 설치하는 호스를 모두 일회용품으로 만들어 청소를 고민할 필요가 없게 했다. 언젠가 기린이 홈탭 구독 서비스를 중단한 적이 있는데 홈탭 서버의 뚜껑을 개선하는 작업을 위해서였다. 구독 모델을 통해 고객접점이 생기고 직접 고객에게 피드백을 받을 수 있게 되니 홈탭 서버를 사용하는 데 어려움이 있다는 고객의 불만도 빠르게 파악할 수 있었고 고객을 방문해 문제점을 조사할 수도 있었다.

구독, 못다 한 브랜드의 이야기를 들려주다

이렇게 공을 들인 홈탭 구독 서비스는 기린 맥주에 대한 소비자의 인식을 완전히 바꾸어놓으며 새로운 브랜드 이미지를 구축했다. 이제 기린 맥주 브랜드는 광고 모델의 이미지나 북적북적한 술집 분위기를 넘어 기린 홈탭이 주는 즐겁고 새로운 경험과 연결되었다. 집에서 생맥주를 마시는 편리함, 친구들과 파티하듯 즐기는 재미, 무엇보다도 양조장에서 직송된 기린 생맥주 자체의 맛있는 기억은 다른 맥주와, 심지어 홈탭 구독 서비스가 없던 시절의 기린 맥주와도 차별화된 이미지를 소비자에게 각인시켰다. 그 결과, 마트에서 기린 맥주를 선택하는 소비자도, 일반 주점에서 기린 맥주를 주문하는 사람도 덩달아 늘어나는 효과를 가져왔다.

홈탭 구독 서비스가 고객에게 선사한 즐거운 경험은 구독 서비스 이용을 늘려 매출 증진에도 기여했지만 브랜드의 재발견으로도 이어져 차별화 요소가 거의 없는 성숙 시장인 맥주 시장에서 기린맥주의 충성 고객을 늘리는 성과를 냈다. 구독을 단순한 서비스가 아닌 제품과 브랜드의 못다 한 이야기를 들려주고 고객과 새로운 관계를 만들어가는 소통 창구로 바라보아야 하는 이유이다.

5 혁신하기 좋은 환경을 조성하다

어떤 기업이든 시장 개척은 중요한 과제이다. 그러나 오늘날 기업들은 남들이 시도하지 않은 새로운 제품과 서비스를 도입해 시장을 개척하는 일을 꺼리고 두려워한다. 리스크가 그만큼 크기 때문이다. 고객이 낯선 제품과 서비스를 외면할 경우 새로운 제품과 서비스를 준비하는 데 들어간 시간과 비용을 회수하기가 어렵다. 제품 개발 비용이 클수록 그 리스크는 더 크다.

캐즘의 늪에서 빠져나오는 방법

'캐즘(Chasm)'은 첨단 기술이나 상품이 개발되어 출시된 뒤 주류 시장으로 넘어가기 전에 일시적으로 수요가 정체되거나 줄어드는 현상을 뜻한다. 때때로 어떤 제품이나 서비스는 이 캐즘에서 빠져나오지 못하고 시장에서 사라져버리기도 한다. 혁신 제품들이 캐즘에 빠지는 중요한 요인은 가격이다. 첨단 제품은 개발과 제조에 막대한 비용이 들어가기 때문에 초기(출시) 가격이 높을 수밖에 없다. 신제품을 남보다 빨리 구매해서 써보고 싶어 하는 소수의 얼리 어답터(early adopter)

가 아닌 이상 대부분의 소비자들은 충분히 기능이 검증되고 가격이 떨어지기를 기다린다. 따라서 어쩔 수 없이 수요가 정체되는 이 '캐즘'의 시기를 기업이 버티지 못하면 제품은 묻혀버리고 마는 것이다. 구독 모델은 이러한 문제를 해결하는 데도 도움을 줄 수 있다.

이는 앞서 언급한 것처럼 구독 서비스가 상대적으로 '가격 인상이 용이한 이유'와 맥을 같이한다. 구독은 일반적으로 월 납입 가격이 높지 않다. 그래서 사람들이 '한번 경험이나 해보자'라는 생각에 다소 낯설고 새로운 서비스라도 구독을 신청한다. 고가의 혁신 제품도 마찬가지다. 구독 서비스로 이용할 경우 제품 가격 지불이 장기간으로 분산되기 때문에 소비자가 인식하는 가격 장벽이 낮아져, 판매 모델에 비해 시장 침투가 용이하다.

일본 소프트뱅크 로보틱스(Softbank Robotics) 사는 2013년 프랑스의 로봇 개발 업체 알데바란 로보틱스(Aldebaran Robotics)와 함께 세계 최초의 휴머노이드 로봇 페퍼(Pepper)를 개발했다. 페퍼는 시각·청각·촉각 센서를 이용해서 얻은 데이터로 사람의 감정을 인지하고 그에 걸맞은 말과 행동으로 대응하는 로봇이다.

소프트뱅크는 페퍼를 2014년 6월 대중에 공개하고 2015년 2월부터 판매하기 시작했다. 첫 출시 가격은 19만 8,000엔(약 200만 원)이었다. 소프트뱅크는 페퍼를 개인과 기업에 판매했는데, 개인에게는 스마트폰 약정처럼 3년간 분할해서 지불하는 모델을 적용했고, 기업이나 매장에는 홍보 및 안내용 로봇으로 마케팅하며 월 5만 5,000엔(약 61만 원)에 구독하는 방식으로 판매했다. 또 시간당 1,500엔에 단기로 대여하는 방식도 도입했다(페퍼는 물건이 아닌 하나의 개체라는 의미에서 대여라는 말 대신 '아르바이트 파견'이라는 말을 사용했다).

개인에게 판매한 페퍼는 온라인으로 판매를 개시한 지 1분 만에 초기 물량 1,000대가 매진되었고, 몇 달 뒤 추가로 진행된 온라인 판매에서도 동일한 반응이 나왔다. 또 일본에서 3,000개 업체가 도입할 정도로 일찌감치 시장에 진입하는 데 성공했다. 만약 로봇을 일시납으로 구입해야 했다면 많은 개인과 기업이 구매를 꺼렸을지도 모른다.

낯선 제품에 대한 진입 장벽을 낮추는 구독 서비스

새로운 제품은 이전에 없던 것인 경우가 많아 사용법이 생경하다는 문제가 발생할 수 있다. 이때마다 설명서를 뒤지고 고객센터에 전화해서 물어보기란 여간 귀찮은 일이 아니다. 구독 모델을 채택하면 고객접점이 확보되므로 이 문제도 해결된다. 소프트뱅크도 고객사가 원하는 목적에 따라 페퍼를 프로그래밍하고 주기적으로 업데이트를 했다. 안내용 로봇이라면, 안내에 필요한 기본 정보를 저장하고 관련 내용이 바뀔 때마다 로봇의 콘텐츠도 바꿔주었다. 또 주기적으로 소프트뱅크 직원이 고객사를 방문해 페퍼를 사용하는 데 어려움은 없는지, 페퍼를 이용해본 사람들의 반응은 어떤지 점검했다.

이렇듯 구독 모델은 소비자의 가격 부담을 낮추고 고객의 지속적 사용을 도우면서 낯선 제품이 시장에 안착하는 데 기여한다. 소프트뱅크는 2019년 자율주행 기능이 탑재된 기업용 인공지능 로봇 청소기 '위즈(Whiz)'를 출시할 때도 구독 기간을 1년, 3년, 5년[13] 중에서 선택할

소프트뱅크의 인공지능 로봇들. 왼쪽부터 휴머노이드 페퍼(Pepper), 청소 로봇 위즈(Whiz), 휴머노이드 나오(Nao), 푸드 서비스 로봇 서비(Servi).
자료: 〈https://www.softbank.jp/robot〉

수 있도록 했다. 위즈는 일본, 미국, 호주, 싱가포르 등에서 출시 한 달여 만에 1만 대가 판매됐다.

국내 기업 중에는 LG전자가 렌탈 서비스를 강화하며 신제품 라인업을 더욱 공격적으로 확장해가고 있는 듯 보인다. 렌탈 사업을 통해 자체 판매망도 확대되었고 소비자의 가격 부담을 분산시킬 방법도 생겼을 뿐 아니라 고객의 지속적 사용을 도울 서비스 인력까지 갖춰진 것이 그 배경이다. LG전자는 2011년 의류관리기 트롬 스타일러를 출시했지만[14] 130만~170만 원에 이르는 비싼 가격, 그리고 국내에서는 다

---

13 2019년 기준, 5년 구독 시 월 2만 9,800엔(약 32만 원).

14 우리나라 최초의 의류관리기는 2008년 파세코(Paseco)에서 출시했다.

소 낯선 제품이었기 때문에 시장 성장 속도가 상당히 느렸다. 그러다 2017년 스타일러 렌탈과 관리 서비스가 결합된 '스타일십'[15]을 출시했고 미세먼지, 황사 등의 이슈와 맞물려 판매량이 급증했다. 그 후 LG 전자는 '케어 솔루션'이라는 서비스로 렌탈 사업을 본격화했고, 렌탈 제품군을 더 늘려가고 있다.

렌탈 제품군에는 기존 LG전자의 기존 제품만이 아니라 새로운 제품들도 하나씩 추가되고 있다. 이미 안마의자와 맥주 제조기가 추가되었고 앞으로는 식물재배기나 아이스크림 제조기, 인공지능 로봇도 추가될지 모른다. LG전자는 미용 가전과 같은 신가전도 지속적으로 출시하고 있는데[16] 그 원동력은 아마도 고객에게 직접 다가갈 수 있는 판로를 제공해주고 시장을 빠르게 확대할 수 있는 과금 방식을 가진 구독 비즈니스 모델이 아닐까 한다. 백화점 진열대에 상품을 전시하고 광고비를 쓰는 것밖에 할 수 없다면 수백만 원이나 하는 새로운 형태의 가전제품을 시장에 내놓기란 결코 쉬운 일이 아닐 것이다.

더욱이 식물재배기나 아이스크림 제조기를 무작정 판매하고 무상 A/S를 제공한다면 고객들이 오래 사용하기도 어렵고 기업 입장에서도 추가 비용만 발생하는 일이 될 것이다. 식물재배기는 모종이나 씨앗 정기배송과 결합되고 아이스크림 제조기는 재료 캡슐 정기배송과

---

15 출시 당시 60개월 약정으로 1~3년 차까지 월 4만 9,900원, 4~5년 차까지 월 3만 4,900원에 렌탈해주었다. 기존 LG전자 제품 렌탈 고객에게는 추가 할인 서비스를 제공해주기도 했다. 스타일십 서비스는 6개월마다 방문해 스타일러 내외부, 먼지필터, 배·급수통을 청소해주고 향기 시트를 교체해주는 '토털 클리닝 서비스'와 2년마다 배·급수통을 무료 교체해주는 서비스로 구성되어 있다.

16 미용 가전은 LG가 직접 렌탈하지 않고 렌탈 중개 플랫폼을 통해 서비스가 이루어지고 있다.

결합할 때 고객의 지속적 사용을 이끌어낼 수 있다. 그리고 적절한 서비스 비용을 받고 정기적으로 방문해 기기를 점검해주고 세척해주며, 채소가 잘 자라는지, 아이스크림이 잘 만들어지는지 살펴봐주는 것이 고객에게도 기업에도 이득이라는 것은 너무나도 자명한 이치이다.[17]

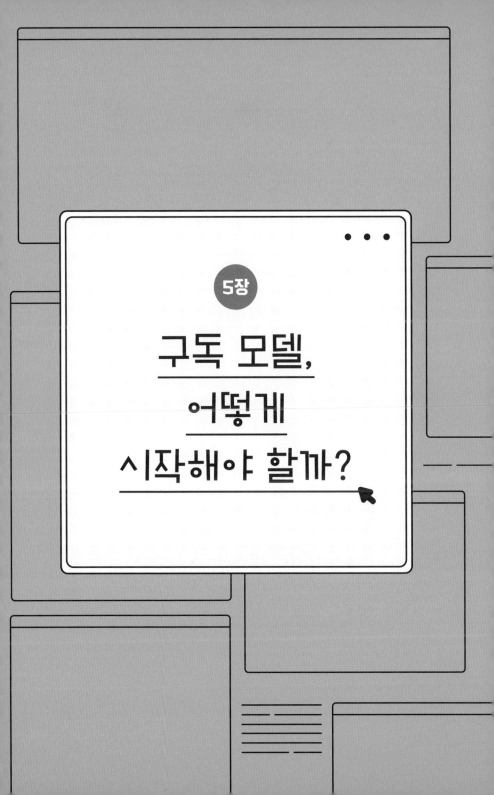

5장

구독 모델,
어떻게
시작해야 할까?

'고객'을 중심에 놓는 구독은 모든 산업과 기업이 잘 활용해야 하는 비즈니스 모델임에 틀림이 없다. 하지만 구독 서비스 또한 갖추어야 하는 요건이 있다. 산업, 기업, 제품에 따라 도입 방법이나 성공 가능성에 차이가 있으며 고민하고 해결해야 할 요소도 많다. 구독 모델이 아무리 많은 장점을 갖고 있을지라도 그것이 언제나 성공적인 것은 아니라는 사실을 명심해야 한다.

판매 모델을 주된 비즈니스 모델로 활용하다가 구독 비즈니스 모델로 전환을 꾀하는 기업이건, 구독 비즈니스로 사업을 시작하려는 스타트업이건 구독 비즈니스 모델을 도입하는 과정에서 가장 먼저 던져보아야 할 질문이 2가지 있다. 하나는 "내가 제공하려는 제품이 구독 모델로서 적합한가?"이며, 다른 하나는 "가격 설계가 합리적인가?"이다.

먼저, "구독 모델로 제공되기에 적합한가?"는 구독 모델이 제공하는 가치에 대한 질문이라 할 수 있다. 정기적이고 지속적인 방식으로 고객에게 가치를 전달해줄 때 구독 서비스가 성립할 수 있기에 이 질문은 중요하다. 그리고 "가격 설계가 합리적인가?"는 다수의 고객이 기꺼이 지불할 만한 가격인지, 기업이 사업을 유지할 수 있게 해주는 가격인지를 동시에 묻는 것이다. 충분한 숫자의 고객이 지불 의사를 갖지 못하는 가격이라면 구독 모델은 초기 고객 확보에 실패해 사업 지속이 어렵다. 고객을 모으는 데는 성공했더라도 사업을 유지하는 데 들어가는 비용에 턱없이 못 미치는 낮은 가격이라면 이 또한 사업을 유지시키기 어려울 것이다.

이 두 질문을 바탕에 두고 기업들이 구독 모델을 성공적으로 도입하고 활용하는 과정에서 유의할 점은 무엇인지 좀 더 구체적으로 살펴보자.

1 구독 적합성 판별을 위한 체크 리스트 만들기

　구독 서비스가 큰 주목을 받으면서 구독 모델 도입을 시도하는 기업이 늘고 있다. 구독 모델로 비즈니스를 시작하는 스타트업은 물론이고 기존 사업에 구독 모델을 도입하거나 결합한다든지, 아예 기존 모델을 구독 모델로 전환하려는 기업도 많다.

　그렇지만 제품에는 구독과의 적합성(fitness)이 있다. 모든 제품이 구독에 적합한 것은 아니라는 말이다. 구독 서비스 제공에 앞서 제공하려는 제품이 구독 서비스로 전달되기에 적합한지부터 잘 판단해야 한다. 즉, 제품을 제공하는 방식이 '구독'의 형태를 띠게 될 때, 또는 제품에 무언가 서비스가 추가될 때 그 서비스가 고객에게 지속적으로 만족스러운 경험을 제공해줄지를 면밀히 살펴보아야 한다.

　이에 대한 판단은 고객이 제품을 사용하는 과정을 관찰함으로써 가능해진다. 그 과정에서 느끼는 불편함(pain point)이나 채워지지 않는 니즈(unmet needs)를 발견하고 이를 지속적인 고객접촉 또는 정기적 서비스로 해결해줄 수 있다면 해당 제품은 구독 서비스에 적합하다고 판단할 수 있다.

재화의 유무형 여부에 상관없이 구독으로 제공하려는 제품이 구독에 적합한지, 그리고 구독 서비스를 어떤 식으로 설계할 수 있을지 일차적으로 알아보고자 한다면 다음 단계를 밟아 확인할 수 있다.

구독 적합성 판별 과정

구독 모델이 새롭게 제공하거나 획기적으로 제고할 수 있는 고객가치가 있는지 확인하기 위해 체크 리스트를 구축한다. 체크 리스트는 제품의 속성과 소비자의 제품 사용 방식 및 행태, 그리고 시장 특성 등을 반영해 고객 니즈와 불편 사항을 분명히 알아볼 수 있게 구체적으로 만드는 것이 목표이다. 적합성 판별 체크 리스트의 구축 과정은 다음과 같다.

① 질문 리스트 만들기

첫 단계는 제품의 구매 및 사용과 관련된 질문 리스트를 만드는 것이다. 다음 질문 리스트는 예시이며 얼마든지 추가 및 수정해서 적용할 수 있다. 독자의 이해를 돕고자 사례를 다양하게 들었는데, 하나의 제품에 여러 개의 질문을 적용해보는 것이 좋다.

질문 리스트

	1. 정기적인 관리나 유지·보수가 필요한가?
제품 속성	• 정기적으로 관리하지 않으면 제품 기능 및 성능에 문제가 발생하는가?
	• 얼마나 자주 관리 및 유지·보수가 필요한가?
	• 제품 관리나 수리 작업을 고객이 직접 수행하기 어려운가?
	• 정기적으로 교체해야 하는 소모품이 있는가?
	• 소모품을 얼마나 자주 교체해야 하는가? 구매 과정은 간편하고 빠른가?
	2. 제품의 기능이 분리되거나 종류가 다양해 별도 구매가 가능한가?
	• 하드웨어 기능이 분리되어 별도 구매가 가능한가? (예: 자동차의 다양한 옵션)
	• 하드웨어와 소프트웨어 기능이 분리되어 별도 구매가 가능한가? (예: 게임기와 게임팩)
	• 소프트웨어 종류가 다양해 별도 구매가 가능한가? (예: 영화, 음악, 앱)
	3. 제품 이용 시 얻는 데이터(정보)가 고객에게 의미를 가지는가?
	• 데이터를 고객의 성과와 연결 지을 수 있는가? (예: 체중/피부 관리)
	• 정보를 활용해 추가적인 가치 제공이 가능한가? (예: 컨설팅, 큐레이션)
	4. 제품 가격 수준이 어떠한가?
	• 1회 완납이 부담스러운 수준인가?
	• 자주 구매하기 부담스러운 수준인가?
	5. 제품에 단계가 있는가?
	• 단계별로 기능과 사용처 차이가 분명한가? (예: 교구, 카시트)
	• 여러 번 구매해야 하는가? (예: 유아동복, 기저귀)
시장 및 소비자	**1. 고객들의 취향이나 기호가 다양한가?** (예: 꽃, 술, 간식)
	2. 브랜드가 다양한가? (예: 패션, 가구)
	3. 비슷한 기능과 속성을 가진 제품이 많은가? (예: 영화, 음악)

② 체크 리스트를 구축하고 이를 통해 고객 불편 사항 및 니즈 도출하기

체크 리스트 역시 질문이 추가되면 더 늘어날 수 있다. 다음 예시에서 보듯 체크 리스트에 답을 해나가면서 각각의 경우마다 발생할 수 있는 고객의 불편 사항이나 니즈를 도출해본다.

예를 들어, '소모품 교체 빈도'에 대해 '높음'이라는 답을 했다면, 해당 제품을 사용하는 고객은 '소모품을 교체해야 하는 시기를 스스로 체크하고 매번 구매해야 하는 데 번거로움을 느낄 것이고 소모품이 비싸다면 비용에 대한 부담까지 느낄 것'이라고 생각을 확장해볼 수 있다. 또한 '교체 시기를 놓쳐 제품 성능이 저하되거나 사용하지 못하게 되는 문제'를 겪는 소비자가 발생할 가능성도 높다.

한편, '시장 세분화 수준'에 대해 '높음'이라는 답을 했다면, 고객은 '다양한 제품을 탐색하고 비교하여 선택할 때까지 많은 노력과 시간이 소요되는 것에 대해 불편함을 느낀다는 것'과 '다양한 경험을 위해 여러 제품을 써보기를 원할 경우 비용 상승에 대한 부담을 느낄 것'이라는 점을 유추해볼 수 있다.

체크 리스트			고객 불편 사항 및 니즈
	정기관리 필요성	높음 →	• 관리 시기 확인이 귀찮음 • 시기 놓치면 제품 기능/성능 하락
	제품 관리/수리 난이도	높음 →	• 직접 관리/수리 어려움 • 전문가 수리는 비용이 부담스러움
	고장 빈도	높음 →	• 매번 수리 신청하기 번거로움 • 수리할 때마다 비용 발생
	소모품 교체 빈도	높음 →	• 소모품을 매번 구매하기 귀찮음 • 시기 놓치면 제품 기능/성능 하락
	하드웨어 기능 분리	가능 →	• 원하는 기능만 포함시키고 싶음 • 여러 기능을 선택할 경우 비용 상승
제품 속성	하드웨어/소프트웨어 기능 분리	가능 →	• 다양한 소프트웨어 구매 시 비용 상승 • 하드웨어 교체 시 소프트웨어 호환 문제
	소프트웨어 다양	가능 →	• 지속적으로 새로운 제품들이 출시 • 다양한 소프트웨어 구매 시 비용 상승
	데이터 기반 성과 관리 필요성/가치	높음 →	• 데이터 수집, 관리가 어렵고 불편함 • 데이터 분석·솔루션 도출, 실천이 어려움
	지불 가능 의사 가격 범위	좁음 →	• 장기간 이자를 내며 할부로 구입 • 여러 제품 구매를 포기
	제품 단계별 차이	좁음 →	• 단계별 차이를 인지, 비교/선택의 번거로움 • 제품 교체 시 기존 제품 처분 번거로움
	재구매/교체 빈도	높음 →	• 교체 비용이 부담스러움 • 기존 제품 처분이 번거로움
	시장 세분화 수준	높음 →	• 제품 탐색·비교·선택에 많은 시간 소요 • 다양한 경험을 원할 경우 비용 상승
시장 및 소비자	세분시장 내 제품 차별화 수준	높음 →	• 제품 탐색·비교·선택에 많은 시간 소요 • 다양한 경험을 원할 경우 비용 상승
	경쟁 기업 수 (대체재 포함)	많음 →	• 제품 탐색·비교·선택에 많은 시간 소요 • 다양한 경험을 원할 경우 비용 상승

③ 고객 불편 사항과 니즈를 해결할 수 있는 구독 서비스와 고객가치 도출하기

앞서 만든 체크 리스트를 바탕으로 고객의 불편 사항이나 니즈를 해결해줄 수 있는 서비스가 무엇인지 도출해보고 그것이 지속적으로 제공 가능한 서비스인지, 또 실질적으로 어떤 가치를 고객에게 제공해주는지 분석해보는 과정이다. 다음 표에 적혀 있는 것보다 훨씬 다양한 구독 서비스 아이디어와 제공 가치가 도출될 수 있다.

고객 불편 사항 및 니즈		구독 서비스로 제공 가능한 가치		
• 관리 시기 확인이 귀찮음 • 시기 놓치면 제품 기능/성능 하락	→	정기관리	편리함 제공	제품 성능 유지
• 직접 관리/수리 어려움 • 전문가 수리는 비용이 부담스러움	→	수리 서비스 할인	비용 절감	제품 성능 유지
• 매번 수리 신청하기 번거로움 • 수리할 때마다 비용 발생	→	정기 점검	고장 빈도 낮춤	비용 절감
• 소모품을 매번 구매하기 귀찮음 • 시기 놓치면 제품 기능/성능 하락	→	소모품 정기 배송/할인	편리함 제공	비용 절감
• 원하는 기능만 포함시키고 싶음 • 여러 기능을 선택할 경우 비용 상승	→	번들링 구독 옵션 제공	선택폭 확대	비용 절감
• 다양한 소프트웨어 구매 시 비용 상승 • 하드웨어 교체 시 소프트웨어 호환 문제	→	SW+HW 렌탈	선택폭 확대	비용 절감
• 지속적으로 새로운 제품들이 출시 • 다양한 소프트웨어 구매 시 비용 상승	→	SW 무제한 구독	선택폭 확대	비용 절감
• 데이터 수집, 관리가 어렵고 불편함 • 데이터 분석·솔루션 도출, 실천이 어려움	→	데이터 기반 솔루션 구독	전문가 맞춤 서비스	
• 장기간 이자를 내며 할부로 구입 • 여러 제품 구매를 포기	→	무제한 교체 렌탈	선택폭 확대	비용 절감
• 단계 차이별 입지, 비교/선택이 번거로움 • 제품 교체 시 기존 제품 처분 번거로움	→	번세빌 무진, 렌딜	심색 시킨 틸릭	비용 절감
• 교체 비용이 부담스러움 • 기존 제품 처분이 번거로움	→	렌탈 기간 내 무료 교체	편리함 제공	비용 절감
• 제품 탐색·비교·선택에 많은 시간 소요 • 다양한 경험을 원할 경우 비용 상승	→	추천, 무제한 렌탈	맞춤 서비스	비용 절감

구독 적합성 판별 체크 리스트 적용하기

구독 적합성 판별을 위한 체크 리스트가 정리되었다면 실제에 적용해 보자. 체크 리스트 적용을 통한 구독 적합성 판별은 특정 제품별로 해야 한다. 예를 들어 가전이 아니라 TV, 냉장고, 로봇청소기 등 세분화된 카테고리를 적용하는 것이 좋다. 왜냐하면 업종별로, 그리고 같은 업종 내에서도 제품별 속성과 사용자의 사용·소비 행태가 제각각이기 때문이다. 구독 적합성 판별 체크 리스트의 적용 과정은 다음과 같다.

① 특정 제품의 시장과 기존 판매 비즈니스 모델(BM) 분석

→ 구독 비즈니스 모델로의 혁신 필요성 및 배경에 대해 파악

O 업종 및 제품: OOO > OOO

BM 구성요소	가치 창출					이익 실현		
	목표 고객	가치 제안	가치 제공 형태	가치 창출 방식	채널/ 고객접점	과금 대상	매출/ 수익원	과금 방식
판매 BM	…	…	…	…	…	…	…	…

일차적으로 특정 제품의 환경 변화, 즉 시장 트렌드나 경쟁사 서비스, 소비자의 니즈나 선호도 변화 등을 살펴보고 기존 판매 비즈니스 모델을 분석한다. 현재 시장에 어떤 새로운 서비스가 등장하고 있으며 고객들의 니즈가 어떻게 변화했는지, 기존 판매 모델의 한계점은 무엇인지 분석해보는 과정을 통해 구독 비즈니스 모델 도입의 필요성과 도입 시 잠재력을 파악하는 것이다. 이는 구독 비즈니스 모델로 무조건 전환하기 전에 과연 그것이 꼭 필요한지, 실효성은 있는지를 판단하기 위한 과정이다.

② 구독 적합성 판별 체크 리스트를 제품에 맞게 재구성 및 적용
→ 고객 불편 사항·미충족 니즈 유무, 관련 요소, 중대성 등 파악

앞서 만들었던 구독 적합성 판별 체크 리스트를 제품에 맞게 재구성하고 리스트 요소들을 평가한다.[1] 예를 들어, 정기 관리 필요성이 높다고 평가된다면, 이와 관련해 고객의 불편 사항이나 미충족 니즈를 구체적으로 열거한다. 한편 소모품 교체 빈도나 재구매/교체 빈도 등이 낮다고 평가된다면 이런 부분은 고객 불편 사항이나 니즈를 파악하는 과정에서 중요도를 높게 두지 않아도 된다.

에어컨을 예로 들어보자면, 정기관리의 필요성은 있어 보이나 소모품 교체나 재구매가 자주 일어나는 제품은 아니다. 이 경우, 정기 관리

---

[1] 앞서 세로로 도출한 리스트를 좀 더 워크시트 형태에 가깝게 가로로 만들었다. 진행 방향도 바뀌어, 이제는 위에서 아래로 진행하면 된다.

와 관련해 고객들의 불편 사항을 집중적으로 파악하되 에어컨 관련 소모품 교체나 제품 자체를 교체하는 것에 대한 니즈는 서비스의 핵심에 두지 않아도 된다.

실제 에어컨 관련 서비스를 살펴보면, 비데나 정수기 등을 렌탈하는 업체에서 고객의 요청이 있을 때 추가 금액을 받고 에어컨 필터 세척 등 서비스를 제공한다. 에어컨의 정기 관리 서비스 니즈는 분명히 존재하지만 빈도가 낮고(여름에만 가동하므로), 소모품·제품 교체가 자주 발생하지 않아 2~3년 후의 신제품 교체를 염두에 두고 렌탈로 이용하기보다는 애초 구매 방식을 선택하는 경우가 많기 때문이다.

구독 BM 발굴 체크 리스트	제품 속성												시장		
	정기 관리 필요성	제품 관리/ 수리 난이도	고장 빈도	소모품 교체 빈도	기능 분리 가능성			데이터 기반 성과관리 필요성 /가치	수용 가격 범위	제품 단계별 차이	재구매/ 교체 빈도	시장 세분화 수준	세분시장 제품 차별화 수준	경쟁 기업 수
					H/W	H/W와 S/W	S/W							
고객 불편 사항/ 니즈	↑	↑	↑	⇩	⇩	⇩	↑	↑	⇩	↑	⇩	↑	↑	⇩
	…	…	…		…	…		…	…		…		…	…	

③ 구독 모델로 고객 불편 사항·미충족 니즈를 해결 가능한지 확인

→ 비즈니스 요소별로 대안을 도출하고 이를 활용해 구독 모델 설계

앞서 ①번에서 판매 비즈니스 모델을 분석했던 것을 펼쳐놓고 구독 비즈니스 모델을 도입할 경우 어떤 대안 제공이 가능한지 열거해본다. 예를 들어, 구독 모델을 도입할 경우 목표 고객은 어디까지 확대되는

지, 이렇게 확대하는 데 적합한 과금 방식은 무엇인지 등 가능한 대안을 모두 정리해보는 것이다. 이 대안들을 적절히 조합해 구독 모델을 설계할 수 있다.

이 과정에서 다양한 아이디어와 제공 가치가 도출된다면 그 제품은 구독 서비스에 적합하다고 판단할 수 있으며, 제공 가치의 가짓수는 비록 적더라도 가치가 매우 뚜렷하고 다른 것으로 대체될 수 없는 가치라면 역시 구독 서비스에 적합한 제품이라 할 수 있다.

BM 구성요소	가치 창출					이익 실현		
	목표 고객	가치 제안	가치 제공 형태	가치 창출 방식	채널/ 고객접점	과금 대상	매출/ 수익원	과금 방식
판매 BM	…	…	…	…	…	…	…	…
구독 BM 도입 시 추가 가능 대안	…	…	…	…	…	…	…	…
	…	…	…	…	…	…	…	…
	…	…			…			…

실제 적용의 예: 반려로봇과 TV

이 과정을 반려로봇 제품에 구체적으로 적용한다면 다음과 같은 과정을 겪게 될 것이다,

① 구독 적합성 판별 체크 리스트를 반려로봇 제품에 적용하기

○ 업종 및 제품: 로봇>반려로봇

BM 구성요소	가치 창출					이익 실현		
	목표 고객	가치 제안	가치 제공 형태	가치 창출 방식	채널/고객접점	과금 대상	매출/수익원	과금 방식
판매 BM	20~30대 1인 가구	즐거움, 반려동물 관련 비용 및 부담 경감	기능 탑재 제품, 유상 수리	직접 제조, 서비스 운영	온·오프라인 직매장	소비자	판매 대금, 유상 수리비	일시납, 할부
BM 혁신 배경	출시 초기 판매가 급증하다가 급감: 고장이나 성능 지체로 사용을 중단하게 되고 재구매 의사가 감소 → 사용자를 늘리고 지속적 사용을 유도하는 것이 필요							

구독 BM 발굴 체크 리스트	제품 속성											시장		
	정기 관리 필요성	제품 관리/수리 난이도	고장 빈도	소모품 교체 빈도	기능 분리 가능성 H/W	기능 분리 가능성 H/W와 S/W	기능 분리 가능성 S/W	데이터 기반 성과관리 필요성/가치	수용 가격 범위	제품 단계별 차이	재구매/교체 빈도	시장 세분화 수준	세분시장 제품 차별화 수준	경쟁 기업 수
고객 불편 사항/니즈	↑ 관리 시기 직접 확인 불편, 놓칠 경우 제품 기능/성과 하락	↑ 직접 관리 어려움, 관리/수리 추가 비용 발생	↑ 출장 수리 예약 번거로움, 추가 비용 지출	⇩	⇩	↑ SW 개별 구매 비용 부담, 업데이트 번거로움	↑ 개별 구매 비용 부담, 업데이트 번거로움	↑ 시간 소요, 성과관리 어려움, 불편, 솔루션 도출이 어려움	↑ 기기 가격이 높아, 구매 꺼리는 고객 있음	⇩	⇩	⇩	↑ 개인 선호도 취향 따라 탐색시간/비용 증가	↑ 탐색 시간/비용 증가

BM 구성요소	가치 창출					이익 실현		
	목표 고객	가치 제안	가치 제공 형태	가치 창출 방식	채널/고객접점	과금 대상	매출/수익원	과금 방식
판매 BM	20~30대 1인 가구	즐거움, 반려동물 관련 비용 및 부담 경감	기능 탑재 제품, 유상 수리	직접 제조, 서비스 운영	온·오프라인 직매장	소비자	판매 대금, 유상 수리비	일시납, 할부
반려로봇 구독 BM 도입 시 추가 가능 대안	노인 가구/노인 부양 가구 / 유아동 포함 가구	구매 비용, 수리 비용 절감 / 업데이트 정기점검 대행 / 맞춤 기능 및 콘텐츠	신제품 구매+서비스 구독 / '신제품+서비스' 구독 / '중고제품+서비스' 구독	SW/콘텐츠 업체 제휴 / 보안/의료 서비스 업체와 제휴	모바일 애플리케이션 / 육아/실버 박람회 / 유통/렌탈 전문 업체	서비스 제공 업체 / 제휴 업체	구독료 / 부가 서비스 대금 / 수수료	서비스 월정액/연간 계약 / '제품+서비스' 월정액/연간 계약 / 단기 패키지 사용량 기반 과금

○ 도출된 반려로봇의 구독 서비스 플랜(예시)

구독 서비스 개요
• 제품과 클라우드 기반 서비스가 결합된 패키지 구독 모델
• 자동 SW 업데이트, 수리비 할인 등을 월정액에 제공
• 고객이 엔터테인먼트, 교육, 돌보미, 보안 등 다양한 콘텐츠와 서비스 기능을 자유롭게 추가·변경 가능
• 고객의 사용 기간이 지속될수록 제품의 기능과 서비스가 개인별 맞춤화 형태로 제공

구독 플랜	
장기 구독	제품 구매(일시납/할부)+서비스 플랜별 월정액 납부
	'제품+서비스' 패키지 월정액 납부
단기 구독	'제품+서비스' 패키지 사용 기간(일 단위) 및 이용 기능별 과금
기능/콘텐츠 개별 구독	특정 기능이나 콘텐츠 추가 시 개별 구독료 추가

구독 서비스 플랜별 구성						
	자동 업데이트	AI로 사용자 학습	관리·유지· 보수	프리미엄기능	콘텐츠	새로운 기능 할인	기능/콘텐츠 자유롭게 해지
	✓	✓	✓	✕	기본	10%	✓
스탠더드	✓	✓	✓	1개 선택	기본	30%	✓
프리미엄	✓	✓	✓	5개 선택	무제한	50%	✓

체크 리스트를 구축해보니 반려로봇은 구독 서비스로 제공할 수 있는 가치가 많다. 즉 구독 모델 적용 적합성이 높다. 체크 리스트 구축 과정을 통해 구독 서비스 플랜도 도출할 수 있는데, 이 플랜이 뚜렷한 가치와 함께 풍부하게 도출된다면 구독 적합성이 높은 제품이라는 점은 더 확실해진다.

반려로봇 구독 서비스를 도입함으로써 목표 고객으로 삼을 만한 고객층을 확장할 수 있다. 구독 모델을 적용하면 월 분할 납부로 비용 부담이 줄고 정기 점검과 업데이트 등을 알아서 해주기 때문에 노인이나 어린이에게도 접근이 가능할 뿐 아니라 이들을 위한 다양한 콘텐츠를 추가하기도 용이해진다. 월 구독료에 원하는 콘텐츠만 추가 구독을 하도록 유도할 수 있어서다. 제품 구매를 일시불로 하고 싶어 하는 사람에게는 제품 구매 후 서비스 구독 옵션을 제시하면 되고, 가격을 부담스러워하는 경우에는 중고 제품이나 리퍼브 제품의 구독을 권유할 수 있다.

다음은 실제 유사한 방식으로 구독 플랜을 도입하고 있는 일본의 반려로봇 업체 '러봇(LOVOT)'의 프라이싱 사례이다.

○ **일본 반려로봇 업체 러봇의 구독 플랜**

구독 플랜	
패키지 구독	'본체+서비스' 월정액으로 분할 납부 – '본체+서비스' 가격 36개월 또는 48개월 분납(서비스 필수 구독) – 37/49개월 차부터 서비스 구독료만 납부
제품 구입+서비스 구독	본체 가격은 일시납, 서비스 구독료는 월정액 납부 – 서비스 24개월 필수 구독
제품 구입+서비스 1년 치 일시납+서비스 구독	'본체+서비스 12개월분' 일시납 – 13개월 차부터 서비스만 구독 가능

구독 서비스 구성(스탠더드)	
러봇 기본팩: 필수 SW 이용료 – 작동에 필요한 SW – SW 업데이트 – 데이터 백업 등	**러봇 케어: 치료/입원 보상 서비스** – 치료/입원 시 70% 보상 – 무상 유지 및 보수 – 연 1회 점검 서비스(분해·청소 후 재조립)

※ 프리미엄 플랜: 월정액 요금 추가 시 치료/입원에 대해 100% 보상

실제 구독료 사례(스탠더드/48회납 플랜의 경우)	
러봇 솔로 – 본체 1대 + 네스트(충전 스테이션) – 월 24,401엔(49개월 차부터는 14,278엔) – 옷, 액세서리 추가 구매 가능 – 프리미엄 서비스 월 7,700엔 추가	**러봇 듀오** – 본체 2대+네스트 – 월 46,325엔(49개월 차부터는 27,478엔) – 옷, 액세서리 추가 구매 가능 – 프리미엄 서비스 월 12,518엔 추가

※ 이용자가 한 로봇에 관심을 보이면 나머지 다른 로봇이 질투하는 기능을 탑재한 듀오 플랜도 인기

자료: 〈https://lovot.life〉

그러면 이제 동일한 과정을 TV 제품에 적용해보자. TV는 평균 교체 주기가 7~10년으로, 교체 니즈가 잦지 않고 정기 보수나 관리도 필요가 없다. 또 사용 방식이나 고객들의 이용 행태가 다양하지 않아 구독 서비스로 개선하거나 풍부하게 만들어줄 만한 경험이 거의 없다. 제조사 입장에서도 대형 가전은 수거와 재판매에 상당한 비용이 들어가기 때문에 구독 서비스를 직접 운영하기가 부담스러워 비용효과 측면에서도 타당성이 떨어진다. 그래서 현재 가전 구독 시장을 보면 제조사가 직접 운영하는 구독 서비스는 정수기, 비데, 주방 가전 등 소형에, 관리 및 교체 니즈가 잦은 제품들이 주력이다. 게다가 이러한 제품들은 세척과 수리를 거쳐 리퍼브 제품으로 음식점, 공공기관 등에 판매(또는 렌탈)하기가 용이하여 기업 입장에서 가정 렌탈이 종료되어 수거한 제품을 처리하고 비용을 회수하기가 좋다.

반면 대형 가전은 일부 제조사에서 구독 라인업에 포함시킨 정도이고 대부분 렌탈 대행사들이 취급한다. 제조사로부터 위탁을 받거나 B2B 형태로 구매해 렌탈을 대행해주는 방식인데 3~5년 정도의 의무 사용 기간이 끝나면 렌탈도 종료되고 사용자에게 소유권이 이전된다. 제조사는 직접 렌탈 서비스를 제공하지 않으면서 판매를 늘리기 위해 렌탈 중개업자들에게 납품하는 것이고 중개업자들은 렌탈이라는 서비스로 제조사와 소비자 사이에서 수익을 올리는 것이다. 아파트를 구매해 월세로 내놓고 임대업을 하는 것과 유사한 형태다.

② 구독 적합성 판별 체크 리스트를 TV 제품에 적용하기

○ 업종 및 제품: 가전>TV

BM 구성요소	가치 창출					이익 실현		
	목표 고객	가치 제안	가치 제공 형태	가치 창출 방식	채널/고객접점	과금 대상	매출/수익원	과금 방식
판매 BM	모든 가구	뉴스, 엔터테인먼트, 광고 등 정보 전달	제품, AS	직접 제조, AS (직접/외주)	온·오프라인 직매장	소비자	판매 대금, 수리비	일시납, 할부
BM 혁신 배경	스마트폰, 태블릿PC, 노트북 등 TV를 대신해 콘텐츠를 소비할 수 있는 기기 증가, TV는 대화면이라는 장점을 제외하고는 다른 기기 대비 경쟁력이 없음. TV가 주는 효용성 미미, 판매 감소							

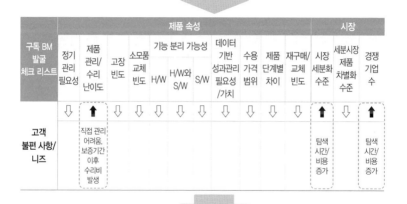

구독 BM 발굴 체크 리스트	제품 속성											시장		
	정기 관리 필요성	제품 관리/수리 난이도	고장 빈도	소모품 교체 빈도	기능 분리 가능성 H/W	기능 분리 가능성 H/W와 S/W	기능 분리 가능성 S/W	데이터 기반 성과관리 필요성/가치	수용 가격 범위	제품 단계별 차이	재구매/교체 빈도	시장 세분화 수준	세분시장 제품 차별화 수준	경쟁 기업 수
	⬇	⬆	⬇	⬇	⬇	⬇	⬇	⬇	⬇	⬇	⬇	⬆	⬇	⬆
고객 불편 사항/니즈		직접 관리 어려움, 보증기간 이후 수리비 발생										탐색 시간/비용 증가		탐색 시간/비용 증가

BM 구성요소	가치 창출					이익 실현		
	목표 고객	가치 제안	가치 제공 형태	가치 창출 방식	채널/고객접점	과금 대상	매출/수익원	과금 방식
판매 BM	모든 가구	정보 전달	제품, AS	직접 제조, AS (직접/외주)	온·오프라인 매장	소비자	판매 대금, 수리비	일시납, 할부
TV 구독 BM 도입 시 추가 가능 대안	구독 서비스를 통해 제공할 수 있는 가치가 사실상 미미, 구독 BM 도입 시 추가 가능한 비즈니스 모델 요소별 대안이 거의 없음 → 구독 서비스 적합성: 낮음							

파나소닉, 구독 서비스의 극과 극:
커피는 맞고 TV는 틀리다

2018년 11월 1일, 도쿄국제포럼에서 열린 파나소닉 창업 100주년 심포지엄에서 혼마 데쓰로(本間哲朗) 사장은 가전 구독 모델에 대한 확고한 의지를 적극적으로 피력했다.

> 단발성 판매 모델에서 탈피해 고객과 밀착할 것이다. '새로운 서비스를 제공하기 위해 가전이 존재한다'라는 발상으로 전환할 것이다.[2]

혼마 사장의 이러한 선언은 이미 시작된 구독 사업을 통해 실천으로 옮겨지고 있었다. 2017년 초 커피 로스팅 정기구독 서비스 '더 로스트 (The Roast)', 2018년 초에는 TV 구독 서비스 '안심 밸류 플랜(安心バリューープラン)'을 시작한 것이었다.

---

2 "「家電」から「KURASHI」へ、アプライアンス社の挑戦" (2018. 11. 3), Panasonic Newsroom Japan. 〈https://news.panasonic.com/jp/stories/2018/62834.html〉.

커피 구독 서비스, 고객 니즈에 적중하다

'더 로스트'는 1대에 10만 엔(약 110만 원)에 달하는 스마트 커피 로스터와 원두 정기배송을 묶은 서비스다. 커피 로스터를 구입하고 회원이 되면 매달 세계 각지의 최고급 원두를 받아볼 수 있다.[3] 원두 2종은 월 3,800엔(약 4만 5,000원), 3종은 5,500엔(약 6만 3,000원)으로 한 종류당 200g이라는 양을 생각하면 꽤 비싼 가격이지만 서비스를 이용하는 사람들은 그만한 가치가 있다고 이야기한다.

'더 로스트'를 통해 받는 원두들은 중남미, 아프리카 등지에서 오는 최상의 품질을 자랑하고, 로스팅 대회 세계 챔피언들이 만든 로스팅 프로파일(어떤 원두를 몇 도에서 얼마 동안 로스팅하는지)이 함께 온다. 한 종류의 원두에 보통 2~3개의 로스팅 프로파일이 제공되기 때문에 1년간 이 서비스를 구독한다면 수십 가지 커피의 맛과 향을 경험하게 되는 셈이다.

전용 로스터 덕분에 초보자도 쉽게 로스팅을 할 수 있다. '더 로스트' 앱으로 원두 포장지에 있는 QR 코드를 찍고 로스터에 원두를 세팅한 다음 앱에서 로스터 시작 버튼을 누르면 끝이다. 전문가용 서비스도 있는데 '매니아 패키지'로 월 구독 가격이 2만 5,000엔(약 30만 원)에 달한다. 앱을 이용해 직접 자신의 취향에 맞는 로스팅 프로파일을 작성할 수 있어 같은 원두를 가지고 다양한 맛과 향의 테스트가 가능해

---

3 커피 로스터는 영국의 스타트업 이카와(IKAWA)와 협력해 개발하였고, 원두는 이시미쓰상사(石光商事)를 통해 들여온다.

진다.

　파나소닉이 시도한 이 커피 로스팅 정기구독 서비스는 어떤 결과를
가져왔을까? 한마디로 '대박'이었다. 성능 좋은 로스터와 전문가용 서
비스는 소규모 카페를 운영하는 사람들을 공략하기에 아주 좋았다.
손쉽게 다양한 로스팅 테스트를 해본 뒤 가게에서 손님들에게 제공하
고 싶다는 니즈를 단번에 충족시켰기 때문이다. 파나소닉은 월드 로
스팅 챔피언 고토 나오키(後藤直紀)를 포함해 라테 아트 등 다양한 분
야의 바리스타 챔피언들을 모은 팬사이트도 운영한다. 온라인과 오프
라인에서 커피 커뮤니티를 만들어 로스팅에 대한 관심을 지속적으로
이끌어냄으로써 고객군을 늘려가고 있기도 하다.

　파나소닉 '더 로스트'의 프로젝트 리더는 로스터와 커피원두 구독 서
비스를 시작한 이유를 이렇게 설명한다.

　　파나소닉이 커피 구독 서비스 '더 로스트'를 추진한 것은 하드웨어만 팔아
　　서는 미래가 없다는 위기감을 느껴서다. 더불어 고객의 이용 데이터를 수
　　집하고 분석하여 커피 이외의 식품이나 조리 기구로 서비스를 확장할 수
　　있어 충분한 가치가 있다고 판단했기 때문이다.[4]

4　2019년 9월 필자가 일본 야노경제연구소 연구원과 인터뷰하며 들은 내용을 정리했다.

TV 구독 서비스가 1년 만에 중단된 이유

파나소닉은 한 달에 7,500엔(약 8만 원)을 내면 최신 TV를 이용할 수 있는 '안심 밸류 플랜'도 내놓았다. 서비스 이용 기간은 3년 또는 5년이고 이 기간에 구독을 갱신하면 최신 TV로 교체해주었다.

파나소닉이 TV 구독 서비스를 도입한 이유는 2가지 문제를 해결하기 위해서였다. 첫째, TV는 교체 주기가 길고 동일 브랜드 재구매율이 낮다. 둘째, 파나소닉의 핵심 고객은 고령층으로, 재구매 가능성이 낮아 새로운 고객층 개척이 필요하다.

구독 서비스 도입을 통해 3~5년마다 새로운 TV로 교체해주고 월 분납으로 저렴한 가격을 제시해 젊은 층을 끌어들이겠다는 계산이었다. 여기에 더해 당시에는 2020년에 열릴 예정이었던 도쿄 올림픽 기간에 경쟁사보다 많은 TV를 판매하겠다는 목표도 있었다. 하지만 올림픽은 연기되었고 구독 서비스는 이렇다 할 성과가 없었다. 소비자 입장에서는 TV 가격을 장기간 나눠 납부하는 것 말고는 '구독'에 따른 별다른 혜택이 없어 단순 할부 판매와 다를 바가 없었고 3년에서 5년마다 멀쩡한 TV를 교체하고자 하는 (게다가 계속해서 돈을 내면서) 니즈도 거의 없었다.

결국 2018년 초에 시작한 서비스는 1년 만에 중단되었다. 도쿄 올림픽 개최를 앞두고 서비스가 재개되기는 했는데 첫 두 달 무료와 OTT 서비스 무료 이용권 등의 혜택을 추가했다. 하지만 정해진 기간에만 가입 신청을 받고 있고 파나소닉이 정확한 가입자 수나 성과를 밝히지 않는 것으로 보아 이 서비스가 소기의 목적을 달성한 것 같지는 않다.

○ 파나소닉의 안심 밸류 플랜의 TV 구독 프로그램

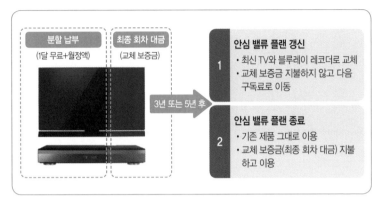

자료: 〈https://ec-club.panasonic.jp/product/anshin-value〉

왜 커피는 맞고 TV는 틀렸는가

같은 기업이 제공한 서비스인데 어째서 이렇게 큰 결과 차이가 난 것일까? 두 서비스의 차이가 보이는가? 당신이라면 둘 중 어느 서비스를 이용하겠는가?

두 서비스의 가장 큰 차이는 구독 모델이 고객에게 제공해주는 가치에 있다. 결론부터 말하자면 '더 로스트'의 구독 모델은 고객에게 제공하는 가치가 뚜렷할 뿐 아니라 매력적으로 설계되었다. 하지만 '안심 밸류 플랜'은 구독으로 제공하는 가치가 모호하다 못해 거의 없다고 할 수 있다. 이렇게 제공 가치가 달라지는 이유는 상당 부분 구독 대상 제품에 기인한다.

커피 로스팅 기기는 우선 목적이 딱 하나다. 커피 원두를 로스팅하는 것이다. 그래서 반드시 원두가 있어야 한다. 그리고 로스팅이라는 전문적 작업에는 지식이나 노하우가 필요하다. 이런 부분들에서 로스팅 기기를 이용하는 소비자들의 페인 포인트(pain point)가 발생한다. 합리적 가격의 좋은 원두를 선별해 구매해야 하고 로스팅 기기를 이용하는 방법을 알아야 하며, 로스팅 지식이 없다면 전문가의 프로파일을 구해서 따라해보아야 한다. 파나소닉의 서비스는 바로 이 부분을 스마트 로스팅 기기와 정기구독으로 채워준다. 그래서 소비자들은 돈을 내고 이용할 만한 서비스라 느끼고, 결과적으로 이는 파나소닉의 로스팅 기기를 소비자들이 더 잘, 더 많이 이용하도록 만든다. 성공적 선순환을 만들어낸 것이다.

지금은 로스팅 기기는 판매하고 원두만 정기구독으로 제공하고 있지만 향후에는 로스팅 기기도 정수기처럼 월 분납으로 이용하는 옵션이 나올 수 있다. 그렇게 되면 구독 서비스 이용자가 더 많아질 수 있다. 또 커피 그라인더나 드립 포트 등 커피를 추출할 수 있는 다양한 도구나 커피 관련 제품을 추가해서, 혹은 묶어서 판매할 수도 있다. 그뿐만이 아니라, 외부 업체와의 제휴나 협력으로 다양한 서비스를 쉽게 추가할 수 있다. 스마트 로스팅 기기와 탄탄한 회원 기반으로 주도권을 확보한 채 말이다.

반면 TV 구독 서비스는 어땠는가. 파나소닉이 제공한 서비스는 TV 제품 자체를 구독으로 제공받는 것 그 이상도 이하도 아니었다. TV 구독 서비스 이용 시 제공되는 혜택이 3~5년 정도 사용하면 최신 TV로 교체할 수 있다는 것인데, 어차피 그 이후에도 TV 이용을 위해서는 구독료를 지불해야 한다. 그렇다면 소비자 입장에서 이것은 장기 할부로 새로운 TV를 사는 것과 다를 바가 없다. 게다가 대부분의 사람들은 3~5년 만에 TV를 바꿔야 할 필요성을 별로 느끼지 못한다. TV보다는 오히려 TV를 통해 볼 수 있는 VOD 서비스가 구독의 대상이다. 하지만 VOD 서비스를 이용하려고 TV를 사거나 교체하는 사람은 거의 없다. 더군다나 요즘 많이 이용하는 OTT 구독 서비스(넷플릭스 등)는 스마트폰이나 태블릿이 주요 이용 기기이다. 코로나19로 '집콕'족이 늘면서 좀 더 큰 화면으로 콘텐츠를 즐기려는 니즈가 증가했다고 하나, TV 자체를 월정액에 구독할 강력한 유인이 되지는 못한다.

결국 TV는 커피 로스팅 기기에 비해 사용자의 페인 포인트나 추가 니즈가 상당히 적고, 구독 모델로 해결 가능한 니즈가 거의 없다. 새로운 경험을 줄 수도 없고 유지·보수 서비스가 자주 필요한 품목도 아니다. 구독 모델 적합성이 현저히 낮은 제품인 것이다. 구독 서비스의 기본은 고객접점을 통한 끊임없는 가치 제공으로 고객의 제품 및 서비스 사용을 늘려 충성고객이 되도록 선순환을 이루는 것인데, TV는 그럴만한 접점이나 서비스를 제공하는 데 한계가 있는 제품이다. 파나소닉은 단순히 TV라는 제품이 가진 한계와 자신들이 봉착한 판매 정체를 해결할 방법, 즉 하나라도 더 팔 생각만 가지고 구독 서비스에 접근한 것이고 그런 접근 방식으로는 문제를 해결할 수 없었다.

고객에게 어떤 가치를 제공할지 설계하기 어렵다는 점 말고도 TV는 구독 서비스로서 부적합한 이유가 많다. 일단 3년 단위로 TV를 교체해주려면 기존 TV를 효율적으로 처리할 수 있어야 한다. 중고 시장에 팔 수 있거나 다른 렌탈 수요에 대응할 수 있어야 하는데 TV는 자동차처럼 중고 매매 시장이 형성되어 있지 않다. 또 부피가 크고 무거워 재포장 및 운반 비용이 많이 들어간다. 중고로 판다 해도 2년만 지나면 가격이 급락한다. 재포장 및 운반 비용이 워낙 커서 중고로 판매하는 것 자체가 손해일 수도 있다. 직영 매장 판매량보다 유통업체 판매량이 훨씬 큰 제조사 입장에서는 고객에게 직접 렌탈한다는 것의 리스크도 매우 높게 느껴질 것이다. 기존 유통업체와의 관계가 악화될 것이 자명하기 때문이다.

파나소닉 사례에서 확인되듯, 구독 적합성을 잘 판별해 효과적인 구독 모델 설계 아이디어를 도출하는 것은 매우 중요한 일이다.

3

적정 가격 책정하기

구독 모델을 설계할 때 명심할 사항이 있다. 구독 모델 설계의 꽃은 무엇보다 가격(pricing)이라는 사실이다. 소프트뱅크의 휴머노이드 로봇 페퍼는 2015년 2월 첫 판매를 시작하자마자 19만 8,000엔(약 200만 원)이라는 비싼 가격에도 불구하고 1분 만에 초기 생산량 1,000대가 매진되는 등 관심이 집중되었다. 가정용으로 쓰기에는 뚜렷한 기능이 없었던 페퍼는 일본과 유럽 등지의 기업, 매장에서 접객 및 안내용 로봇으로 많이 구매했다. 소프트뱅크는 기업용 페퍼를 정기구독 서비스로 제공했는데 바로 이 구독 모델 설계에서 문제가 발생했다.

너무 비싸거나 너무 저렴한 가격은 실패의 원인

문제는 다름 아니라 가격(비용)이었다. 기업들이 느끼는 페퍼의 가치 대비 가격이 너무 비쌌던 것이다. 페퍼를 이용하는 기업은 3년 약정과 함께 198만 9,800엔에 계약해야 했다. 우리 돈으로 약 2,000만 원인데 매달 5만 5,000엔, 우리 돈으로 60만 원에 달하는 돈을 내는 것이다. 그런데 이게 끝이 아니었다. 기업이나 매장에서 페퍼를 고객 대응용으로 이용하려면 기업 및 매장별 정보를 가지고 페퍼가 학습하는 과정과 시간이 필요하다. 여기에 12만 엔 정도가 추가로 들어가는데 이 비용을 구입처가 부담하도록 했고, 페퍼 수리비나 부품 교체비 또한 별도로 수취했다. 페퍼는 고객 응대 로봇의 특성상 이용 빈도가 높고 실외에 비치되는 경우도 있어 고장이 잦았는데 이때마다 비용이 발생하다 보니 기업들 부담은 점점 커졌다. 수십 대의 규모로 도입한 기업일수록 더욱 그러했다.

이렇게 많은 비용을 들여야 하는 반면 페퍼 도입의 효과는 그리 크지 않았다. 비용 대비 정보 제공의 신속함과 정확도가 떨어졌고 도입 초기에 반짝했던 집객 효과도 금세 사라졌다. 오류 발생으로 고객 응대가 제대로 되지 않으면 고객의 불만이 커지는 역효과도 있었다. 결국 페퍼를 기업용으로 보급한 이후 2018년 처음으로 계약 갱신 시기가 돌아왔을 때, 서비스를 계속해서 이용하겠다는 기업은 전체 계약 기업의 15%에 불과했다.[5] 계약을 갱신하지 않겠다고 답하거나 이미 끝냈다고 응답한 기업들이 꼽은 가장 큰 해지 사유는 효과에 비해 너무 높은 비용이었다.

소프트뱅크의 페퍼가 제공 가치에 비해 너무 높은 가격과 추가 비용 부담으로 고객에게 외면당한 사례라면, '무비패스(MoviePass)'는 사업의 지속가능성을 생각하지 않은 채 저렴한 가격과 파격적 서비스로 회

---

5 "페퍼 로봇 해고 위기, 기업용 서비스 계약 연장 의향 15% 불과" (2018. 10. 24). 〈주간기술동향〉. 정보통신기술진흥센터.

원 모집에만 열을 올리다 실패한 경우이다. 무비패스는 미국에서 월 9.95달러에 영화관에서 매일 1편의 영화를 볼 수 있는 파격적인 구독 서비스를 제공하며 단숨에 300만 명이라는 구독자를 끌어모았다. 하지만 이들이 영화관을 찾을 때마다 발생하는 비용을 무비패스가 떠안는 구조였기 때문에 한 달 적자가 4,500만 달러에 이르렀다. 게다가 미국은 지역에 따라 영화관 상영료가 다른데 이를 반영하지 못한 단일 구독료도 문제였다.

무비패스가 적자에 허덕이는 사이 AMC 네트워크를 비롯한 미국의 대형 극장 체인들이 속속 출사표를 던지며 정교하게 설계한 구독 서비스를 출시했고 무비패스는 이에 대응하기 위해 영화 관람 횟수를 월 3회로 제한한다거나 월 50달러에 영화 6편 관람 등 갑자기 구독 옵션을 변경하면서 고객들의 원성을 샀다. 결국 회원 감소와 재정 악화로 2019년 9월 서비스를 종료하게 되었다.

경쟁 서비스와 소비자의 지불 의사까지 모두 고려해야

고객의 니즈와 업계 현실을 제대로 읽어내지 못하고 가격을 정해 실패한 기업도 있다. 기업이 구독 모델을 도입하고 정기구독 서비스의 가격을 책정할 때는 경쟁사의 가격이나 소비자의 지불 의사까지 철저히 조사해 반영해야 한다. 예를 들어, 애플은 2016년 한국 시장에 음악 스트리밍 서비스 '애플 뮤직'을 론칭하면서 미국(월 9.99달러)보다 저렴한 월 7.99달러로 책정했다. 왜냐하면 한국은 음악 스트리밍 서비스 이용료가 저렴한 편이기 때문이다. 아직도 대부분의 국내 음악 스트리밍 서비스가 통신사 연계 할인, 무료 이용권, 자동 결제 시 혜택 등을 통해 월 1만 원이 안 되는 수준으로 구독료를 형성하고 있다.[6]

화려하게 등장한 동영상 서비스 퀴비(Quibi)는 경쟁 서비스도, 소비자의 니즈도 제대로 읽지 못하는 우를 범해 서비스 시작 6개월 만에 사업을 철수해야 했다. 퀴비는 2018년 설립된 모바일용 쇼트폼 동영상 스트리밍 업체이다. 쇼트폼이란 5~10분 길이로 제작된 드라마나 예능 등의 동영상으로, 퀴비는 이것을 만들면서 출퇴근길이나 통학 시간에 동영상을 시청하는 소비자를 주 타깃으로 삼았다. 더욱이 퀴비는 모바일 서비스에 특화된 '턴스타일(turnstyle)'[7]과 서비스 시작 전부터 유명 출연진을 캐스팅한 콘텐츠, 대규모 투자 유치 등으로 주목을 받았다. 서비스 론칭 전부터 골드만삭스, 알리바바, 월트디즈니, 21세기 폭스 등에서 18억 달러를 투자받아 기업가치가 10억 달러(1조 원)가 넘는 유니콘 기업으로 등극한 것이다.

이렇듯 화제를 불러일으키며 2020년 4월 서비스를 개시했지만 6개월 만에 실적 부진으로 사업을 종료하기에 이른다. 퀴비의 실패는 스트리밍 시장의 치열한 경쟁에도 원인이 있겠지만 구독 옵션과 가격 책

---

6 2021년 6월 기준 음원 스트리밍 서비스의 요금 현황은 다음과 같다(《주간기술동향》. 정보통신기술진흥센터).
  – 멜론: 10,900원 (SKT 고객 이동통신 요금제와 결합, 약정 기간 동안 50% 할인, 2개월 100원 프로모션 진행 중)
  – 지니: 월 10,800원 (KT, LGU+ 이동통신 요금제와 결합, 약정 기간 동안 할인 또는 무료 이용), 신규 가입자 1개월 1,000원 이용 프로모션 상시 운영
  – 스포티파이: 월 10,900원 (1주간 무료 체험 기간을 주고 신용카드를 등록하면 3개월 무료 이용)
  – 유튜브뮤직: 월 10,450원 (유튜브 프리미엄 구독 포함)
7 동영상을 보다가 스마트폰을 세로로 바꿔도 영상이 잘리거나 줄어들지 않고 화면에 꽉 차는 기술.

정에 실패했다는 것도 주요 요인으로 꼽는다. 퀴비의 구독료는 '광고 포함' 월 5달러, '광고 없이' 월 8달러였는데 대다수의 경쟁 서비스가 광고 포함 동영상은 무료로 제공하고 광고를 제외할 경우에만 구독료를 받는다는 점을 고려하면 광고 포함 5달러는 전혀 매력이 없는 가격이었다.

게다가 쇼트폼 동영상인 만큼 광고 시청이 콘텐츠 몰입에 상당히 방해가 되었기 때문에 5달러라는 가격은 소비자가 전혀 납득할 수 없는 구독료였다.[8] 여기에 그 효용을 정확히 알 수 없는 턴스타일 기술이 퀴비에 대한 실망감을 키우는 데 일조했다. 콘텐츠에 턴스타일 기술을 적용하면, 시청자가 스마트폰을 가로로 들고 영화를 보다가 세로로 돌리면 콘텐츠 역시 세로 화면에 맞는 콘텐츠가 나온다. 상체만 보이던 사람이 화면을 세로로 돌리면 하체까지 보이는 식이다. 시청자가 화면을 돌려가며 장면에 맞게 콘텐츠를 볼 수 있다는 것을 내세웠지만 정작 시청자들은 이를 귀찮아했고 이런 방식으로 콘텐츠를 소비하는 것이 아무런 의미도, 즐거움도 주지 못했다.

---

8 "Quibi short-form video group calls it quits after six months" (2020. 10. 22), *Financial Times*.

구독 모델의 다양한 가격 옵션은

어떻게 설계될까?

　구독 모델의 가격 옵션은 매우 흥미로운데, 기업 입장에서는 판매 모델에 비해 훨씬 유연하게 가격 정책을 수립할 수 있어서다. 폭넓은 가격 옵션 구성은 당연히 많은 고객을 끌어들이는 데 도움이 된다. 제품 하나를 가지고도 '경험'과 '서비스'를 덧붙여 다양한 구독 상품을 만들어낼 수 있고, 경험과 서비스에도 적정한 값을 매김으로써 다양한 가격 옵션 구성이 가능하다.

　이렇게 되면 단일 제품과 단일 가격을 가지고 시장에 뛰어든 기업보다 폭넓고 깊게 소비자 니즈를 충족시킬 수 있고 저마다 다른 '지불 용의 가격(willingness to pay)'을 광범위하게 포용할 수 있다. 지불 용의 가격이란 소비자가 어떤 상품에 대해 지불할 용의가 있는 최고 가격을 가리키므로, 다양한 지불 용의 가격대를 제시하면 그만큼 기업이 시장에서 가져올 수 있는 잠재 이익도 높아지는 셈이다.

　다음 페이지에 '단일 가격/판매 모델'과 '차별 가격/구독 모델'의 잠재적 이익을 비교해주는 그래프를 제시했다(편의상 비용은 제외했다). 각 가격과 예상되는 고객 수에 따라 기업의 잠재 이익이 어떻게 다르게 나타나는지 비교가 가능하다.

먼저, 단일 가격으로 제품을 시장에 출시해 판매하려고 하는 기업의 예상되는 잠재 이익은 아래 그래프의 왼쪽 직사각형(A) 만큼이다. 이 기업은 아마도 시장조사를 통해 최대한 많은 사람이 택한 지불 용의 가격을 추정했을 것이고, 이를 출시가로 결정했을 것이다. 그러면 예상되는 구매 고객의 규모가 나오고 '가격×고객 수'로 예상되는 이익도 계산해볼 수 있다. 물론 단일 가격으로 제품을 판매하는 기업도 할인 판매를 통해 좀 더 낮은 지불 용의 가격을 가진 소비자를 끌어들일 수 있다. 하지만 가격 할인은 출시와 시차를 두고 진행해야 한다. 제값을 주고 산 소비자들의 반발을 살 수 있기 때문이다. 게다가 할인은 한번 하면 가격을 다시 올리기란 사실상 불가능하며 할인을 하면 할수록 기

○ **단일 가격(판매 모델)과 차별 가격(구독 모델)의 잠재적 이익 비교**

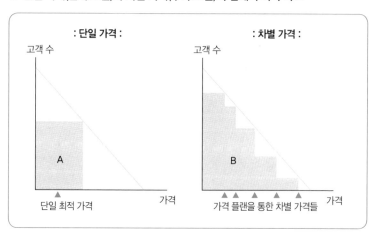

업의 이익은 줄어든다.

이제, 구독 모델로 다양한 구독 서비스 옵션을 제공하고자 하는 기업을 보자. 이 기업의 잠재 이익은 계단처럼 생긴 영역(B)이다. 이런 형태가 어떻게 가능할까? 이 기업은 하나의 제품으로 다양한 방식의 구매 옵션과 서비스를 제공함으로써 여러 개의 차별 가격을 고객에게 제시할 수 있다. 예를 들어, 120만 원짜리 공기청정기로 다음과 같은 구독 모델 설계가 가능하다.

O 공기청정기 렌탈 플랜 예시(코웨이)

플랜 1	등록비 0원, 렌탈료 월 45,900원
플랜 2	등록비 5만 원, 렌탈료 월 42,900원
플랜 3	등록비 10만 원, 렌탈료 월 39,900원

자료: 〈www.coway.co.kr〉

여기에 연계된 카드의 사용 실적에 따라 추가 할인이 되기도 한다. 또한 다른 상품과 묶어 번들로 렌탈할 때도 추가 할인이나 혜택이 제공된다. 가격 옵션을 다양하게 제시함으로써 공기청정기 구매를 고려하지 않던 사람들까지 렌탈 고객으로 유도할 수 있게 되는 것이다. 이로써 '다양한 차별 가격들×각각의 가격을 지불할 용의가 있는 고객 수'만큼 잠재 이익이 커진다.

유사한 예로 아기 걸음마를 도와주는 보행기 렌탈을 들 수 있는데, 이 제품의 렌탈 플랜은 무려 8가지나 된다. 보행기 같은 육아용품은 얼마나 사용할지 미리 알기 어렵고, 내 아이가 과연 잘 사용할지는 더더욱 알 수 없다. 그렇다고 저렴한 제품을 사서 쓰기에는 안전 문제가 걱정된다. 구매 결정이 그만큼 어려운 제품이고 부모마다 지불 용의 가격도 제각각이다. 이런 경우 구독 옵션이 8가지라면 꽤나 매력적일 것이다.

◯ 보행기 렌탈 플랜 예시(롯데 묘미)

플랜 1	30일 렌탈, 일시납 20,400원
플랜 2	1개월 사용 후 구매 결정 : 30,600원+구매 시 106,300원 (30%가량 할인)
플랜 3~8	장기 렌탈, 렌탈 기간에 따라 월 13,100원부터 ~6,750원까지

자료: 〈www.myomee.com〉

보행기 렌탈 플랜은 일정 비용을 지불하고 제품을 체험하거나 경험해볼 수 있는 옵션이 포함되어 있다. 이렇게 '경험'부터 단기간 사용, 장기간 사용, 또 사용해본 다음 소유할 수 있는 옵션까지, 하나의 제품으로도 소비(사용·경험) 방식에 따라 여러 가지 가격 선택권을 제시할 수 있다. 소비자 입장에서는 훨씬 다양한 선택지를 두고 고민할 수 있고 기업 입장에서는 단일 소비 방식과 단일 가격을 제시할 때보다 더 많은 소비자를 끌어올 가능성이 열린다.

6장

구독 모델의
5가지 성공 전략

구독에 적합한 제품과 서비스를 가지고 가격 옵션까지 신중히 설계했다면 이제 본격적으로 구독 서비스 성공을 위한 전략을 짜야 하며 그에 따른 노력도 필요하다. 구독 서비스를 지속 가능하도록 유지하고 탄탄한 고객 기반으로 안정적 매출을 확보해야 하는 것이다. 구독 비즈니스 성공을 결정하는 요인은 첫째도, 둘째도, 셋째도 고객이다.

구독 비즈니스를 영위하며 마주하는 거의 모든 문제는 고객을 어떻게 확보하고 유지하고 늘릴 것인가 하는 고민과 관련된다. 구독 비즈니스 성공의 핵심은 무엇보다도 정기구독자를 최대한 확보하고 이들이 이용을 지속하게 만드는 것이다. 컨설팅 기업 맥킨지 앤드 컴퍼니가 조사한 바에 따르면 구독 서비스 가입 고객 중 40%는 나중에 가입을 취소한다고 한다.[1]

구독 서비스의 이탈률이 높은 것은 애초 이 모델이 회원 가입과 탈퇴가 용이하게 설계된 이유가 크다. 즉 고객이 서비스를 '경험'해보고 나서 구독 여부를 결정할 수 있도록 유연성을 제공하기 때문이다. 실제로 구독 서비스를 이용하는 사람들은 새로운 시도를 해보고 싶은 호기심에서, 나중에 취소가 편하다는 이유로 가볍게 이용해보는 경우가 많다. 그만큼 기업 입장에서는 이렇게 유입된 고객을 어떻게 정기구독자로 만들지 깊은 고민과 철저한 전략이 필요하다. 아울러 고객을 유치·유지·증가시키는 과정에서 사업의 기본이라 할 '지속 가능성'을 계속 생각해야 한다. 비용 역시 구독 서비스 사업을 하는 내내 전략적으로 관리해야 하는 부분이라는 점을 잊지 말아야 한다.

---

1 Tony Chen, Ken Fenyo, Sylvia Yang, and Jessica Zhang (2018. 2. 9). "Thinking inside the subscription box: New research on e-commerce consumers". Mckinsey & Company.

O 구독 서비스를 이용하는 이유

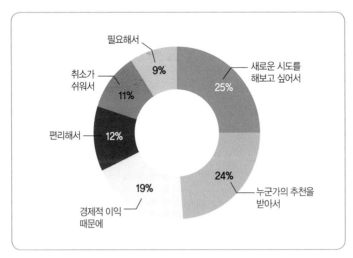

주: 미국 소비자 5,093명을 대상으로 설문조사

자료: "Thinking inside the subscription box: New research on e-commerce consumers"
(2018. 2. 9). Mckinsey & Company.

1 문제의 시원한 해결: 고객 니즈를 구체화·세분화하라

이 책의 1장에서 언급했던 달러 쉐이브 클럽을 다시 떠올려보자. 이 회사는 면도기와 면도날을 정기배송해주는 서비스, 즉 한 가지 품목에 집중했고 이때 우수한 품질은 기본이고 가격 면에서 절대적 우위를 형성함으로써 성공을 거둘 수 있었다.

달러 쉐이브 클럽의 새로운 생각: 면도기가 꼭 첨단 기술일 필요는 없다

달러 쉐이브 클럽을 창업한 동업자 마이클 더빈(Michael Dubin)과 마크 레빈(Mark Levine)은 평소 똑같은 불만을 가지고 있었다. 일회용 면도기와 면도날을 자주 사야 하는데 그게 너무 귀찮고 게다가 값도 비싸다는 것이었다. 우리나라처럼 마트가 집 가까이 있지 않은 미국에서는 면도날 하나 사려고 외출을 해야 하는 게 여간 번거로운 일이 아니었다. 당시 면도기 시장의 최강자였던 질레트는 최첨단(?) 기술의 면도기와 면도날을 자랑하며 이 두 가지를 합쳐 20~30달러의 고가에 판매하고 있었다. 그래서 두 사람은 2011년 달러 쉐이브 클럽을 창업했고, 이때 자신들의 비전과 메시지를 뚜렷이 전달하는 데 집중한다.

이런 모토를 가지고 이 회사가 처음 시작한 서비스는 한 달에 단돈 1달러만 내면 면도기와 면도날 4개를 정기적으로 배송해주는 구독 서비스였다.

달러 쉐이브 클럽의 면도기·면도날 정기배송 사업은 시작 5년 만에 320만 명이 넘는 회원을 확보하며 2016년 온라인 면도기 시장 점유율 52.4%를 차지했다. 반면, 기존에 시장 점유율 70%를 유지하던 질레트는 시장 점유율이 21.2%로 떨어졌다.[2]

달러 쉐이브 클럽은 '면도날을 자주 구매해야 하는데 귀찮고 가격 또

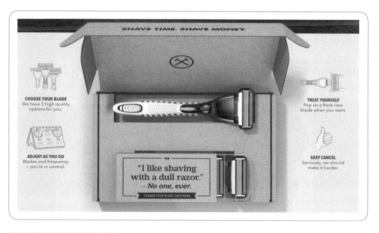

달러 쉐이브 클럽의 면도기 키트.
자료: 〈https://www.dollarshaveclub.com〉

---

2 Statista.

한 부담스러운' 고객의 니즈를 시원하게 해결해주는 데 전략을 집중했다. 이 회사는 질레트처럼 연구개발과 마케팅에 어마어마한 돈을 투자하는 대신 자신들의 메시지를 간편한 방식으로 정확히 고객에게 전달하고자 했다. 질레트는 면도기에 다양한 신기술을 접목하고 데이비드 베컴, 리오넬 메시, 박지성, 손흥민 등 유명 스포츠 선수들을 모델로 기용했다. 반면, 달러 쉐이브 클럽은 한국의 도루코로부터 면도기와 면도날을 공급받아 100% 온라인 주문과 정기배송으로만 판매했다. 게다가 광고라고 해봐야 창업자 마이클 더빈이 직접 출연한 1분 30초짜리 홍보 영상을 유튜브에 올린 게 전부였다.

그런데 바로 이 광고가 소비자로부터 큰 반향을 일으켰다. 사용자가 겪는 면도기의 문제점을 지적하며 직설적 표현과 재치 있는 입담으로 자사의 면도기를 홍보한 마이클 더빈의 동영상 광고가 나가고 48시간 만에 1만 2,000명의 구독 회원이 확보되었던 것이다. 2012년의 이 동

달러 쉐이브 클럽 창업자 마이클 더빈이 직접 출연한 유튜브 홍보 영상. "SHAVE TIME, SHAVE MONEY."라는 메시지를 전하며 재치 있는 입담으로 자사의 면도기를 홍보한다.
자료: 〈https://www.youtube.com/watch?v=ZUG9qYTJMsI〉

영상은 지금까지 2,700만 회 이상 조회수를 기록하고 있다.

이로써 달러 쉐이브 클럽은 연구개발, 생산, 마케팅에 들어가는 비용을 모두 획기적으로 줄일 수 있었다. 그랬기에 1달러에 '면도기+면도날 4개'라는 제품 구성도 가능했다. 이후 회사는 연간 매출 2억 달러까지 성장하며 큰 성공을 거두었고, 2016년 7월 유니레버에 10억 달러(1조 1,000억 원)에 인수되었다.

엇갈린 운명: 밀키트 정기배송 서비스

정량의 식자재와 소스 그리고 요리 레시피를 상자에 담은 밀키트를 정기적으로 가정에 배달해주는 서비스는 미국 시장에서 출시되자마자 돌풍을 일으키며 큰 성장세를 이어나갔다. 밀키트 시장의 이러한 성장 비결은 단순함, 빠름, 편리함에 있다. 요리에 관심이 있으면서도 실행이 두려웠던 요리 초보자나, 요리를 귀찮아하거나 시간 부족으로 요리를 하기 어려운 소비자가 손질된 재료와 레시피가 담긴 밀키트를 적극 구매했다. 일일이 장을 보고 재료를 다듬고 레시피를 찾아봐야 하는 '수고와 시간의 절약', 그리고 '경험하는 즐거움'이 이들의 니즈를 충족시켰다.

또한 밀키트 업체들은 기존 HMR(Home Meal Replacement; 가정간편식)[3]과의 차별화에 몰두했다. 그중 하나가 친환경 재료를 적극 사용하

---

3 바로 먹거나 간단히 조리해 섭취할 수 있도록 판매되는 가정식 스타일의 완전·반조리 형태 제품으로, 즉석 섭취 식품이나 신선 편의 식품, 즉석 조리 식품 등으로 구분된다. 냉동만두, 피자, 핫도그 등 냉동 인스턴트 제품 위주였던 가정간편식의 범위가 요즘은 전골과 생선구이 등으로 넓어졌다.

며 이를 마케팅에 활용한 점이다. 육류의 경우 성장 촉진 호르몬이나 항생제를 투여해 키운 것은 취급하지 않고 방목하여 기른 것만 식자재로 사용하는 식이다. 보통 HMR 식품들은 건강과는 다소 거리가 있고 칼로리도 높다는 인식이 강한데, 이에 반해 밀키트는 건강관리나 다이어트용 식단을 제공하기도 했던 것이다. 더욱이 특정 레시피에 필요한 정량의 재료를 배송하기 때문에 소비자 입장에서는 음식물 쓰레기가 줄어든다는 것도 장점이었다.

무엇보다도 밀키트 사업 초반 소비자들을 매료시킨 건 배송 시스템이었다. 소비자 입장에서는 신선한 재료를 자신이 원하는 시간에 집에서 받아볼 수 있다는 것이 큰 매력이었다. 우리나라와 달리 미국은 신선한 식재료를 매일 구매하기가 쉽지 않으며, 또한 당시만 해도 신선식품이나 식재료를 문 앞까지 배송해주는 시스템이 없었다(우리나라는 이제 거의 어디든 신선식품 당일/익일 배송이 가능하지만 지금도 미국에서는 그것이 가능한 지역의 범위가 넓지 않다).

현재 밀키트 사업은 꾸준히 성장하고 있고 2025년에는 전 세계 밀키트 시장이 190억 달러(약 22조 원)에 이를 것으로 전망된다.[4] 그런데 이 시장 속으로 한발 더 들어가보면 밀키트 업체별로 운명이 극명하게 갈린다는 것을 알 수 있다. 미국에서 밀키트 시장을 개척한 블루에이프런(BlueApron), 독일에서 시작해 미국 밀키트 시장을 장악한 헬로프레시(HelloFresh) 두 업체를 비교해보자.

---

4 Statista (2022).

○ 블루에이프런과 헬로프레시 밀키트 비교

기준	블루에이프런	헬로프레시
간편성	–	우위
레시피 품질과 참신성	우위	–
메뉴의 다양성	–	우위
맛	우위	–
가격(2인분 세끼 기준)	59.94달러	53.94달러

2021년 1월 기준으로 블루에이프런의 주가는 7달러, 시가총액은 1억 2,750만 달러인 반면 헬로프레시는 주가가 64달러이고 시가총액은 110억 달러이다. 2017년 상장 직후 블루에이프런의 주가는 140달러였다.[5] 한때 100만 명 회원을 모집하며 새로운 식문화를 이끄는 기업으로 주목받았던 블루에이프런에 대체 무슨 일이 있었던 것일까? 두 밀키트 서비스를 비교한 기사[6]를 참조해 두 서비스가 어떻게 달랐는지 확인해보자.

이 기사는 두 서비스의 차이를 5가지 기준을 가지고 위의 표와 같이 평가했다. 헬로프레시는 간편성과 메뉴 다양성에서 우위였고 블루에이프런은 레시피 품질과 참신성, 그리고 맛에서 우위를 보였다.

---

5 140달러는 주식 병합 기준 가격이다(공모가는 10달러). 블루에이프런은 주가가 55센트까지 하락하며 상장 폐지 위기에 처하자 2019년 6월 15주를 1주로 합치는 주식 병합을 단행해 주가를 8달러 선으로 끌어올렸다.

6 "We cooked meals from Blue Apron and HelloFresh to see which meal kit delivery service is best" (2020. 8. 21). *Business Insider*.

헬로프레시는 불필요한 과정을 거의 모두 없애 말 그대로 '몇 분'이면 요리 준비가 완료되는 편리함을 제공했다. 즉 간단하고 따라하기 쉬운 레시피여서 요리 초보자나 시간이 별로 없는 사람들에게 적당했다. 하지만 블루에이프런은 요리 준비 시간이 다소 필요하고 때로는 약간의 전문성도 요구되었다. 그 대신 헬로프레시보다 좀 더 흥미롭고 특별한, 때로는 이국적인 음식 재료와 관련 레시피를 제공했다. 요리 경험을 어느 정도 가진 사람에게 환영받을 만한 방식이라 할 수 있다.

한편 헬로프레시는 블루에이프런에 비해 메뉴가 매우 다양해 가지각색의 식생활을 원하는 소비자가 좋아할 만한 요리를 제공할 수 있다. 헬로프레시는 특히 소규모 업체들을 M&A하는 방식으로 메뉴를 추가해왔는데, 예컨대 그린 셰프(Green Chef) 같은 업체를 인수하면서 채식주의자를 위한 메뉴 등 맞춤형 식단을 폭넓게 제공할 수 있게 되었다.

맛은 블루에이프런이 더 낫다는 평가를 받았다. 어떤 밀키트를 골라도 대체로 맛이 보장된다는 것이다. 헬로프레시는 메뉴가 다양한 반면 맛에는 다소 편차가 있다. 가격 면에서는 여러 가지(기본 가격과 할인 정책)를 고려할 때 비슷한 수준이어서 좀 더 맛있는 음식을 다양하게 즐기고 싶다면 블루에이프런을 선택하고, 간편하고 빠른 조리법으로 식생활별 메뉴를 폭넓게 이용하기 원한다면 헬로프레시를 선택했다.

2021년 2분기 기준으로 블루에이프런은 회원이 37만 5,000명, 헬로프레시는 768만 명이다. 소비자들이 밀키트 구독 서비스를 이용하는 이유가 너무도 분명해지는 대목이다. 앞서 이야기한 바와 같이 밀키트를 이용하는 사람들, 특히 정기배송을 받는 사람들은 특별한 맛보다는 간편하게 식사를 해결하고 싶지만 냉동식품보다는 좀 더 나은 요리를 원하는 경우가 대부분이다. 또는 특별한 식단(채식이나 다이어트를 위한 식단 조절)을 위해 다양한 메뉴를 직접 구성하고 만들기가 번거로울 때 흔히 밀키트를 이용한다.

사실 단지 맛있는 음식을 먹고 싶은 것이라면 유명 레스토랑에서 포장을 해 오거나 배달을 시켜서 먹을 수도 있고(밀키트 구독 서비스의 가격이 아주 저렴한 것도 아니기에 더욱 그렇다), 유명 셰프가 만든 밀키트를 필요할 때 구매할 수 있다. 매 끼니 특이한 음식을 먹어야 하는 것도 아니어서 단지 '맛' 때문에 밀키트 정기배송을 신청하지는 않는다는 이야기다. 또한 새로운 요리를 시도해보고 싶고 요리의 지평을 넓혀보고 싶다면 밀키트로 어느 정도 요리에 익숙해진 다음에는 레시피를 응용해 자신이 직접 요리를 해보려고 식재료를 구매하지 않을까? 그렇다면 밀키트 정기배송 또한 취소하게 될 가능성이 높다.

블루에이프런이 100만 명에 달하던 회원의 3분의 2 정도를 잃고 미국 시장의 후발 주자인 헬로프레시에 자리를 넘겨주게 된 것은 소비자가 밀키트 정기배송을 이용하는 이유를 제대로 이해하지 못하여 대다수 사람이 밀키트에서 기대하는 가치를 전달하지 못한 탓이 아닐까.

세분화된 니즈를 공략할수록 제공 가치는 뚜렷해진다:
특수식부터 DNA 도시락까지

시장을 세분화해 특정 니즈와 니치 마켓을 공략하면 문제를 정의하고 해결책을 제시하기가 용이하며 이에 따라 제공 가치도 뚜렷해진다.

구독 모델의 장점은 작은 시장에서도 안정적 매출을 추구할 수 있다는 것이다. 특수식 정기배송 서비스가 좋은 예이다.

'특수식'이란 영·유아, 병약자, 노약자, 비만자, 임산·수유부 등 특별한 영양 관리가 필요한 특정 대상을 위하여 식품과 영양성분을 배합하는 등의 방법으로 제조, 가공한 것이다(식품의약품안전처의 특수 용도 식품에 대한 정의). 넓게 보면 채식주의자들을 위한 식단까지 포함할 수 있겠다. 채식의 종류도 다양해 식단을 구성할 때 주의가 필요하고 단백질 등 필수영양소가 충분히 포함되어야 하기 때문이다.

특수식은 구독, 즉 정기배송 서비스가 매우 뚜렷한 가치를 소비자에게 제공해준다. 특수식을 섭취하는 사람들은 일정 기간 지속적으로 특수식을 먹어야만 하는데, 병원, 요양원, 조리원 등에서 전문 인력이 단체용으로 조리하는 것과 달리 일반 가정에서 특수식을 준비하기란 결코 쉽지 않은 일이다. 그래서 반조리 혹은 조리가 다 되어 가열만 하면 먹을 수 있는 특수식을 정기적으로 배송해주는 구독 서비스는 확실한 소비자 가치를 제공해줄 수 있는 분야에 속한다.

이미 우리나라에는 특수식 정기배송으로 그야말로 '특수'를 누리고 있는 식품업이 있다. 바로 이유식 시장이다. 우리나라 간편 이유식 시장은 출산율 하락으로 영유아 대상 식품 산업이 위축되는 가운데에서도 나 홀로 1,000억 원 규모로 성장했다.[7] 아기들은 빠르면 생후 4개월부터 이유식을 먹기 시작하는데 이것이 돌 무렵까지 8개월 정도 이어진다. 그 이후에도 어른이 먹는 음식으로 완전히 넘어오기 전까지 2~3년간은 부드럽고 덜 자극적인 반찬으로 적응 기간을 거쳐야 한다.

여기에 성장과 발달에 필요한 영양성분까지 고려해야 하니 부모들의 어려움이 클 수밖에 없다.

더군다나 아기들은 한 끼에 먹는 양이 적고, 입에 맞지 않으면 안 먹는 경우도 허다하다. 한 번에 이유식을 대량으로 만들어 냉동을 시켜 놓으면 아무래도 맛도 신선도도 떨어지게 마련이다. 간편 이유식 업체들은 정기배송, 즉 구독 서비스로 아기 엄마들의 이런 고민을 해결해준다. 그날그날 먹을 이유식을 데우면 바로 먹일 수 있는 형태로 한 끼 분으로 포장해 배송하는 것이다.

매끼 다른 메뉴로 구성되어 있어 아이들이 질리지 않게 먹을 수 있고 영양소도 골고루 섭취할 수 있다. 데이터가 축적되면(어떤 이유식을 좋아하는지, 발달 상태는 어떤지 등) '맞춤형 이유식' 같은 프리미엄 서비스도 제공한다. 아이가 이유식에서 밥으로 넘어가는 시기에 먹일 수 있는 유아나 아동용 반찬도 있어, 부모들은 상당히 오랜 기간 동안 별 걱정 없이 아이들의 식사를 챙길 수 있다. 우리나라에는 베베쿡(Bebecook), 아이배냇(배냇밀) 등 영유아 식품 전문기업이 이유식 정기배송 서비스를 제공하고 있고 풀무원(베이밀), 파스퇴르(아이생각 이유식) 등도 이유식 배송 서비스 제품을 출시했다.

이유식이 아기를 위한 것이라면 환자용 식단을 밀키트나 반조리 형태의 제품으로 정기배송해주는 기업도 있다. 우리나라의 닥터키친

---

7 식품의약품안전처에서 집계한 바에 따르면 2014년 403억 원에서 2016년 620억 원으로 시장이 성장했다. 최근에는 공식 집계가 되고 있지 않지만 이유식 업계에서는 1,000억 원대로 추산한다.

(Dr Kitchen)은 식이요법 전문기업으로서 특이식단을 정기배송 서비스로 제공한다. 자체적으로 개발하고 병원과 함께 검증한 메뉴가 992개에 달하고(2021년 1월 기준), '맛있는' 건강식으로 구성된 당뇨·암 환자용 식단을 정기적으로 배송해준다. 자체 기술로 맛은 살리고 환자에게 유해한 성분은 낮춰 당뇨 환자라도 자장면을 즐길 수 있게 하고 항암치료로 인한 부작용을 겪는 환자에게는 부작용을 심화시키지 않는 식단으로 구성해준다.

환자 스스로 조리할 때를 대비해 10분 이내로 간단히 조리하여 바로 먹을 수 있도록 만든 것도 특장점이다. 일반 당뇨병이나 임신성 당뇨병 확진 환자, 당뇨병 예방을 원하는 일반인, 항암 치료 중이거나 치료 후 환자 등에게 개인별 맞춤 식단을 제공하며 개인이 식단을 상세하게 설계(하루 몇 끼, 몇 주 동안, 밑반찬 포함 여부, 밥 종류 등)하는 것도 가능하다.

식이요법 전문 기업으로 출발한 닥터키친은 점차 특이식단 범위를 넓혀가고 있다. 당뇨나 암 환자뿐 아니라 비만이나 갱년기로 인해 식단 조절이 필요한 사람들을 위한 식단도 설계하고 있다.

특수식 정기배송이 이렇게 고도화되다 보면 개인별 맞춤 식단을 제공하는 구독 서비스도 등장할 수 있을 것이다. 몇 년 전 유전자 분석 전문 업체 제노플랜(Genoplan)에서 크라우드 펀딩 프로젝트로 DNA 맞춤 도시락을 선보인 적이 있다. 타액으로 간편하게 유전자 분석을 진행하고 자신의 유전자에 맞는 도시락을 제공받는 방식이다. 유전자를 분석하면 유전적으로 취약한 부분, 향후 걸리기 쉬운 질병에 대한

정기배송으로 특수식을 제공하는 업체들. 일정 기간 지속적 섭취가 필요한 특수식은 일반 가정에서 준비하기가 쉽지 않아 구독 서비스로 전달할 수 있는 가치가 확실한 분야로 꼽힌다.
자료: 〈https://www.bebecook.com/〉; 〈https://doctorkitchen.co.kr/〉

정보를 확인할 수 있다. 이를 바탕으로 해당 질병의 위험을 낮추는 식단으로 건강을 관리한다는 것이 DNA 도시락의 원리이다. 아직 상용화되지는 않았지만 비용 문제만 해결된다면 DNA 맞춤 도시락도 정기배송을 받아 이용하는 날이 올 것이다.

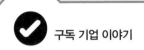

블루에이프런,

성공적 착수와 실패한 솔루션

2012년 설립된 블루에이프런은 '밀키트(meal kit)'라는 단어를 맨 처음 만든, 밀키트의 개척자라 할 수 있는 기업이다. 선제적으로 시장을 창출하고 적극적으로 뛰어든 덕분에 블루에이프런은 빠르게 성장해 창업 5년 만인 2017년 매출 8억 8,100만 달러, 구독 회원 수 100만 명을 달성하는 데 성공했다. 그리고 이 같은 성장세를 바탕으로 같은 해 나스닥에 상장했다.

그러나 영광은 거기까지였다. 블루에이프런은 상장 이후 불과 4개월 만에 주가가 공모가인 10달러(주식 병합 기준 140달러)에도 못 미치는 5달러로 하락했고, 한때 1달러 미만까지 떨어지며 상장 폐지 위기까지 내몰렸다. 이후 주식 병합을 단행하며 주가를 8달러 선으로 끌어올렸고 코로나19 사태를 계기로 밀키트 주문이 늘자 주가가 16달러까지 회복되었지만 결국 다시 10달러 아래로 떨어졌다. 구독 회원 수도 지속적으로 감소해 37만 명으로 줄었다.

개척자의 몰락: 선도 진입자의 우위를 지키지 못하다

블루에이프런은 미국 시장에서 밀키트 돌풍을 일으키며 시장을 선점했다. 구독 서비스는 시장을 먼저 차지하고 고객을 효과적으로 잡아두면 그만큼 우위를 누리게 된다. 하지만 블루에이프런은 일찌감치 확보한 고객을 계속해서 지키는 데는 실패했다.

가장 큰 실패 이유는 구독 회원들에게 밀키트 정기배송의 가치를 충분히 전달하지 못했기 때문이다. 다양한 맛보다 특이한 맛에 지나치게 집중했고 조리법이 다소 복잡하며 재료 손질에 시간을 들여야 하다 보니 좀 더 다양한 레시피를 원하는 사람들, 그리고 요리에 서툴거나 시간을 절약하고 싶어서 밀키트를 이용하는 고객들을 만족시키는 데는 한계가 있었다.

실제로 2018년 블루에이프런 서비스를 6개월 이상 이용한 고객은 30%가 채 안 되었고, 절반 이상이 3개월 이내에 다른 업체로 옮기거나 식료품점으로 향했다. 반면 블루에이프런보다 단순한 요리법을 제시한 헬로프레시는 같은 기간에 구독 회원이 꾸준히 늘었고, 밀키트를 넣고 돌리기만 하면 되는 맞춤형 스마트 오븐을 함께 판매한 업체 토발라(Tovala) 역시 승승장구했다.

실패의 이유① : 비합리적인 비용 구조

소비자 입장에서 밀키트의 장점은 각각의 재료를 사서 요리하는 것보다 훨씬 저렴하다는 데 있다. 그런데 블루에이프런에서 제공한 밀키트는 하나당 가격이 거의 10달러 수준이라 그다지 저렴하지 않다. 문제는 블루에이프런의 비합리적 비용 구조 때문에 단가를 낮추기가 쉽지 않았다는 것이다.

밀키트는 요리하는 데 딱 맞게 정량의 식재료를 제공해야 한다. 어느정도 손질된 상태로 보내야 하기 때문에 버리는 부분이 생기고 이는 고스란히 기업이 떠안아야 하는 비용이 될 수밖에 없다. 그런데 블루에이프런은 일반적인 레시피보다는 좀 특별한 레시피 제공을 추구했기에 다른 기업은 쓰지 않는 식재료를 사용해야 하는 경우가 많았고, 레시피마다 들어가는 재료도 너무 달랐다. 그러다 보니 아무래도 식자재 구입비가 상승할 수밖에 없었다.

게다가 고객에게 신선한 상태로 배송해주어야 하니 포장비와 배송비도 많이 들었다. 블루에이프런은 자체 물류 시스템을 갖추고 있지 않았기에 신속한 배송을 위해 페덱스(FedEx)와 같은 외부 배송 서비스에 전적으로 의존할 수밖에 없었다. 결국 2018년에만 재료비, 마케팅, 배송 등에 7억 8,000만 달러(약 9,000억 원)를 썼고 영업손실이 1억 달러를 넘겼다.[8]

실패의 이유② : 잘못된 판단

문제가 산적해 있었음에도 블루에이프런은 실적 부진의 원인이 유통망에 있다고만 생각했다. D2C(Direct to Consumer) 채널로만 판매하는 탓에 많은 고객에게 충분히 노출되지 않는 게 문제라고 본 것이다.

---

8 블루에이프런 사업보고서 (2019. 1).

그래서 유통망 확장을 통해 밀키트를 더 많이 파는 전략을 택했다. 첫 시도는 2018년, 코스트코(COSTCO)를 통한 오프라인 매장 판매였다. 당시 전문가들은 "밀키트에 대한 노하우만 빼앗길 것"이라며 어리석은 짓이라고 비판했다. 결과는 어땠을까?

전문가들의 우려대로, 코스트코 판매 실적은 기대에 못 미쳤고 코스트코 역시 PB 상품으로 밀키트를 내놓았다. 블루에이프런은 결국 납품 가격을 30%나 낮추었지만 이미 때는 늦었다. 밀키트 시장의 성장성을 알아차린 다른 대형 유통업체들이 밀키트 스타트업을 인수하거나 자체적으로 밀키트를 생산·판매하며 오프라인 매장을 장악해나간 것이다. 예컨대 앨버트슨즈(Albertsons)가 2017년에 '플레이티드(Plated)'라는 밀키트 스타트업을, 크로거(Kroger)는 2018년 초 '홈셰프(Home Chef)'라는 스타트업을 인수해 오프라인 매장에서 밀키트 판매를 시작했다. 월마트는 2018년 초부터 직접 밀키트를 생산해 판매하고 있다.

다급해진 블루에이프런은 채식주의자 밀키트, 요리 전문 채널 셰프들이 개발한 제품을 출시하고 프라이팬, 주방용 칼 등 조리기구 판매도 시작했지만 월가의 평가는 여전히 부정적이다. 근본적으로 비용 구조 문제부터 개선해야 하고 블루에이프런의 구독 서비스가 고객에게 제공하는 가치가 충분한지부터 되짚어봐야 한다는 견해였다.

이제 미국에서도 신선식품 신속 배송 서비스가 가능해지면서 밀키트 정기배송 업체들의 경쟁은 한층 더 치열해질 것으로 보인다. 과연 어느 업체가 이 치열한 경쟁에서 살아남을 것인가.

2 영원한 베타 버전: 끊임없이 개선하라

구독을 결정한 고객이 구독을 취소하지 않고 장기적으로 이용하도록 하려면 무엇이 중요할까? 구독 업계에는 '영원한 베타 버전'이라는 말이 있다. '베타'는 게임 등을 출시하기 전에 실시하는 '베타 테스트'에서 가져온 말인데, 완벽하게 갖추어지기 전에 앞서서 제품을 내놓아 고객들에게 피드백을 받은 다음 그 의견이 반영된 최종 제품을 만들겠다는 의미다.

구독 서비스가 '영원한 베타 버전'이어야 한다는 것은 지속적으로 제품과 서비스를 개선해야 한다는 뜻이다. 고객들은 장기적으로 이어지는 구독의 여정 속에서 개인별로 최적화된 상품과 서비스를 기대하고 계속해서 새롭고 즐거운 경험을 하기를 원하기 때문이다.

OTT 시장: 오리지널 콘텐츠 확보와 개발이 관건

수많은 업체가 OTT 시장의 기회를 보고 산업에 뛰어들었고 경쟁은 나날이 치열해지고 있다. 지금 OTT 시장의 주요 경쟁 요소는 바로 콘텐츠이다. 얼마나 많은 콘텐츠로 다양한 기호를 가진 고객들을 포용하느냐도 중요하지만, 고객을 플랫폼에 묶어두기 위해(때로는 신규 가입을 유도하기 위해) 더 효과적인 것은 '독점' 콘텐츠이다.

독점 콘텐츠의 파워는 디즈니 사례에서 잘 드러난다. 디즈니는 명실 상부한 콘텐츠 왕국으로, 디즈니 콘텐츠 외에도 픽사, 마블 스튜디오, 루카스 필름, 21세기 폭스, 메이커 스튜디오, ABC, ESPN 등 많은 제작사와 방송사를 인수해 실로 다양한 장르의 인기 콘텐츠를 보유하고 있다. 〈어벤저스〉 시리즈도, 〈스타워즈〉 시리즈도, 〈토이 스토리〉 시리즈도 모두 디즈니 콘텐츠이며 이 외에 UGC(User Generated Contents, 유튜브와 같이 유저가 직접 만드는 콘텐츠)도 가지고 있다.

디즈니는 자체 OTT 서비스를 출시하면서 넷플릭스와 일부 주요 콘텐츠의 배급 계약을 종료했다. 그러고는 방대한 콘텐츠 파워를 바탕으로 2019년 11월 '디즈니 플러스'를 출시하여, 2021년 11월 기준 전 세계 유료 구독 회원 수 1억 1,810명에 달하며 성공을 거두었다.

OTT 업체들은 독점 콘텐츠 확보를 위해 외부 제작사와 제휴를 맺어 독점배포권을 확보할 수 있다. 그렇지만 대부분의 제작사는 되도록 많은 플랫폼을 통해 콘텐츠를 유통하는 것이 이익이기 때문에 OTT 업체들이 그들과 독점 계약을 맺기란 쉽지가 않다. 따라서 OTT 업체들은 직접투자를 통해 자신들만의 '오리지널 콘텐츠' 확보에 주력하고 있다. OTT 업체가 직접 제작해 독점 공개하는 오리지널 콘텐츠는 고객이 다른 플랫폼으로 넘어가지 못하게 하는 강력한 록인 효과를 갖기 때문이다.

넷플릭스는 경쟁사가 OTT 산업에 뛰어들기 이전부터 오리지널 콘텐츠 제작에 대규모 투자를 해왔다. 해마다 콘텐츠 확보 비용의 75%를 오리지널 콘텐츠 제작에 투자하고 있으며 그 금액이 2019년에만 150억 달러(약 18조 원)에 달했다. 이후로도 넷플릭스는 오리지널 콘텐츠 투자액을 늘려나가 2028년에는 무려 263억 달러(약 30조 원)를 투자할 것으로 전망된다. 벌어들인 돈의 대부분을 오리지널 콘텐츠에 투자하고 있다고 해도 과언이 아니다.

놀랍게도 2019년에야 OTT 시장에 뛰어든 디즈니가 이미 연간 오리지널 콘텐츠 투자액(2019년 278억 달러, 약 32조 원)에서 넷플릭스를 넘어섰다. 풍부한 자금과 다양한 콘텐츠를 장기간 제작해온 노하우를 고려할 때 넷플릭스에 가장 위협적인 존재는 바로 디즈니가 아닐까 싶다.

향후에는 디즈니와 넷플릭스처럼 대규모 구독자와 현금을 보유한 기업들이 중소 규모의 OTT 업체와 제작 스튜디오를 인수할 가능성이 높다. 특히 게임, 스포츠, 교육 등 특정 분야에 특화된 스트리밍 서비스 제공 업체가 콘텐츠 라인업을 다양화하고자 하는 거대 업체들의 타깃이 될 수 있다. 이미 아마존은 2014년에 게임 방송 스트리밍 업체인 트위치(Twitch)를 인수하였고 2021년에는 할리우드 영화 제작사인 MGM을 인수하였다. 애플은 여배우 리즈 위더스푼(Reese Witherspoon)이 설립한 콘텐츠 제작사로 유명한 헬로선샤인(Hello Sunshine) 인수를 타진한 바 있고, 영화 〈미나리〉 제작사인 A24 인수에도 관심을 가지고 있다고 알려졌다. 머지않아 이런 일은 더 많이, 더 자주 일어날 것으로 보인다.

가전 구독: 새로운 제품과 기능과 서비스를 끊임없이 추가

가전 구독은 약정 기간이 끝나갈 무렵, 계약을 해지할지 제품을 교체해 계약을 갱신할지 등을 결정할 수 있다. 이때 고객을 잡아두고 계약을 갱신하게 만드는 유인은 무엇일까? 그동안 가전을 구독하면서 받아왔던 정기 점검이나 소모품 교체 서비스가 만족스러워서일 수도 있지만 실은 제품 자체가 훨씬 중요하다. 점검 서비스는 서비스 인력이 친절하고 일정을 잘 지키는 것 말고는 경쟁사와 크게 차별화할 만한 요소가 없고 개선하거나 혁신할 여지도 없다. 하지만 제품은 다르다. 렌탈 서비스를 제공하는 가전 제조사가 혁신과 연구개발 역량을 반드시 보유해야만 하는 이유이다.

더 좋은 제품, 다른 기업에는 없는 제품을 만들어내야만 회원들이 그 제품을 이용하고자 계약을 갱신한다는 것이다. 그리고 다양한 특성과 기능을 가진 제품을 보유할 경우 방문 점검 인력이 영업력을 극대화할 수 있다. 다음과 같은 경우를 생각해보자.

4세 아이를 키우고 있는 A씨는 정수기와 비데 구독 서비스를 이용하고 있다. 그래서 정기 점검과 세척 서비스를 받는다. 정기 점검을 받는 날 담당 기사가 방문해 A씨의 아이를 보고 한마디 건넨다.

"이제 아이가 직접 물을 따라 먹겠다고 하지 않나요? 저희 회사 새로 나온 정수기에는 아이들이 누를 수 있게 낮은 위치에 버튼이 하나 더 있고요, 그 버튼은 뜨거운 물은 나오지 않고 냉수만 나오도록 설정되어 있어요."

이야기를 들은 A씨가 솔깃해한다. 자꾸만 정수기 꼭대기에 있는 버튼을 직접 눌러 물을 따라 먹겠다고 해서 아이를 힘겹게 안아 올려주거나 엄마가 해주겠다고 다그치는 일이 늘고 있었기 때문이다. 하지만 아직 약정이 몇 달 남아 있어 고민하고 있는데, 기사가 다시 한마디한다. "고객님은 지금 추가 수수료 없이 제품을 교체할 수 있는 기간이에요. 월 5,000원만 추가하면 신제품을 이용하실 수 있어요."

제조사의 연구개발 역량과 고객접점에서 실시간으로 니즈를 발견하는 서비스 역량이 시너지를 발휘하는 순간이다. 이처럼 제품의 성능을 끊임없이 개선하는 것, 커피 머신과 정수기를 결합하고 얼음이 나오거나 탄산수가 제조되는 정수기를 만드는 등 계속해서 새로운 기능을 추가하는 것, 아이가 누를 수 있는 버튼을 추가하는 등의 편의 기능을 넣는 것, 식물 재배기나 수제 맥주 제조기, 수제 아이스크림 제조기와 같이 새로운 제품을 개발하고 출시하는 것은 모두 고객에게 제공하는 가치를 향상시킴으로써 만족도를 높이고 구독 서비스를 지속적으로 이용하게 만드는 전략이다.

박스 구독: 지속적으로 '새로운 경험'을 배달

'영원한 베타 버전'이어야 함을 꼭 기억해야 할 구독 모델은 또 있다. 새로운 경험과 가치를 고객에게 제공하는 것이 서비스의 핵심인 '박스 구독'이 그것이다. 박스 구독은 어떻게 매번 '새로움'을 만들어낼 것이냐가 관건이다. 소비자 입장에서 받을 때마다 비슷한 제품이 배송되고 점차 '내 취향과 동떨어진 것들'이 담기기 시작하면 매달 내는 돈이 아까워지고 구독을 끊어야겠다는 생각도 하게 될 것이다. 구색을 맞추려고 아무거나 넣었다는 느낌을 받을 때도 마찬가지다. 괜찮은 제품은 1~2개고 나머지는 영 마음에 들지 않는다면 그 역시 실망스러울 수밖에 없다.

마케팅에만 너무 치중한다는 느낌이 들 때도 있다. 화장품 박스를 받았는데 어디 가나 받을 수 있는 샘플이 들어 있다든지 종류를 늘린다며 양을 너무 적게 보내 몇 번 쓰고 나니 없어져버렸다면 어떨까? '내가 왜 내 돈 주고 이런 광고 박스를 받아보나' 하는 생각이 들 수 있다.

사실, 박스 구독이 정기구독 소비자에게 제공할 '새로움'을 손쉽게 조달하려면 초기에 어떤 콘셉트를 잡느냐가 중요하다. 예를 들어 헤어 액세서리 박스 구독으로 콘셉트를 잡으면 박스에 담을 수 있는 제품의 폭이 좁아진다. 종류가 몇 개 안 되기 때문이다. 하지만 남성들을 타깃으로 박스 구독을 제공하는 미국의 비스포크 포스트(Bespoke Post)는 박스의 콘셉트가 'Everything New'이다. 한마디로 '새로운 것이면 무엇이든지' 담아 보내주는 박스이다 보니 구성할 수 있는 제품이 무궁무진하다. 새로운 면도기와 함께 '면도를 더 잘하는 법'을 안내해준다든지 술잔을 보내주면서 '술집 기물에 대한 스타일리시한 접근법' 등의 테마를 다는 식이다. 이렇게 콘셉트를 잘 잡았어도 새로운 제품을 꾸준히 조달하기 위해서는 다양한 파트너와 제휴를 맺어야 할 것이다.

실제로 기업 혼자 새로운 제품이나 서비스를 끝없이 고안해내기란 쉽지 않다. 정기배송으로 꽃을 보내주는 꾸까(Kukka)는 2주에 한 번 '그 계절에 가장 예쁜 꽃'을 가정에 배달해준다. 물론 직접 꽃을 재배하지는 않는다. 전국 화훼단지와 네트워크를 구축하고 제품을 조달해 구

남성들을 타깃으로 박스 구독을 제공하는 비스포크 포스트의 박스 구성품들.
자료: ⟨https://www.bespokepost.com/⟩

독 서비스로 제공하고 있다. 또 '술담화'라는 업체는 전통주 정기배송 서비스로 인기를 끌고 있는데,[9] 역시 전국적으로 양조장과 파트너십을 구축하고 있다. 전국의 양조장을 찾아다니며 전통주를 직접 발굴하고, 매달 계절이나 중요한 행사와 관련해 뜻 깊은 의미를 가진 술을 선정한다. 여기에 미역부각이나 말린 밤과 같이 곁들여 먹으면 좋은 안주, 주종, 도수, 원료, 유통기한 등 간단한 정보와 맛과 술에 얽힌 이야기, 원료와 양조 방법 등의 내용을 담은 카드도 함께 보내준다.

플랫폼에서 고객 간 거래를 가능하도록 만들어주는 방법도 있다. 일본 기업인 유니큐(ユニキュ一)는 네일(nail) 스티커 정기구독 서비스 '유어 네일(YourNail)'을 제공하고 있는데 스마트폰 앱을 통해 고객이 직접 선택한 네일 스티커를 매월 2회씩 받아 사용하는 방식이다. 유니큐는

---

9 우리나라에서는 2017년부터 전통주에 한해 온라인 판매가 허용되었는데, 온라인 판매가 허가된 전통주만 해도 2,000여 종이 넘는다고 한다.

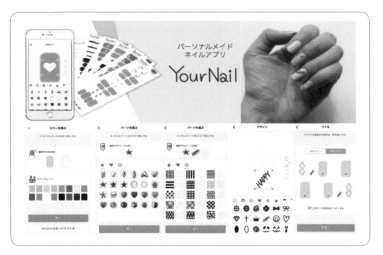

네일 스티커 정기구독 서비스 '유어 네일'. 고객은 사진 속 순서에 따라 네일 스티커를 직접 디자인할 수도 있다.

자료: "スマホで自由自在！「Your Nail」で自分だけのネイル作り"(2017.10.17). Hintos. 〈https://hintos.jp/articles/yournail_20171017〉.

네일 디자인을 다양하게 제공하기 위해 고객이 직접 디자인할 수 있는 메뉴도 만들어놓았다. 아울러 다른 고객이 디자인한 제품도 이용할 수 있도록 상품에 추가하는 방식으로 콘텐츠를 확대하고 있다.

큐레이션으로 만족도 높이기

맞춤 영양제, 맞춤 화장품, 맞춤 스타일링, 맞춤 간식박스 등 구독 서비스의 묘미 중 하나는 나에게 딱 맞는 제품을 받는다는 점이다. 그리고 구독 기간이 길어질수록 나의 선호 및 취향 데이터에 근거해 개인화 수준도 높아진다는 것이다. 맥킨지 앤드 컴퍼니의 조사 결과에 따르면, 모든 고객에게 동일한 상품과 서비스를 제공하는 경우 고객의

13%만이 장기 구독을 결정했지만 개인별 맞춤형 상품과 서비스를 제공하는 경우 32%가 장기 구독을 결정했다. 그만큼 큐레이션이 주는 만족도는 대체 불가능한 것이며 고객을 오래 묶어둘 수 있는 강력한 무기가 된다.[10]

미국의 케어오브(care/of)는 의사나 약사의 진단에 기초해 맞춤 영양제를 정기배송해준다. 보통 비타민이나 미네랄 등의 영양제는 환자뿐 아니라 일반인들도 건강을 유지하기 위해 정기적으로 복용한다. 문제는 개개인의 특성에 맞춘 적합한 영양제를 복용하는 사람은 드물다는 것이다. 케어오브는 고객 개인의 특성과 체질을 파악하기 위해 40여 개 이상의 질문을 하고 여기에 식습관, 운동 상황, 음주, 흡연 여부 등을 추가해 맞춤형 영양제를 조합한다. 또 주기적으로 고객의 건강 상태를 진단하고, 그 결과에 따라 영양제 종류를 변경해가며 배송해준다. 소비자들은 월평균 29달러에 전문가가 추천하는 나만의 맞춤형 영양제를 이용할 수 있다.

또 다른 예로, 영국의 그레이즈(Graze)는 식습관과 영양상태를 고려한 건강 스낵 구독 서비스를 제공한다. 각종 스낵을 조합한 박스 옵션만 200종 넘게 보유하고 있는데, 현재도 10만 명에 달하는 구독자의 구매 이력, 이용 후기 등을 지속적으로 분석해 그 데이터를 기반으로 끊임없이 새로운 상품군을 만들어 추가하거나 제외하고 있다.[11]

---

10 "Thinking inside the subscription box: New research on e-commerce consumers" (2018. 2. 9), Mckinsey & Company.

큐레이션 측면을 이야기할 때 넷플릭스 사례를 빠뜨릴 수 없다. 넷플릭스는 스트리밍 서비스를 이용하는 고객들의 니즈와 이용 행태를 분석해 선호도 높은 배우·장르의 콘텐츠를 직접 제작하는 것으로 유명하다. 그렇게 탄생한 드라마가 〈하우스 오브 카드(House of Cards)〉이다. 드라마 한 시즌의 전 회차를 한꺼번에 공개하는 것도 소비자가 시리즈 몰아보기를 좋아한다는 데 착안해 넷플릭스가 처음으로 도입한 방식이다.

또한 넷플릭스의 메뉴 화면은 사용자마다 다르다. 사용자가 시청했거나 '좋아요'를 누른 콘텐츠를 분석해 좋아할 만한 작품으로 화면을 구성하고, 심지어 선호하는 형태의 포스터 이미지까지 만들어준다. 예를 들어, 내가 남자 주인공이 원톱인 영화를 즐겨 본다면, 남자와 여자가 공동으로 주연하는 영화라도 내가 보는 영화 포스터에는 남자 주인공만 등장하는 식이다.

최근에는 같은 드라마를 보더라도 소비자에 따라 다른 스토리를 경험할 수 있는 인터랙티브(interactive) 콘텐츠까지 제공하고 있다. 2019년 4월 공개된 〈You vs. Wild(당신과 자연의 대결)〉는 서바이벌 전문가이자 탐험가인 베어 그릴스(Bear Grylls)가 정글, 알프스, 사막 등 극한 환경에서 목숨을 건 미션에 도전하는 리얼리티 프로그램이다. 20분 내외의 짧막한 에피소드가 끝날 때마다 시청자는 주인공의 목적지나 행동을 선택할 수 있고, 이 선택에 따라 다음 회차에서 다른 스토리를

---

11 2019년 2월, 생활용품 기업인 유니레버에 인수되었다.

경험하게 된다.

애플 뮤직은 음악 스트리밍 서비스이지만, 사실 이 서비스의 핵심은 '큐레이션'이다. 애플 뮤직의 큐레이션은 '대중을 위한 큐레이션'과 '나만을 위한 큐레이션' 두 종류이다. 대중을 위한 큐레이션은 애플이 고용한 전문가(애플 뮤직 에디터)들이 일일이 선별하고 수작업으로 업데이트하는 플레이 리스트이다. 이 가운데에는 아티스트들이 직접 참여해 만드는 플레이 리스트도 있는데 '아티스트 추천곡', '아티스트에게서 영감을 받은 곡', '아티스트에게 영감을 준 음악', 그리고 아티스트별로 곡을 모아놓은 플레이 리스트 등 그 종류도 다양하다. 나만을 위한 큐레이션은 'For You'라는 메뉴를 클릭하면 볼 수 있는데 그동안 내가 선택했던 애플 추천 플레이 리스트부터 가장 많이 들은 음악, 요즘 즐겨 듣는 음악이나 반복 재생한 음악, 오늘의 플레이 리스트(나의 취향을 반영한 추천 음악) 등 다채로운 큐레이션 리스트가 펼쳐진다.

3 수익 최적화:
비용을 관리할 수 있는 무기를 가져라

기업이 서비스를 지속하고 수익성을 높이려면 비용 관리가 필수적이다. 디지털 콘텐츠처럼 재생산 비용이 거의 제로(0)에 가까운 무형의 재화가 아닌, 유형의 재화를 구독 서비스로 제공할 경우에는 특히 그렇다. 비용 관리가 제대로 되지 않을 경우 서비스 유지가 불가능하고 때로는 기업을 존폐 위기까지 내몰기도 한다. 어느 정도의 자금력과 다른 사업이 받쳐주는 대기업이라면 상황이 다르겠지만 한두 가지의 구독 서비스로 시작하는 스타트업이라면 비용 관리 실패가 곧바로 사업 종료로 이어질 수도 있다.

회원제와 데이터에 기초해 비용을 관리하기

외식업에서도 고객의 매장 방문 횟수를 늘리고 안정적 매출을 달성하기 위해 다양한 방식으로 무제한 이용 구독 서비스를 도입하고 있다. 월정액을 내면 방문 횟수에 상관없이 커피를 무제한으로 마실 수 있는 카페, 월정액에 코스 요리를 무제한 제공하는 레스토랑, 또 수백 곳에 달하는 칵테일바나 펍에서 매일 첫 잔, 이른바 웰컴 드링크를 무료로 이용할 수 있는 구독 서비스도 있다. 그런데 음악이나 영화 스트리밍 서비스와 달리 음료나 술, 코스 요리 등은 만들고 서비스할 때마다 비용이 발생하는데 고객이 구독료 이상으로 너무 많이 이용해버리면 고객 입장에서는 이득이겠지만, 제공하는 업체 입장에서는 손해가 눈덩이처럼 불어날 수 있다.

이런 위험에도 불구하고, 회원제의 장점을 역으로 활용해 비용 절감과 품질 관리에 동시에 성공한 업체들이 있다. 일본의 호화 코스 요리 레스토랑 니쿠온(29ON)을 예로 들어보자. 니쿠온은 외식업에서는 드물게 완전 회원제 및 예약제로 운영되는 레스토랑이다. 연회비 1만 4,000엔(약 15만 원)을 내고 회원이 되면, 일반 음식점에서 1만 엔(약 10만 원)에 상당하는 호화 코스 요리를 5,000엔(약 5만 2,000원)에 이용할 수 있다. 말하자면 상시 할인 구독 서비스인 셈이다.

니쿠온은 회원 수도 정해져 있고, 완전 예약제인 데다 무단 예약 취소가 발생하는 경우 과감히 회원 자격을 박탈하는 등 페널티가 있어, 가게에서는 그날 방문할 고객 수를 거의 정확히 파악할 수 있다. 또 코스 요리는 일원화되어 있기 때문에 과도한 식자재 구매를 할 필요가 없어져 니쿠온의 식재료 폐기율은 0%에 가깝다. 항상 신선한 식재료로 양질의 코스 요리를 제공하면서도 효과적 비용 관리가 가능한 이유이다. 이렇듯 니쿠온은 완전 회원제 및 예약제로 운영되어 고객별로 방문 횟수, 방문 추이 등을 파악할 수 있고 이를 토대로 타깃 마케팅을 함으로써 불필요한 마케팅 비용을 절감하면서 판매를 촉진할 수 있었다. 방문 횟수가 적은 고객을 대상으로 코스 요리를 원가에 제공하는

'원가 100% 행사' 등을 제공해 갱신율을 향상시키고 있기도 하다.

독일의 스타트업 그로버(Grover)는 스마트폰이나 노트북과 같이 지속적으로 신모델이 출시되는 디바이스부터 VR 기기, 웨어러블, 드론 등 덥석 사기에는 부담스럽지만 한 번쯤 경험해보고 싶은 첨단 기기를 렌탈해준다.[12] 그로버의 구독 서비스를 이용하면 고객은 새롭고 업그레이드된 고사양 기기를 적은 비용으로도 계속 사용할 수 있게 되는 것이다. 한 달 사용료가 해당 제품의 시장 판매 가격의 5~10% 정도로, 독일에서 630유로(약 81만 원)에 판매되는 갤럭시 S10 Plus의 한 달 대여료는 49.9유로(약 6만 3,000원)이다. 원하는 기간만큼 사용할 수 있도록 다양한 옵션을 제시한다. 제품을 사용하다가 고장이 났을 경우에는 그로버가 90%가량을 부담한다. 회원 입장에서는 너무나 매력적인 옵션이지만 기업 입장에서는 고가의 첨단 제품 수리비가 만만치 않은 만큼 부담으로 작용할 수 있다.

그로버는 이 90%의 수리비를 어떻게 감당할까? 보험사와 제휴해 그로버에 축적된 데이터에 기초한 맞춤형 보험을 설계하고 가입을 유도함으로써 수리비를 보장받고 있다. 여기에 활용되는 데이터는 제품별 고장 빈도나 어디에서 주로 고장이 발생하는지에 관한 이력 등 다양하다.

---

12 2021년 4월 기준으로 15만 명 넘는 구독자를 보유하고, 10개 카테고리에 2,500개 이상 제품을 대여하고 있다. 삼성을 비롯해 18개 기업들로부터 투자를 받았으며 지금까지 유치한 투자금 누적액이 2억 9,600만 유로(약 3,829억 원)에 달한다(각종 언론 보도 종합).

첨단 기기 렌탈 서비스를 제공하는 독일 스타트업 그로버의 구독 상품 선택 화면
자료: 〈https://www.grover.com/de-en〉

협상력을 활용하기

미국의 화장품 박스 구독 서비스 팹핏펀(FabFitFun)은 말 그대로 아주 멋지고(Fab), 취향을 저격하며(Fit), 즐거운(Fun) 경험을 제공한다는 기치를 내걸고 있다. 구독 박스 가격은 49.99달러지만 박스 안에 담긴 구성품의 가격을 합치면 최소 200달러가 넘는다. 팹핏펀 구독자는 200만 명에 달하며(2020년 6월 기준) 이들은 구성 제품의 다양성과 품질을 높이 평가한다.[13]

한때 아디다스(Adidas)도 구독 서비스를 제공했던 적이 있다. '애비뉴 A(Avenue A)'라는 서비스로, 2016년 2월에 시작했으나 2017년 가을 중단했다. 분기당 150달러를 내면 프리미엄급 여성용 스포츠 패션용

---

13 구독 서비스 리뷰 전문 사이트 'My Subscription Addiction' (https://www.mysubscriptionaddiction. com/)에서 이들의 평가와 별점 등을 확인할 수 있다.

아디다스가 제공했던 애비뉴 A 서비스. 구독 서비스를 더 이상 제공하고 있지 않음을 알리는 메시지가 하단에 있다("We're sorry").

자료: 〈https://hellosubscription.com/〉

품을 3~5개 보내주는 구독 서비스였는데 팹핏펀과 마찬가지로 실제 제품들의 판매가는 300~400달러로 구독료의 2배 이상에 달했다. 유명 트레이너나 축구선수 등이 선별한 제품을 배송해주기도 했다. 고객들의 만족도도 상당히 높았고 박스에 담긴 아이템 하나하나를 매일같이 사용한다는 열성 팬도 있었다. 하지만 서비스는 채 2년을 가지 못했다. 팹핏펀과 아디다스의 차이점은 무엇일까?

아디다스가 스스로 밝힌 적은 없지만 비용 관리라는 측면에서 차이가 발생한 것으로 보인다. 팹핏펀은 직접 화장품을 개발하고 제조하는 업체가 아니다. 다양한 화장품 업체와 제휴해 박스를 구성한다. 그러다 보니 화장품 업체에 자신들의 마케팅 효과를 홍보하며 저렴한 가격 혹은 무료 공급을 제안하고 설득할 수 있다. 더욱이 팹핏펀의 구독자가 많아질수록 이 협상력(bargaining power)은 더 강해진다. 마치 백화점이나 면세점에 입점하려고 경쟁하는 업체들처럼 이제는 팹핏펀의 구독 박스에 들어가려고 업체들이 경쟁하게 되어 팹핏펀은 비용이 점진적으로 감소하는 효과를 누릴 수 있는 것이다.

반면 아디다스는 자사의 제품으로만 구독 박스를 구성해야 했다. 이는 결과적으로 구독료로 추가 수입을 올리기보다는 제품들을 반값 이상 상시 할인해서 판매하는 격이었다. 아디다스는 사실 구독 박스를 받아본 고객들이 아디다스에서 추가 구매를 해주리라 기대했겠지만 그러기보다는 다음 구독 박스가 도착하길 기다리는 사람이 더 많았던 것으로 보인다. 게다가 유명 트레이너나 축구선수에게 제품 선별을 부탁하려면 대가를 지불하지 않고는 불가능했을 소지가 크다. 이래저래 아디다스의 구독 서비스는 확실한 수익모델이었다기보다는 돈을 많이 들인 마케팅에 그친 셈이고, 당연히 오래가기는 어려웠다.

4 충성고객 확보: 대체할 수 없는 경험을 제공하라

구독 서비스의 궁극적 목적은 무엇일까? 바로 충성고객을 최대한 많이 확보하는 것이다. 리테일(유통) 산업에 판도 변화를 가져올 정도로 큰 성과를 거둔 이커머스 기업들의 사례를 통해 고객의 충성도를 어떻게 확보하면 좋을지 그 방법을 알아보자.

아마존, 징둥닷컴(JD.com),[14] 쿠팡 같은 이커머스는 리테일을 단순 판매업에서 서비스업으로 변화시키는 혁신을 주도하며 리테일 업계에서 특정 기업이 확보하기 어려웠던 '고객충성도'를 성공적으로 구축했다.

모두가 그렇지는 않겠지만, 사람들이 대형마트를 이용하는 이유는 대체로 눈으로 직접 물건을 확인한 뒤 구매하고 싶거나 단순히 장을 보는 것 외에 가족 외출의 기회로 삼고 싶어서다. 그렇다면 이때 A마트를 갈 것인가, B마트를 갈 것인가를 선택하는 기준은 무엇일까? 집에서 가까워서, 또는 매장 분위기가 마음에 들어서, 간혹 내가 선호하

---

14 알리바바와 함께 중국 최대의 이커머스 업체 중 하나이다.

는 제품이 있어서 등등일 것이다. A마트를 이용하다가 이사를 가서 너무 멀어졌다면, 대다수 사람은 가까운 마트로 바꾼다. 그동안 쌓은 포인트는 마음먹고 한번 가서 소진하면 되니까 말이다.

그러나 만약 내가 어디를 가든 어디에 있든 집 앞으로 배송해주며 수만 가지 상품을 쉽게 검색할 수 있는 이커머스 서비스를 이용하기 시작했다면 어떨까. 쉽사리 다른 서비스로 이동하지는 않을 것이다. 그래서 대형마트들도 꽤 오래전부터 온라인 사이트와 자체 배송 서비스 강화 노력을 기울여왔다. 그런데 이커머스 고객들은 단지 꾸준히 이용하는 데 그치지 않는다. 그들은 기꺼이 이커머스 기업의 회원이 되고 유료 멤버십에 가입해 돈을 내고 다양한 서비스를 이용한다. 왜일까?

번들링 제공으로 회원을 서비스에 단단히 묶다

이커머스 업체들은 태생이 인터넷 기업이다. 이들은 디지털 서비스를 확보하여 멤버십 혜택에 추가하는 데 아주 능하다. 결과적으로 '별게 다 가능한 멤버십'을 만들어내는데, 특히 아마존 프라임 멤버십 서비스는 이 방면에서 독보적이다.

아마존 프라임 멤버는 아마존의 일반 고객이 누리는 혜택(최저가, 빠른 배송 등)에 더해 항상 '추가 혜택'을 받는다. 추가 할인은 물론이고 무제한 무료 2일 배송, 1만 개 이상 도시에서는 당일배송과 2시간 배송(프라임 나우) 혜택까지 제공받는다. 여기에 각종 디지털 콘텐츠(비디오 스트리밍, 음악, 클라우드 서비스, 전자책 등) 이용도 가능하다. 프라임 멤버만이 누리는 배타적 혜택도 있다. 아마존이 새로운 서비스를 시도할 때 프라임 멤버에게 무료로 제공해 테스트를 해보는데, 프라임 멤버 입장에서는 이것도 하나의 특전이다. 버튼만 누르면 물건의 주문과 결제가 자동으로 이루어지는 아마존 대시 버튼(Amazon Dash Button)[15]이나 인공지능 스피커인 아마존 에코(Echo) 등도 처음에는 프라임 멤버에게만 무료로 제공되었다. JP모건(JP Morgan)의 분석 결과에 따르면 아마존 프라임 멤버십 고객은 연간 784달러의 가치를 누리는 것으로 파악되는데, 이는 연회비 119달러를 압도적으로 초과하는 가치이다.[16]

중국의 징둥닷컴과 우리나라의 쿠팡도 아마존 멤버십과 유사한 서비스를 제공한다. 징둥닷컴은 2016년에 프리미엄 멤버십 '징둥 플러스(JD Plus)'를 시작했는데 2019년 3월 기준으로 론칭 3년 만에 가입자가 1,000만 명을 넘었다. 징둥 플러스 서비스의 기본 혜택은 징둥닷컴의 포인트인 '징더우(JingDou)'의 높은 적립률, 특별 가격 및 배송 서비스, 24시간 고객센터 이용 가능 서비스 등이며, 징둥은 여기에 외부 기업과의 제휴를 통해 다양한 혜택을 추가했다.

예를 들면 중국 온라인 비디오 스트리밍 서비스인 아이치이(iQiYI)의

---

15 '아마존 대시 버튼'은 이후 소비자용으로 판매되다 생산이 중단되었고 '아마존 대시 리플레니시먼트(Amazon Dash Replenishment)'라는 버추얼 서비스로 바뀌었다. 예전 아마존 대시 버튼은 물리적으로 눌러 주문을 하는 디바이스지만 아마존 대시 리플레니시먼트는 프린터 같은 제품에 소프트웨어 설정을 통해 토너가 자동 주문되는 기능을 심는 방식이다. 그리고 '대시 스마트 셸프(Dash Smart Shelf)'라는 팬트리 자동 주문 서비스도 추가되었다. 말 그대로 스마트 선반인데, 선반 형태의 하드웨어에 특정 물건을 올려놓으면 사용에 따라 감소하는 무게를 감지하고 일정 무게 이하로 떨어지면 자동으로 주문하는 방식이다.

16 "Here's the Actual Dollar Value of Amazon Prime" (2018. 5. 22). *BusinessInsider*.

VIP 멤버십, 월마트 계열의 대형 할인매장 샘스클럽(Sam's Club) 멤버십, 공항 VIP 라운지 이용 등의 서비스, 그리고 중국 최대의 지식 플랫폼 즈후(Zhihu) 프리미엄 멤버십 혜택 등이 함께 제공된다. 즈후는 전자책, 온라인 강연, 유료 컨설팅 등 다양한 지식 콘텐츠를 제공하고 있다. 징둥은 여기에 라이프 스타일과 금융 관련 서비스를 지속적으로 추가하고 있다.[17] 또한 프리미엄 회원에게 가격 보장(특정 제품 가격 변동 시 가격 차에 대해 환불), 보증 기간 연장과 운송비 보험 등 제품 구매 후 서비스, 제품 설치와 신제품 무상 교환 서비스 등 리테일 경험을 높여주는 획기적 서비스를 제공하는 것이다.

한편 한국의 아마존이라 불리는 쿠팡은 신속배송, 정기배송 등의 서비스에 대해 별도 요금을 부과하지 않다가 2018년 '로켓와우'라는 유료 멤버십을 출시했다. '로켓와우' 회원들은 2022년 1월 현재 월 4,990원에 당일/익일 배송(로켓배송) 무료, 신선식품 새벽배송(로켓 프레시), 추가 할인, 무료 반품 등의 혜택을 받는다. 여기에다 OTT 서비스 '쿠팡 플레이'를 무료로 이용할 수 있다. 2021년 말 기준으로 로켓와우 회원은 500만 명을 넘어섰다.

이렇듯 이커머스 업체의 번들링 멤버십은 구독료를 크게 상회하는 가치를 제공하고, 구독료 변화 없이 새로운 혜택을 추가함으로써 회원들을 서비스에 단단히 묶어두고 있다.

---

17 "징둥닷컴 프리미엄 멤버십, 서비스 가입자 1,000만 명 돌파" (2019. 3. 21), 한국경제TV.

이커머스 기업 서비스의 핵심, 신속·정기배송 장악

이커머스 업체들은 배송 서비스를 혁신함으로써 오프라인 리테일 업체와 제조업 등 두 업계가 해내지 못한 일, 즉 고객충성도 구축에 성공했다. 당일이나 늦어도 다음 날까지 배송해주는 신속배송 서비스, 정해진 날짜에 지정한 물건을 정확히 배송해주는 정기배송 서비스를 이용하기 위해 고객들은 아마존과 쿠팡을 찾는다.

아마존이나 쿠팡은 신속배송과 정기배송을 위해 어마어마한 비용을 투자해 자체 배송 체계를 수립하고 물류 네트워크를 구축했다. 직접 구매(사입)한 물건이나 3자가 판매하는 물건 재고도 자사 창고에 보관하며 안정적 배송 서비스를 제공했다.

아마존은 2021년 11월 기준 미국 내에 110개, 미국 외 전 세계에 185개의 풀필먼트센터(fulfillment center)를 가지고 있으며, 코로나19로 예상보다 더 빠르게 확대된 이커머스 시장 장악을 위해 미국 전역의 도시와 교외에 약 1,500개의 소규모 물류 창고를 지을 계획이라고 밝힌 바 있다. 아마존은 현재 자체 시스템을 통한 배송이 67%에 달하며, 미국 인구 72%는 아마존의 당일배송 서비스를 이용할 수 있다. 계획대로 물류 창고 건설이 진행된다면 아마존의 자체 배송 비중은 무려 85%에 이를 것으로 보인다.

여기에 더해 아마존은 고객들의 구매 데이터를 바탕으로 어떤 물건을 미리 사입해둘지 파악하는 예측배송(anticipatory shipping) 시스템, 물류 창고에서 빠르고 정확하게 물건을 나르는 키바(KIVA) 로봇, 자동 주문이나 음성 주문이 가능한 아마존 대시와 에코(Echo), 배송 드론 아마존 프라임 에어(Amazon Prime Air) 등 최첨단 기술을 활용해 물류와 배송 시스템을 신속하고 정확한 배송에 최적화시키고 있다.

쿠팡도 마찬가지다. 지난해 쿠팡은 CNBC 선정 글로벌 최고 혁신 기업 2위에 올랐는데, 코로나19 사태로 급증한 주문에도 첨단 물류 시스템을 통해 고객과의 배송 약속을 지켰다는 점이 크게 작용했다. 쿠팡도 전국 30개 도시에 100개 이상의 물류 창고를 구축하고 직매입한 제품들을 신속배송이나 정기배송 서비스로 제공하고 있다. 쿠팡이 직매입하는 상품 종류는 600만 건이 넘는데, 신속배송과 정기배송이 가능한 제품군을 늘리기 위해 직매입하지 않는 상품에 대해서도 로켓제휴라는 서비스를 제공하고 있다. 상품을 쿠팡 플랫폼에 올려놓고 판매하는 업체들이 쿠팡과 제휴해 쿠팡의 신속배송 시스템을 통해 물건을 고객에게 배달하는 것이다. 쿠팡은 미국 뉴욕 증시에 상장하며 조달한 5조 원에 달하는 신규 자본 역시 상당 부분을 물류 시스템 확대와 고도화에 투자할 계획이라고 밝혔다.

아마존의 정기배송 서비스인 서브스크립 앤드 세이브(Subscribe & Save)나 쿠팡 정기배송 서비스는 이커머스 플랫폼의 장점인 다양한 제품 구색과 묶음 할인을 내세워 고객을 묶어놓고 있다. 생필품, 육아용품, 영양제 등 수만 종 상품에 대해 정기배송 서비스를 제공하고 묶음 할인, 정기배송 주기 선택, 배송 건너뛰기나 서비스 해지 상시 가능 등 부가 서비스를 제공한 덕분이다.

사실 정기배송 서비스 제품에서는 생필품이 차지하는 비중이 가장 크다. 생필품은 사용하는 제품이 자주 바뀌지 않고 제품 간 차별화 수준도 높지 않아 한번 제품을 선택하고 잊어버리면 되는 정기배송 서비스에 매우 적합하다. 생필품 정기배송 서비스는 다양한 제품을 취급하는 이커머스 업체에서 이용하는 고객들이 많은데, 여기저기 가입하고 따로 결제할 필요 없이 한곳에서 다양한 제품의 정기구매를 신청할 수 있고 정기배송 제품을 추가하거나 삭제하기도 편하기 때문이다. 우리나라에서는 쿠팡이 2015년에 정기배송 서비스를 가장 먼저 시작했고 뒤이어 시장성을 확인한 이마트도 동일한 서비스 제공을 시작했다.

상황이 이렇다 보니, 고객과의 직접적 채널(D2C 채널)이 없는 제조사들은 수천만 회원을 보유하고 자체 배송 네트워크까지 구축해놓은 이커머스 플랫폼과 밀고 당기기를 하기도 한다. 고객은 정기배송을 통해 이커머스 업체에 록인이 되지, 제조사에 록인이 되는 것은 아니기 때문이다. 아무래도 제조사 입장에서는 이커머스 플랫폼의 정기배송 서비스에서 눈에 띄기 위해 광고비를 내고 상위에 노출되든지 가격 할인을 큰 폭으로 해주는 수밖에 없다.

이런 일도 있다. P&G(Procter & Gamble Co.)[18]가 지난해 새로운 세제 패키지를 선보였는데 기존 플라스틱 통 대신 골판지 상자에 담아 꼭지를 달았다. 명분은 환경 보호이지만 아마존의 눈치를 본 것이라는 평가가 지배적이었다. 아마존 입장에서 세제는 무겁고 커서 배송에 비용은 많이 들고 돈은 얼마 안 남는 제품이다. 그래서 아마존이 창고나 트

---

18 1837년에 설립된, 미국의 소비재 다국적기업으로, 비누, 샴푸, 칫솔, 기저귀 등 다양한 제품을 제조하고 판매한다. 대표적 제품 브랜드로는 섬유 탈취제 페브리즈, 섬유 유연제 다우니, 샴푸/린스 팬틴, 생리대 위스퍼 등이 있다.

P&G의 대표 세제 브랜드 타이드의 새로운 패키지. 플라스틱 용기에서 적재와 배송이 보다 용이한 골판지 상자로 바뀌었다.
자료: 〈https://us.pg.com〉

럭에 차곡차곡 쌓아두기 쉽도록 바꿨다는 것이다. 184년 역사를 자랑하는 P&G가 아마존의 눈치를 본 것이다.

하지만 제품 경쟁력과 안정적 배송이 가능한 일부 기업들은 자체 정기배송 서비스를 출시하며 이커머스 업체에 빼앗긴 고객을 되찾아오고 있다. 생수 시장이 대표적인데, 앞서도 이야기한 것처럼 우리나라 생수 시장 1위를 차지하고 있는 삼다수가 자체 앱을 출시하며 정기배송 서비스를 시작했으며 롯데칠성의 아이시스, 농심의 백산수도 정기배송 서비스를 제공하고 있다. 이들은 쿠팡이나 이마트 온라인몰을 통해 여전히 생수를 판매하지만 정기배송은 자체 앱을 통해서만 제공한다.[19] 재미있는 점은 구독으로 빼앗긴 고객을 구독으로 되찾고 있다는 것이다.

---

19 "[물 만난 생수] 정기배송으로 '1조' 생수 시장 훨훨…물 값은" (2020. 7. 10), 《이데일리》.

온라인 플랫폼으로 수집되는 고객 데이터 활용

이커머스 업체들은 오프라인 리테일 업체들과 비교가 되지 않을 정도로 양이 어마어마하고 내용이 디테일한 고객 정보를 수집한다. 이 데이터가 가지는 의미는 매우 크다. 고객들은 이커머스 플랫폼에 들어가 시간을 보내며 제품을 검색하고 장바구니에 담았다 뺐다 하며 구매를 진행한다. 어떤 제품은 한 번 클릭으로 끝나기도 하고 어떤 제품은 상세 정보를 한참 들여다보기도 한다. 구매 후 불만이나 좋았던 점을 남기기도 한다. 이 모든 것이 기록으로 남을 뿐 아니라 이에 대한 다양한 방식의 분석이 가능하다. 어떤 기록은 한 개인의 구매 이력과 선호도 데이터로 분석되고, 어떤 기록은 특정 페이지에서 고객들의 주요 불편 사항으로 분석된다. 그렇기 때문에 이커머스 업체들은 이 데이터 분석을 바탕으로 고객에 대해 상당히 깊은 이해가 가능해지고, 이에 따라 제품을 추천하거나 서비스를 개선하고 새로운 서비스를 추가할 수도 있다.

아마존과 쿠팡은 정기배송 신청률이 높은 제품군의 PB(Private Brand) 상품을 개발하고 고객들의 구매 전환을 유도하기도 한다. 쿠팡의 경우 PB 브랜드 '탐사(Tamssa)'가 무려 생수, 세탁세제, 화장지 등 53개 제품군을 보유하고 있다. 쿠팡은 고객의 상품평 및 불만 사항 등을 분석해 가격과 제품 디자인, 속성 등에 반영한다. 특히 사람들이 자주 구매하거나 정기배송으로 많이 등록하는 제품을 PB로 만들고 사람들의 후기를 PB 제품 출시에 그대로 반영한다. 결국 사람들이 정기배송을 하는 제품을 쿠팡 PB 제품으로 선택하도록 유도하는 것이다.

또한 이들은 빅데이터에 기초한 물류관리로도 유명하다. 과거의 고객 주문 히스토리를 분석해 주문량이 많은 물건은 물류 창고에 재고를 많이 두고 주문이 많지 않거나 빈도가 낮은 제품은 재고량을 줄이는 것이다. 아마존은 여기에 더해 '예측배송'까지 한다. 예측배송을 한다는 것은 전체 고객이 아닌 개별 고객의 구매 패턴까지 정교하게 분석한다는 의미이다. 장기간 축적해온 개별 고객의 데이터를 분석해 구매 패턴, 즉 자주 구매하는 물건과 빈도 등을 파악하고 고객이 살 가능성이 높고 살 때가 임박한 물건을 예측해 미리 고객 주소지 인근 물류 센터에 가져다놓는 것이다. 아마존은 바로 이런 방법으로 신속배송 서비스 가능 범위를 확대할 수 있었다.

물 흐르듯 편리한 구매 과정과 높은 적립금

이커머스 업체들은 온라인 플랫폼의 장점을 십분 활용해 고객들을 끌어들인다. 그 방법 중 하나가 간편결제 시스템이다. 아마존이든 쿠팡이든 앱에 결제 수단과 주소를 한 번만 등록해두면 '구매하기' 버튼을 누르는 순간 모든 과정이 완료된다. 쿠폰이나 적립금 활용도 클릭한 번으로 쉽게 할 수 있다. 카드를 꺼내서 번호를 입력할 필요는 없다. 또 자체 페이(pay) 서비스를 만들어 온라인상에 현금을 충전해두고 사용하게끔 한다.

자체 페이 서비스로 결제하면 더 높은 포인트 적립 혜택을 제공하며 수수료 없이 인출도 가능하다. 아마존이나 쿠팡이 제공하는 간편결제

시스템과 적립금 혜택은 고객들이 이들 서비스를 계속해서 이용하게 만드는 훌륭한 수단이다.

이커머스 업체들이 멤버십 회원들에게 제공하는 또 다른 가치는 '전용 딜'과 '특가'이다. 이 역시 온라인이기 때문에 더 편리하게 이용할 수 있도록 제공된다. 즉 오프라인 리테일 업체가 제공하는 특가나 '오늘의 딜'은 정해진 시간에, 그 장소에 가야만 혜택을 받을 수 있는 반면 이커머스가 제공하는 특가 혜택은 그 시간에 앱만 켜면 이용할 수 있다.

아마존은 특가 상품 판매 페이지(라이트닝 딜)를 프라임 회원에게 30분 먼저 오픈하는 혜택을 제공한다. 이 밖에도 매년 7월에는 멤버십 회원 전용 할인 행사인 '아마존 프라임데이'를 연다. 아마존은 2020년 아마존 프라임데이에서만 104억 달러(약 11조 9,000억 원)의 매출을 올렸는데, 이틀간 이어진 할인 행사를 통해 프라임 멤버가 혜택을 받은 금액은 14억 달러(약 1조 6,000억 원)에 달한다.[20] 또한 쿠팡은 매일 한정 시간, 한정 수량만 할인해 판매하는 골드 박스라는 코너를 운영하는데 로켓와우 회원은 추가 할인을 받아 최대 80%에 이르는 할인 혜택을 받을 수 있다.

아마존과 쿠팡 그리고 징둥 등 이커머스 업체들의 이러한 노력은 모두 고객을 자사 서비스에 록인하기 위함이고, 실제로 대성공을 거두고 있다. 유료 구독 회원들은 일반 회원에 비해 많은 혜택을 받는 만큼 훨

---

20 "Amazon Prime Day 2020 Stats, Recap, & Results" (2020. 10. 19). ROI Revolution.

씬 더 큰 금액을 소비하고 매출에 점점 더 기여하고 있다. 향후 이 기업들의 노력이 무엇이건, 그 목적은 유료 회원을 늘리고 유지하는 데 있을 것이다.

구독 서비스와 지속가능 경영은
어떻게 연관될까?

구독 서비스 업체들 중 일부는 환경 보호와 지속가능 경영에 대해 전보다 더 큰 압박을 받게 되었다. 예를 들어 가구나 전자제품의 렌탈 구독 서비스를 제공하는 업체들은 구독이 종료된 이후 제품 처리까지 담당해야 하므로 처리할 제품을 줄이는 것과 처리 과정에서 환경에 미치는 악영향을 줄이는 것 등을 과제로 안게 되었다. 또 정기배송 서비스가 많아지면서 자주, 많이 발생하는 포장재에 대한 사회적 우려도 높아지고 있다.

기업들은 다각도에서 해결 방법을 모색 중이다. 우선 가구나 가전 업체들은 일반 가정에서 구독이 끝난 제품을 폐기하지 않고 중고로 재판매하거나 주택 외 공공기관이나 지하철 역사 등 공용 공간에 다시 렌탈하는 방식으로 제품의 수명을 늘리고 있다. 가전이나 가구는 다른 제품에 비해 중고 시장이 활성화되어 있는 편이며 공용 공간은 중고 제품에 대한 거부감이 덜하고 일반 가정에 비해 사용 빈도가 높지 않기 때문에 성능이나 기능이 좀 더 오래 유지될 수 있다.

일본의 라이프 스타일 브랜드 무지(MUJI)는 2019년 가구 브랜드 이데(IDEE)와 협업해 가구 구독 서비스를 시작할 것이라고 발표했다. 이 자리에서 CEO 마쓰자키 사토루(松崎曉)는 구독 서비스를 시작하는 이유가 창업 시부터 중요하게 생각해온 환경 친화적 브랜드를 만들기 위한 것이라고 밝히기도 했다. 이러한 목표에 따라 무지는 가구 구독 기간이 종료되면 제품을 수거해 수리하고 세척하여 다시 구독 서비스로 제공하거나 중고로 판매하는 방식의 재사용 시스템을 구축하고 있다. 그리고 가구의 마모 부분이나 쉽게 고장 나는 부분 등을 보면 고객들이 가구를 사용하는 습관을 알 수 있으므로 이를 분석해 더 튼튼하고 오래 사용 가능한 가구를 제작하겠다는 포부도 가지고 있다.

구독에 공유 개념을 결합할 수도 있다. 구독 기간을 짧게 하고 그 대신 다른 사람이 쓰던 것을 구독하도록 해 자원을 순환시키는 것이다. 한국의 가구 구독 서비스 제공 업체인 이해라이프스타일(2HAE Lifestyle, 서비스의 명칭은 '미공')은 이 전략을 좀 더 실행 가능하도록 만들기 위해 아파트 커뮤니티와의 협업을 진행하고 있다. 아파트는 평면 구조나 층고, 창문 폭 등이 동일해 같은 가구를 배치하기 용이하고 아파트 단지 내에서는 이동도 비교적 쉽다. 여기에 착안해 이해라이프스타일은 커튼이나 조명갓 등 인테리어 소품을 순환 구독하는 아이디어도 생각하고 있다.

수명이 다한 가구를 소각해 폐기하는 과정에서도 환경오염을 줄이기 위한 아이디어 도출이 한창이다. 가구를 만들 때 원목 대체재로 많이 쓰이는 MDF는 톱밥을 접착제로 붙여 만들기 때문에 폐기 시 태우는 과정에서 엄청난 환경호르몬이 나온다. 이해라이프스타일은 이를 대체할 수 있는 재료로서 커피 찌꺼기나 볏짚 등을 연구하고 있다.

정기배송 업체 또한 지속가능 경영 및 환경보호를 위한 노력을 기울이고 있다. 맞춤 화장품 제조 및 구독 서비스를 제공하는 톤28은 재활용이 가능한 종이 패키지에 화장품을 담아 보내준다. 유리나 플라스틱 병에 담긴 화장품보다는 세워놓거나 사용하는 데 불편을 줄 수 있지만 고객들은 오히려 매달 받아보는 화장품이 환경 친화적 용기에 담겨 온다는 것에 뿌듯함을 느끼며 안심하게 된다. 톤28은 종이 포장재를 사용함으로써 화장품 성분은 안정적으로 지키면서 플라스틱 섭취로 죽어가는 동물들까지 구하고 있는 셈이다. 톤28 홈페이지에는 '우리가 살린 동물 수', '우리가 줄인 플라스틱 병수'가 실시간 집계·게시되어 그 성과를 고객과 공유하고 있다.

톤28 홈페이지에서 공유되고 있는 '우리가 살린 동물 수'와 '우리가 줄인 플라스틱 병수'.
자료: 〈https://www.toun28.com/mission〉

5 현지화:
사회·문화적 차이를 고려하라

현지화는 구독 서비스에서도 반드시 고려해야 할 전략이다. 밀키트의 경우 우리의 식문화에 맞게 배달 가능한 제품의 범위를 넓히며 한국에서 자리를 잡을 수 있었다. 반면, 한국에서 성공한 구독 서비스라해도 해외에서의 성공이 보장되는 것은 아니다. 우리나라에서 보편화된 방문관리 서비스의 경우 국토 면적과 인건비, 인구 밀접도 등의 조건이 적합해야 한다. 사회적 인식과 문화적 차이에 대한 고민도 필요하다.

우리나라는 밀키트보다 반찬 정기배송?

우리나라는 해외에 비해 밀키트 시장이 조금 늦게 개화했다. 최근 들어 대형마트나 온라인 커머스에서 밀키트 제품을 팔기 시작했지만 밀키트만 정기배송으로 제공해주는 서비스는 여전히 찾아보기 어려운데, 이는 미국 등 서구인과 동양인인 우리의 식습관과 식문화에 근본적으로 차이가 있기 때문이다.

우리는 밥과 반찬을 같이 먹는 식문화가 강하다. '흰 쌀밥에 김치, 스

X 한 장'이라는 광고 문구가 있을 정도로 일단 밥솥 안에 밥만 있으면 반찬 한두 가지, 국 한 그릇으로도 끼니가 된다. 요즘 자주 쓰는 '집밥'이라는 단어도 거창한 요리를 가리키는 느낌은 아니다. 따뜻한 밥에 정갈한 반찬 몇 가지, 김이 모락모락 나는 국, 여기에 생선 한 토막이면 집밥의 로망이 완성된다. 그러므로 '만들어진' 반찬이 있기만 하면 된다. 국은 데우면 되고 밑반찬은 포장을 뜯어 그릇에 담아 먹으면 된다. 종류도 다양하다. 그래서 우리나라 정기배송 시장은 사실 반찬 정기배송이 주류를 이루고 있으며 그 안에 밀키트가 하나의 옵션, 카테고리로 들어가 있는 경우가 많다.

그중 한국야쿠르트의 서비스가 눈에 띈다. 한국야쿠르트는 2014년 프레시 매니저(일명 야쿠르트 아주머니)들에게 냉장고가 달린 전동카트 '코코(Cold & Cool을 의미)'를 보급하며 야쿠르트 배달의 새 지평을 열었다.[21] 코코는 배달원들의 기동력과 배달 범위를 획기적으로 넓혀주었을 뿐 아니라 배달 가능한 제품의 종류와 양까지 이전과는 비교도 안되게 확대시켰다. 한국야쿠르트는 이 전동카트를 통해 반찬 배달로 사업을 확장할 수 있었으며 이제는 밀키트, 샐러드, 죽, 베이커리, 유제품, 건강기능식품 등 다양한 식품을 정기배송한다.[22] 반찬에 밀키트, 베이커리, 그리고 이미 다수의 가정에서 배달받고 있는 우유나 야쿠르

---

21 이 이야기가 2020년 11월 《뉴욕타임스》에 소개되기도 했다. 기사 제목은 "'Yogurt Ladies' of South Korea Deliver More Than Dairy".

22 한국야쿠르트는 2020년 11월에 잇츠온 반찬 배송 서비스를 확장해 프레딧(Fredit)이라는 브랜드를 론칭했다. 건강과 유기농, 비건, 친환경 콘셉트로 화장품, 생활용품, 식품을 판매하는데, 식품에 반찬, 밀키트, 샐러드, 베이커리, 유제품, 건강기능식품 등 다양한 카테고리가 포함되어 있다.

트 등의 음료를 모두 취급하다 보니 고객이 선택할 수 있는 식단의 폭이 넓다. 거기에다 샐러드와 유제품으로 구성된 다이어트 건강 맞춤 식단도 제공한다.

한국야쿠르트의 사례는 주목할 만하다. 우리나라에서 밀키트 상품만을 가지고서 정기배송으로 시장을 확대하기가 어렵지만, 그 범위를 반찬으로 확장하여 이른바 '반찬 밀키트'로 포지셔닝을 한다면 다양성 확보라는 측면에서도 아주 좋은 전략이 될 것으로 보인다.

일본과 미국에서는 왜 가전 점검 서비스 구독이 자리 잡기 어려울까?

제품 렌탈과 정기 방문관리 서비스를 구독으로 제공하는 형태를 흔히 '한국형' 가전 구독 서비스라고 부른다. 이런 호칭이 생겨난 까닭은 이러한 형태의 서비스가 애초 우리나라에서 생겨났고 지금도 우리나라에서 가장 활발하게 이루어지고 있어서다. 물론 해외에서 성공한 사례가 없지는 않다. 코웨이의 경우, 말레이시아에 진출해 성공을 거두고 있다.

그렇다면 유독 우리나라에서 지금과 같은 형태의 가전 구독 서비스가 뿌리를 내린 이유, 그리고 말레이시아에서 예외적 성공을 거두고 있는 까닭은 무엇일까? 단적으로 말하자면 깨끗한 물에 대한 니즈가 강하다는 점, 방문관리 서비스가 이루어지기에 적합한 환경과 조건이라는 점을 들 수 있다. 즉, 인건비가 상대적으로 저렴하고 국토 면적이 좁은 편이며 인구밀도가 높기 때문이다.

코웨이도 이 점을 전략에 반영해 인건비가 비싸고 넓은 국토 면적 때문에 하루에 몇 집씩 방문해 점검 서비스를 제공하기가 불가능한 북미 지역에서는 정수기도 셀프케어 형태로 출시하고 AI 스피커와 연계하거나 AI 기능을 제품에 탑재해 필터 교체 시기를 알려주는 등 서비스와 기능을 현지화하고 있다. 더욱이 미국을 비롯한 서구권에서는 웬만한 건 직접 사다 끼우고 고치는 문화가 있어 이런 지역에서는 방문 서비스보다는 필터 정기배송 서비스가 적합해 보이는 것이 사실이다. 여기에다 정기배송을 결합할 수 있는 상품을 주력으로 프로모션한다면 효과적인 전략일 것이다.

한편, 사회·문화적 특성도 비즈니스에서는 매우 중요한 고려 사항이다. 2019년 가을, 필자는 일본에서 민간 경제연구소 연구원들과 이야기할 기회가 있었다. 한국에 가전 렌탈과 케어 솔루션 같은 방문관리 서비스가 있다는 이야기를 들은 그 연구원들은 깜짝 놀라며 큰 관심을 보였다. '일본에는 없는 비즈니스'라는 것이었다. 인구 고령화 정도가 우리나라보다 심한 일본에는 노인 가구가 많고, 노인 가구를 불쑥 방문해 에어컨 등을 수리해야 한다며 거금을 청구하는 일종의 사기 사건이 왕왕 있어 모르는 사람의 방문을 꺼린다고 했다. 그럴수록 누구나 아는 대기업이 서비스 계약을 맺고 정해진 날짜와 시간에 방문하면 도리어 서비스를 안심하고 받을 수 있지 않겠느냐는 설명에 그 자리에 있던 연구원들이 "나루호도(なるほど~: 정말 그렇겠네요)"라고 맞장구를 쳐주었다. 그렇지만 사회·문화적 특성은 하루아침에 변화하는 것이 아니기에 아무리 대기업이라 할지라도 일본에서 그 일을 시도하기란 현실적으로 쉽지 않을 것이다.

7장

구독경제의
미래

구독 모델은 기업들의 사고방식과 비즈니스 방식을 바꾸고 있다. 이러한 변화의 핵심은 기업들이 구독 모델을 도입하고 실행하는 과정에서 소비의 중심이자 주체인 고객에게 눈을 돌리고 제대로 집중하게 된다는 점에 있다. 그 보상은 예측이 가능한 안정적 매출과 충성고객이다. 구독 모델을 통해 소비자는 이전에 경험해보지 못한 새로운 가치를 끊임없이 제안받는다. 그것은 비용 측면의 혜택일 수도 있고 맞춤 서비스의 편리함 또는 지속적 즐거움과 새로움일 수도 있다. 구독 모델은 이렇게 기업과 소비자 양쪽 모두의 지지를 받으면서 빠른 속도로 영역을 넓혀가고 있다.

미래 기술의 화두 '디지털 세상으로의 전환' 또한 구독 비즈니스 모델의 보편화와 맞닿아 있다. 디지털 콘텐츠, 디지털 화폐 등 디지털 재화가 점차 늘어나고 있으며 자동차, 에어컨, 냉장고, 심지어 운동화에도 센서가 부착되어 실시간으로 데이터가 수집되고 전송된다. 실제(물리) 세상과 가상(사이버) 세상의 구분이 모호해지고 디지털 공간에서의 소비가 증가하는 상황에서 디지털 콘텐츠의 주요 소비 방식인 구독 모델은 분명 주류가 될 것이다. 또한 '나'에 관해 말해주는 데이터가 기하급수적으로 많아지고 기업들이 이를 분석해 다양한 의미를 발견하여 '나'에게 꼭 맞는 서비스를 양산해내는 세상에서, 구독 모델이 제공하는 다양한 경험과 가치를 거부할 소비자는 거의 없을 것이다. 이처럼 이미 일어나고 있는 변화와 몇 가지 단서를 통해 구독 모델의 미래 기회를 살펴보자.

1

스마트화,
구독 서비스가 가진 확장성에 주목하다

자동차는 구매 외에도 리스, 장단기 렌탈, 공유 등 다양한 소비 방식이 존재하는 제품이다. 그런데 여기에 구독이라는 비즈니스 모델이 추가되었다. 자동차 업계뿐 아니라 여러 시장조사 기관에서는 우버의 공유 비즈니스 모델로 한번 흔들렸던 자동차 산업이 구독 모델로 더 큰 변화의 바람을 맞을 것이라고 전망하고 있다. 구독은 리스나 렌탈, 공유와는 다르게 소유를 대체할 만한 파워가 있다는 판단에서다.

자동차 업계에 부는 바람: 구독경제와 자동차의 미래

미국의 컨설팅 업체 프로스트 앤드 설리번(Frost & Sullivan)은 '유연한' 구독 모델이 향후 자동차 구매의 대세로 떠오를 것이라고 예측한다. 2026년경에 이르면 미국과 유럽의 신차 5대 가운데 1대는 구독형 모델이 될 것이고, 이런 흐름은 완성차 업체 딜러, 유지·보수 회사, 보험사, 스타트업 등 다양한 업계에 영향을 줄 것으로 내다보고 있다. 이미 글로벌 자동차 기업들 대부분이 자사의 자동차 구독 서비스를 내놓고 있는 모습이 아무래도 심상치 않다.[1]

자동차 구독 서비스는 월정액에 원하는 자동차를 마치 소유하는 것처럼 마음껏 이용하는 것이다. 구독료에는 자동차 유지·관리비, 수리비, 보험료, 세금 등이 모두 포함된다. 필요에 따라 다양한 차종을 번갈아가며 이용할 수도 있다.

그동안 자동차를 생산해서 팔기만 하던 제조사들이 앞다퉈 구독 서비스에 뛰어드는 이유는 무엇일까? 일단 표면에서 읽히는 직관적 이유와 배경이 있다. 첫째, 자동차 제조업체들은 구독 서비스 제공에 필요한 모든 것을 이미 갖추고 있다. 자동차가 있고 영업사원이 있으며 각 지역 중심에 딜러숍(자동차 전시장)이 있다. 서비스센터도 있고, 중고차량 매매 시스템까지 완비했다. 자동차 제조사 입장에서 구독 서비스를 시작하는 것은 자동차를 소비자에게 제공하기 위한 옵션을 하나 더 늘리는 것으로, 어찌 보면 시도하지 않을 이유가 전혀 없는 서비스이다. 한 예로 토요타는 토요타 렌탈리스, 토요타 파이낸셜, U-car(중고차 판매) 등 기존에 운영하던 사업 관련 자원과 노하우를 그대로 구독 서비스에 활용하고 있다. 또한 기존 판매 채널을 활용해 고객 상담, 계약, 차량 인계 등을 지원하고 있다.

둘째, 치열해지는 자동차 산업의 경쟁 속에서 구독 모델 도입은 고객 확보를 위한 전략이기도 하다. 차량 공유 서비스 등 스타트업의 새로

---

1 BMW의 '액세스 바이 BMW(Access by BMW)', 메르세데스 벤츠의 '메르세데스 벤츠 콜렉션(Mercedes-Benz Collection)', 폭스바겐의 '드로버(DROVER)', 포드의 '식스티 플러스(SIXT+)', 캐딜락의 '북 바이 캐딜락(BOOK by Cadillac)', 제너럴 모터스(GM)의 'SMSi', 현대자동차의 '현대셀렉션'과 '제네시스 스펙트럼', 기아자동차의 '기아 플렉스', 토요타의 '킨토(Kinto)' 등이 있다.

운 비즈니스 모델로 인해 소비자들의 자동차 구매 욕구가 감소하는 데 대한 대응일 수도 있고, 구독 서비스를 통해 차량을 한두 달 정도 경험해보도록 유도해 잠재고객을 확보하려는 노력일 수도 있다. 또 자동차를 일단 판매하고 나면 고객을 마주할 접점이 거의 없어 충성고객을 만들기 어려운 환경에서 고객의 목소리를 직접 들을 수 있고 자주 만날 수 있는 서비스를 만드는 효과적인 방법일 수도 있다.

그러나 자동차 산업과 그 주변을 좀 더 들여다보면 자동차 제조사들은 사실 더 멀리 내다보며 미래를 대비하고 있음을 알 수 있다. 자동차 업계에는 지금 어떤 바람이 불어닥치고 있고 자동차 제조사들은 구독 서비스를 통해 무엇에 대응하고 있을까?

첫 번째 변화의 바람은 자동차 산업 내부에서 일어나고 있는데, 바로 자동차 업계의 가장 큰 화두인 커넥티드카와 자율주행차 기술이다. 이러한 기술의 발전은 자동차가 점차 바퀴 달린 전자 기기가 되어가고 있다는 의미이다. 자동차에서 음악, 영화, 쇼핑과 같은 다양한 디지털 서비스를 이용할 수 있고 드라이브 스루 매장을 지날 때 자동으로 결제가 되는 서비스도 가능해지고 있다. 소프트웨어 업데이트로 자율주행 같은 새로운 기능이나 서비스를 추가할 수도, 또 강화할 수도 있다.

이러한 서비스와 기능을 효과적으로 매출로 연결해주는 방법이 바로 구독 모델이다. 지속적으로 새로운 것이 출시되고 기능이 업그레이드되는 디지털 서비스나 자율주행 기능 같은 것은 가죽시트, 선루프처럼 차량을 구매할 때 한 번에 살 수 있는 옵션과는 다르다. 이용해보다가 취소할 수 있고, 새로운 것이 나오면 추가할 수 있으며, 수시로 업데이트도 해야 한다. 자동차 제조사들은 바로 이러한 서비스를 구독 서비스에 추가해나갈 생각으로 미리 구독 서비스 시장으로 뛰어들고 있는 것이다.

이미 테슬라(Tesla)는 실시간 교통정보, 위성지도 보기, 비디오 스트리밍 서비스, 인터넷 브라우저 서비스 등을 포함한 '프리미엄 커넥티비티' 구독 서비스를 월 10달러에 제공하고 있다. 2020년 6월에는 완전자율주행 패키지도 구독 서비스로 제공하겠다는 계획을 발표했다. 현재 완전자율주행 패키지는 자동차 구매 시 7,000달러에 옵션으로 판매되고 있는데, 이를 월 100달러 구독 서비스로 제공하겠다는 것이다. 모건 스탠리(Margan Stanley)는 테슬라가 "자율주행 자산을 완벽히 수익화한 유일한 업체"이며, 향후에는 "월 구독 서비스를 통해 수집되고 분석될 어마어마한 데이터에 기초해 새로운 서비스를 제안할 수 있다는 점에서 자동차 시장의 경쟁우위를 선점할 수 있을 것"이라고 평가했다.

두 번째 변화는 자동차 산업을 둘러싼 모빌리티 환경에서 이뤄지고 있다. 스마트 모빌리티[2] 시대가 도래하면서 MaaS, 즉 Mobility-as-a-Service 또한 최근 들어 큰 이슈다. 이동과 관련된 다양한 경험이 서비스화되고 또 서로 연결되고 있다. 이미 전동 킥보드 같은 1인 모빌리티 공유 서비스도 등장했고 택시, 버스, 전철, 기차, 비행기를 연

---

2 기존의 이동 수단에 ICT를 결합한 것으로 다양한 교통수단과 인프라를 통합하는 형태의 서비스 전반을 의미한다. 교통수단의 연결성이 강화되고 공유 교통이 확산되며 교통수단 선택이 다양화되어 미래 도시 교통체계에 큰 변화를 줄 것으로 예상된다. 스마트시티를 구성하는 주요 요소로 꼽는다.

결해 최적의 경로를 찾아주고 예약까지 해주는 서비스도 나왔다. 주거 공유 서비스와 차량 공유 또는 렌터카 서비스를 연결해주기도 한다. 로봇택시, 도심항공기 등 미래에는 교통수단의 형태가 다양해질 것이고 그럴수록 모빌리티 서비스도 다양해질 것이다. 자동차 제조사들은 이러한 미래 모빌리티 서비스 시장에서 소외되지 않기 위해 기존의 구독 서비스에 다양한 서비스를 연계할 뿐 아니라 새로운 구독 서비스 또한 속속 출시하고 있다.

토요타는 2017년 '킨토(Kinto)'라는 자동차 구독 서비스를 시작한 데 이어 2020년 1월에는 다양한 모빌리티 구독 서비스로 사업을 확장했다. 기업 회원을 대상으로 한 카풀 서비스 킨토 조인(Join), 회원 간 특정 차량을 공동 이용하는 카 셰어링 서비스 킨토 셰어(Share), 차량 호출 서비스인 킨토 라이드(Ride), 그리고 다양한 교통수단을 조합해 최적 경로를 제안하고 예약까지 완료해주는 킨토 고(Go) 등 서비스를 다양화했다. 현대자동차는 앞으로 현대자동차 구독 서비스인 현대 셀렉션에 세차나 주차와 같은 서비스를 추가하고 여행용 차량과 여행 패키지를 이용할 수 있는 옵션도 추가하겠다고 밝혔다. 차량 이용과 관련된 모든 경험이 구독 옵션에 추가될 수 있다는 점에서 구독 비즈니스 모델의 확장성은 매우 크다고 할 수 있다. 자동차 제조사는 바로 이 확장성을 보고 뛰어든 것이다.

이렇게 자동차 구독은 자동차 산업 내부와 외부에서 일어나는 변화를 수익으로 연결할 기회를 제공해준다. 그런 점에서 지금 자동차 구독 서비스의 승기를 잡는 기업이 향후 도래할 스마트카, 자율주행차 시대에도 고객 기반을 바탕으로 주도권을 잡을 확률이 높다. 전통 제조업에 새로운 활기를 불어넣고 있는 구독 서비스가 자동차 산업에서 어떤 확장성을 보여줄지 기대된다.

상시 서비스 건강관리: 아마존과 애플의 디지털 헬스케어

'운동을 해서 건강해지고 싶다', '살을 빼고 싶다', '요즘 스트레스를 받아 잠을 깊이 못 잔다' …. 얼마 전까지만 해도 우리는 이렇게 막연한 생각으로 운동을 했고, 잠을 잘 못자면 그저 스트레스로 원인을 돌리곤 했다. 전문적 관리를 받고 싶거나 불면의 정확한 원인을 알고 싶으면 그때는 퍼스널 트레이너나 의사를 찾았다. 피트니스 센터에서 체중과 체지방을 재보며 몸의 변화를 눈으로 확인하고 수면 상태를 검사하기 위해 뇌파, 호흡, 심전도 측정기와 코골이 마이크 등을 장착하고 하룻밤을 병원 검사실에서 보내야 했다.

그런데 이제 내 몸의 체지방량, 운동 중에 일어나는 다양한 변화, 잠 자는 동안 나의 상태, 하루 동안 일어나는 감정 변화까지도 내 손목에 차고 있는 웨어러블 기기를 통해 상시로 파악할 수 있다. 스마트 워치, 스마트 밴드 등 다양한 웨어러블 기기들이 첨단 기술력을 탑재하면서 신체 활동과 생체 신호를 점점 더 정밀하게 측정할 수 있게 된 것이다. 이렇게 헬스케어 데이터를 꾸준히 기록하고 분석해 관리해주는 기능은 몇 년간 제품 판매 외에 이렇다 할 수익 모델이 없었던 웨어러블 기기 업계에 구독 서비스 모델이 자리를 잡도록 도와주고 있다. 드디어 '기꺼이 돈을 지불하고 사용할 만한' 서비스들이 나타난 것이다.

아마존은 2020년 8월에 원격 건강관리 구독 서비스 '헤일로(Halo)'를 출시했다. 웨어러블 스마트 기기인 '헤일로 밴드(Halo Band)'로 체지방, 체온, 수면의 질, 기분 상태, 활동량 등을 24시간 측정하며 이를 활용한 행동 추적 기반으로 맞춤 서비스를 제공한다. 웨어러블 기기 가격은 99.99달러(출시 프로모션가 64.99달러)이고 월 3.99달러를 내면 차별화된 기능을 추가로 이용할 수 있는 멤버십을 운영한다.[3]

아마존은 자사의 클라우드·인공지능 기술을 활용해 차별화된 서비스를 구성하고 있다. 신체를 스마트폰 카메라로 촬영해 사진을 전송하면 3D 입체 이미지를 만들고 AI 알고리즘을 활용하여 체지방을 분석하고 이를 일자별로 제공한다. 단순 숫자 데이터 비교가 아닌 신체 이미지를 활용한 비교로, 몸이 변화하는 모습을 입체적으로 비교해보며 파악 가능하다는 장점이 있다. 또 밴드에 탑재된 2개의 마이크로 음성을 수집하고 목소리 톤을 분석해 사용자가 하루 동안의 감정 흐름을 되돌아보며 자신의 정서적 건강을 관리하도록 도와주는 기능도 있다. 하루 중 가장 긍정적인 감정으로 대화했던 순간, 부정적 감정으로 대화했던 순간을 요약해 보여주는 것이다. 이러한 이미지 및 음성 분석 기술은 그동안 아마존이 인공지능 스피커 에코[4]를 통해 축적한 데이터에 기반한 것이다.

이 과정에서 아마존은 디지털 헬스 분야의 주요 이슈인 프라이버시

---

3 첫 6개월은 무료이다. 한편 핏빗(Fitbit)에서 제공하는 유사 서비스 핏빗 프리미엄(Fitbit Premium)은 월 9.99달러이다. 핏빗은 스타트업으로 시작해 구글에 인수된 웨어러블 디바이스 기업이다.

아마존의 웨어러블 스마트 기기 헤일로 밴드와 이를 활용한 원격 건강관리 구독 서비스 헤일로의 활동 분석 화면.

자료: 〈https://www.amazon.com/Amazon-Halo-Fitness-And-Health-Band/dp/B07QK955LS〉

보호 기술도 적용했다. 일부 데이터는 클라우드로 전송되지만, 감정 분석을 위한 목소리 등 민감 데이터는 기기 자체에서만 분석된 후 삭제되도록 한 것이다.

아마존의 헬스케어 구독 서비스는 다양한 서비스를 계속해서 추가해나갈 것으로 보인다. 2018년 6월에 온라인에서 약을 유통하는 서비스 업체 필팩(PillPack)을 10억 달러에 인수한 바 있는데, 필팩은 만성 질병으로 장기간 약을 복용하는 고객들에게 주기적으로 약을 배송하는 서비스이다. 고객 의료 데이터에 기초해 자동으로 약을 분류하고

---

4 아마존 에코는 다양한 크기와 버전이 있으며, 그중 에코 쇼(Echo Show)에는 패션 추천 및 쇼핑 연결을 위한 카메라와 스크린이 장착되어 있다.

배송될 약이 고객 정보와 일치하는지 처방전을 확인한다. 또 인공지능을 활용해 고객에게 약이 필요한 시점을 계산하고 그 시점에 맞게 약을 추가로 배송해주는 시스템을 갖추었다. 아마존은 필팩을 인수하면서 'Amazon Pharmacy'라는 상표권 등록까지 마쳤는데, 이를 헤일로 서비스와 연계할 가능성이 매우 높다. 만성 질환자들의 건강을 관리해주는 서비스를 헤일로에 추가할 수도 있고, 질병이 없는 사람들에게도 영양제나 건강보조제 등을 정기배송 방식으로 제공해줄 수 있다.

아마존이 클라우드·인공지능·이커머스 서비스를 두루 활용해 헬스케어 구독 서비스의 차별화를 시도했다면 애플은 자사의 다양한 디바이스와 앱 생태계 조성 노하우를 십분 활용한 모습이다. 애플은 2020년 10월 기존 디지털 서비스 구독 상품을 한데 묶은 '애플원'을 출시하면서 번들링 상품에 새롭게 헬스케어 서비스 '피트니스 플러스(Fitness+)'를 추가했다. 피트니스 플러스는 애플의 다양한 기기, 즉 아이폰, 아이패드, 맥PC, 애플 TV 등을 통해 요가, 사이클링, PT 등 다양한 피트니스 프로그램을 구독하는 것이다. 동영상을 보고 원격으로 운동 프로그램을 이용하지만 웨어러블 디바이스인 애플 워치를 활용해 심박동수, 칼로리 소모량, 운동 거리나 횟수 등을 측정할 수 있고 무선 이어폰 에어팟(AirPods)으로 음악과 코칭을 들으며 운동할 수 있다.

이때 외부의 다양한 스타 강사들이 피트니스 강의를 만들어 올릴 수 있도록 플랫폼 생태계를 구축해놓아 사용자가 본인이 좋아하는 강사로부터 레벨에 맞춘 운동을 배우는 것이 가능하다. 애플 피트니스 플러스는 한 달에 9.99달러, 연간 79.99달러이지만 애플 워치를 구매하면 3개월 무료 혜택을 받을 수 있고 애플원 서비스를 이용하면 월 29.95달러에 애플 뮤직, 애플 TV, 애플 아케이드(게임 구독), 아이클라우드(클라우드 저장 공간 구독), 애플 뉴스 플러스를 함께 이용할 수 있다. 이러한 번들링 혜택으로 고객이 헬스케어 서비스를 쉽게 이용해보도록 유도하고 있는 것이다.

애플은 애플 워치에 심전도 측정 기능을 넣었고 향후에는 에어팟에 체온 측정 기능을 넣을 것으로 예상되는 등 웨어러블 디바이스에서 더 다양한 헬스 데이터를 얻기 위해 한창 기술 개발에 몰두 중이다. 이미 애플 워치가 심전도 데이터를 분석해 건강상의 위험 신호를 미리 알려주는 사례가 나오는 등 새로운 건강관리 서비스가 도입될 가능성도 보여주고 있다. 애플은 이러한 기술력을 활용해 현재의 피트니스 디바이스에서 한발 더 나아가 병원 진료, 약 처방, 질병 관리와 관련된 구독 서비스를 제공할 수도 있다. 앞서 잠시 소개한 원격의료 구독 서비스 텔라닥 같은 서비스와 연계될 가능성도 매우 높아 보인다.

스마트-X, 다양한 구독 서비스가 몰려든다!

스마트한 디바이스들이 등장하고 모든 것이 인터넷으로 연결되는 사물인터넷(Internet of Things) 시대에는 구독 모델이 적용될 수 있는 비즈니스가 무궁무진하다. 기업은 스마트한 사물들을 통해 데이터를 수집하고 분석해 이를 바탕으로 서비스를 제공함으로써 부가가치를 만들어내고 구독 서비스로 연결하기 때문이다.

LG U+의 스마트홈 서비스는 월 6,600~1만 1,000원에 보안 카메라, 공기 질이나 문 열림 등을 감지할 수 있는 센서와 함께 침입 감지, 공기 질 모니터링을 통한 경고 및 알림 서비스를 제공해준다. 또 노인, 어린이, 반려동물과 같이 케어 대상에 따라 차별화되는 서비스를 다양하게 제공하고 있다.

미국의 타일(Tile)이라는 기업은 열쇠나 지갑처럼 분실하기 쉬운 물건에 부착해 스마트폰으로 위치를 추적할 수 있는 블루투스 기반의 스마트 트래커(tracker; 사물 위치 추적기)를 판매한다.[5] 여기에 덧붙여 구매한 제품의 사용성을 높여주는 서비스를 구독 상품으로 제공하는데, 한 달에 2.99달러(연간 29.99 달러)인 프리미엄 서비스는 사용자가 위치 추적기가 부착된 물건으로부터 멀어지면 앱으로 자동 알림이 오는 '스마트 알림', 지인과 물건의 위치를 공유하는 '무제한 공유', 30일간의 위치 기록 제공, 배터리 무상 교체, 보증 기간 연장 등 다양한 서비스를 포함하고 있다.

2020년 가을에는 새로운 혜택을 추가한 '프리미엄 프로텍트(Premium Protect)' 구독 서비스를 출시했다. 이는 사용자가 타일의 위치 추적기를 사용해도 물건을 못 찾을 경우에 대비해 최대 1,000달러까지 상품 보상을 해주는 서비스이다. 타일의 위치 추적기를 구입해 사용하는 고객뿐 아니라 타일과 제휴를 맺어 위치 추적 솔루션 기술을 탑재한 제품, 예를 들어 스컬캔디(SKuulCandy)[6]의 무선 이어폰이나

---

5 타일은 2012년에 설립된 회사이며, 위치 추적기는 현재까지 총 3,000만 개 이상이 판매되었다.

6 스컬캔디는 미국의 전자기기 제조사로, 헤드폰, 이어폰, 핸즈프리 디바이스, MP3 플레이어 등에 특화되어 있다.

분실하기 쉬운 물건에 부착해 스마트폰으로 위치를 추적할 수 있는 타일의 스마트 트래커. 이를 활용한 다양한 서비스가 구독으로 제공된다.

자료: 〈https://www.thetileapp.com/en-us/〉

HP의 노트PC 등을 사용하는 고객도 물건을 잃어버렸을 때 이 서비스로 보상받을 수 있다.[7]

---

7 "Tile will refund up to $1,000 in products if it can't find your lost item" (2020. 9. 9). The
   Verge.

자동차 구매, 렌탈, 리스, 공유,

그리고 구독의 차이점은?

  자동차를 소비하는 방식은 다양하지만 대략 5가지 정도로 구분할 수 있는데 신차 구매, 장기 렌탈, 리스, 공유, 그리고 구독이 그것이다. 이들 간에 어떤 차이가 있고, 여타의 서비스와 비교해 '구독' 모델이 지닌 장점은 무엇일까?

  우선 '신차 구매'는 일시에 자동차 가격을 납부하고 사는 방법도 있지만 일반적으로 장기 할부를 택하는 경우가 많다. 이때 보통 은행이나 자동차 업체에서 제공하는 신용 대출 상품을 이용한다. 장기간 이용하면 그만큼 이자가 붙지만 월 지불 금액은 줄일 수 있다. 자동차를 구매하면 나의 소유가 되기 때문에 유류비는 물론이고 자동차를 소유하는 기간 내내 관리·유지·수리 비용과 보험, 세금 등을 부담해야 한다.

  둘째로 '장기 렌탈'은 렌터카 업체 소유의 자동차를 최소 1년 이상 연 단위로 대여하는 방법이다. 개인 또는 법인 사업자 명의로 이용할 경우 세제감면 혜택을 받는다. 장기 렌탈의 장점 중 하나는 초기 투입 자금과 차량 유지비가 저렴하다는 것이다. 보통 차량 가격의 10~30%

정도의 보증료와 선납금을 내고 월 대여료를 지불하며, 취등록세 등의 각종 세금과 보험료가 이 대여료에 포함된다. 차량 점검이나 관리는 보통은 본인이 해야 하지만 이를 대행해주는 렌터카 업체도 등장하고 있다. 단점은 계약 기간 동안 자동차보험 운전 경력이 단절된다는 점, 중도 해지 수수료가 높아 일단 계약을 하면 해지가 어렵다는 점이다. 또 렌터카 업체 소유 차량이라 영업용 번호판을 사용해야 한다.

셋째로 '리스'는 사용자가 원하는 차량을 리스 사가 대신 구매해 대여해주는 방식이다. 자동차 소유권은 리스 사에 있고 장기 렌탈처럼 연 단위로만 계약이 가능하다. 리스는 금융리스와 운용리스 2가지로 나뉘는데, 금융리스는 리스 회사가 자동차를 사용자 대신 구입하고 사용자는 정해진 기간 동안 할부처럼 리스료를 금융사에 납부한 뒤 만기 시에 자동차를 인수한다. 장기 대출과 유사한 방법이다. 단점은 인수를 원하지 않을 경우 다시 새로운 차량을 리스해야 하고 제2금융권 대출 상품으로 구분되기 때문에 신용등급과 대출한도에 영향을 준다는 점이다. 또 자동차보험 가입, 차량 정비, 관리 책임도 사용자에게 있다. 연간 주행 약정 거리가 정해져 있고, 이를 초과하면 비용이 추가된다는 제약까지 있다. 반면 운용리스는 계약 만료 시 반납이 가능하고 차량이 리스 사 명의로 등록되기 때문에 계약 기간 동안 사용자 자산으로 잡히지 않는다. 취등록세와 자동차세도 리스료에 포함되기에 금전적 부담은 금융리스보다 덜하다. 하지만 마찬가지로 연간 주행 약정 거리라는 제약이 있다.

넷째로 '차량 공유'는 다시 두 경우로 나뉘는데 우버 같은 기업이 제공하는 개인 간 승차 공유 서비스가 있고 쏘카(Socar)처럼 기업이 제공하는 단기 렌탈과 유사한 서비스가 있다. 차량 공유는 유연성이 극대화된 자동차 소비 방식이라 할 수 있다. 모바일 앱으로 예약이 가능하고 분·시간·일 단위 등 원하는 기간만큼 자유롭게 이용할 수 있으며 차량에 대한 관리와 유지, 사고 시 처리 비용 등은 일체 신경 쓸 필요가 없다. 하지만 공유 차량을 이용하려면 차량을 부르고 기다리거나 차량을 이용할 수 있는 장소로 이동해야 한다. 또한 다른 사람들과 공유하는 것이기 때문에 이전에 차량을 이용한 사람에 따라 차량 상태가 잘 관리되어 있지 않을 수 있다.

마지막으로 '구독'은 특정 브랜드 및 시리즈의 차종을 계약 기간 동안 소유하면서 정해진 횟수만큼 다른 차종으로 변경하며 사용이 가능한 방식이다. 취등록세, 자동차세, 보험료 모두 구독료에 포함되고 차량 관리도 업체에서 해준다. 단기간 동안 다양한 차량을 경험해볼 수 있다는 점이 가장 큰 장점이며 운행 거리에 제한도 없고 언제든 가입과 해지가 자유롭다. 그렇다 보니 라이프 사이클에 맞춰 유연하게 차량을 이용할 수 있다. 예를 들어 미혼일 때 경차를 타다가 결혼 준비로 지출이 늘었다면 잠시 구독을 해지한다. 그리고 아이가 생기면 다시 SUV를 구독할 수 있다. 넷플릭스 아이디를 공유하듯 자동차 구독 서비스도 공유가 가능하다. 직장 동료와 함께 자동차를 구독하며 한 달의 절반씩 차량을 나누어 이용할 수도 있고, 아버지가 중형 세단을 이용하다가 SUV로 교체해 자녀가 이용하는 방식도 가능하다. 구독 서비스 예약 또한 공유 서비스만큼이나 간단하다. 더 좋은 점은 구독 차량을 집 앞까지 배달해준다는 점이다. 반면 구독 서비스는 이처럼 많은 혜택과 유연성을 제공하는 만큼 가격대가 높은 편이다.

한마디로 말해 자동차 구독 서비스는 소유의 부담과 공유의 번거로움에서 벗어난 자유로운 서비스라는 점에서 구매, 렌탈, 리스, 공유 서비스와 차별화되는 가치를 제공한다.

○ 자동차를 소비하는 다양한 방식

소비 방식	계약 기간	계약 방식	계약 만기 후	중도해지 수수료	차량 보험료	사고 시 처리	차량 정비 관리	세금	주행 거리 제한
신차 구매 (할부)	최소 12개월~	대면 계약	보유/매각	없음	이용자	이용자	이용자	이용자	없음
	차종 변경 가능 여부	자동차 평균 보유연수인 9년 동안 동일한 차량 운행							
장기 렌탈	최소 12개월~	대면 계약	인수/반납/재계약	높음	기업	기업	이용자	기업	없음
	차종 변경 가능 여부	만기 인수 시 동일 차량, 재렌탈 시 차종 변경 가능							
리스	최소 12개월~	대면 계약	인수/반납/재계약	높음	이용자	이용자	이용자	이용자	있음
	차종 변경 가능 여부	재계약 시 차종 변경							
공유	분/시간/일 단위	모바일 앱	반납	낮음	기업	기업	기업	기업	없음
	차종 변경 가능 여부	미보유							미보유
구독	월 단위	모바일 앱	반납	낮거나 없음	기업	기업	기업	기업	없음
	차종 변경 가능 여부	계약 기간 중 차량 교체 가능(보통 월 2회)							

2 '플랫폼의 플랫폼', 구독 피로감에 대비하다

구독 서비스의 미래 키워드 중 하나가 스마트화라면, 또 다른 키워드는 '플랫폼의 플랫폼(Platform of platforms)'이다. 미래에는 구독 서비스들의 홍수 속에서 불편함과 혼란을 느끼는 소비자들도 생길 것이다. 또한 구독 서비스마다 장단점이 달라 각자의 예산의 제약 속에서 어떤 서비스를 택해야 좋을지 고민하는 소비자들도 있을 것이다. 그렇다면 다양한 구독 서비스를 한 통에 담아놓고 '구독을 편리하게' 해주는 또 다른 구독 서비스가 등장하지 않을까?

서비스 홍수 속 미디어 콘텐츠 시장의 미래는?

2020년 초, 코로나19가 전 세계로 퍼지면서 사람들은 많은 시간을 집에서 보내게 되었다. 갑자기 생겨난 이 여분의 시간을 상당 부분 채워준 것이 바로 OTT 서비스였다. OTT 서비스가 늘어난 만큼 혹은 그 이상으로 신규 소비자들이 생겨나 예상 외로 쉽게 가입자를 확보했다. 서비스마다 특색 있는 콘텐츠와 오리지널 콘텐츠를 내놓으면서 여러 서비스에 동시 가입하는 사람도 증가했다. 언뜻 보기에는 OTT 구독 시장의 미래가 언제나 이렇게 밝을 것만 같다.

일단 현재 시점에서 살펴보자면, OTT 구독 시장에 서서히 '구독 피로감(subscription fatigue)'이라는 구름이 드리우고 있다. OTT 서비스 간 오리지널 콘텐츠 경쟁이 강화되며 볼거리는 늘었지만 고유 콘텐츠라는 이유로 다른 업체에 서비스 공급을 중단하면서 소비자들은 어쩔 수 없이 여러 서비스에 가입하게 되는 경우가 생기고 있다. 예를 들어 가족이 함께 넷플릭스를 이용하는 경우를 생각해보자. 부모는 넷플릭스의 영화나 드라마를 즐기고 아이들은 디즈니 애니메이션을 주로 이용했는데, 디즈니가 자체 OTT 서비스를 출시함에 따라 더 이상 넷플릭스에서는 디즈니 애니메이션을 볼 수 없게 된다. 그렇다고 넷플릭스 구독을 끊고 디즈니 플러스만 구독하기에는 포기해야 할 것이 너무 많다. 결국 디즈니 플러스에 추가로 가입하게 되는 것이다.

이렇게 여러 서비스에 동시 가입을 하게 되면 다양한 콘텐츠를 즐길 수 있어 만족도가 증가하지만 그에 못지않게 피로도 또한 증가하게 된다. 이미 미국 OTT 서비스 이용자의 50%는 2개 이상의 서비스에 가입하고 있는데, 여러 계정을 관리하고 콘텐츠를 선택해야 하는 번거로움을 피력하고 있다. 이들 소비자의 거의 절반(48%)이 콘텐츠 검색의 불편함을 호소했는데 서비스마다 메뉴 구성도 다르고 검색 환경이 달라 익숙해지기까지 시간이 걸린다는 것이다. 게다가 서비스를 오가며 콘텐츠를 이용하는 것도 불편하다. 그래서 대부분의 소비자(86%)는 가능하면 하나의 OTT 서비스에서 모든 것이 해결되기를 바라는 경향이 강했다.[8]

모바일 서비스 사용이 능숙한 밀레니얼이나 Z세대 중에는 몇 달 단위로 서비스를 옮겨 다니며 이용하는 소비자도 있다. 넷플릭스에서 내가 좋아하는 시리즈의 새로운 시즌이 공개되면 이번 달은 넷플릭스를 구독하고, 다음 달에는 아마존 프라임 비디오의 오리지널 시리즈를 보기 위해 넷플릭스를 해지하고 아마존 프라임에 가입하는 식이다. 가능하기는 하지만 매달 가입, 결제, 탈퇴를 반복하는 것 역시 여간 피곤한 일이 아니다.

이뿐 아니라, 더 많은 서비스가 등장하고 각자 오리지널 콘텐츠를 강화하는 기조가 강해지면 소비자들의 효용은 더 떨어질 수 있다. 보던 콘텐츠를 다 보려면 비용이 너무 많이 들고 비용을 줄이려면 보고 싶은 콘텐츠를 못 보기 때문이다. 예를 들어, 〈하우스 오브 카드〉, 〈블랙 미러〉(이상 넷플릭스 오리지널 시리즈), 〈오피스〉(NBC 유니버설 시리즈), 〈겨울왕국〉(디즈니)을 모두 넷플릭스 하나로 즐겼던 소비자가 있다고 하자. 이제 〈오피스〉 시리즈는 NBC 유니버설의 자체 OTT 서비스인 피콕으로만 볼 수 있고 〈겨울왕국〉은 디즈니 플러스에서만 볼 수 있다. 기존에 넷플릭스 월 구독료 8달러에 볼 수 있었던 4가지 콘텐츠를 계속해서 보려면 넷플릭스, 피콕, 디즈니 플러스 3개의 OTT 서비스를 구독해야 하고 이 모든 것을 구독하는 비용은 대략 27달러이다. 보던 대로 보려는데 비용은 3배 이상 증가하는 것이다.

미국 소비자들의 설문 결과 OTT 서비스에 대한 지불 의향 범위는

8 S&P Global (2019), Deloitte (2019), Accenture (2018) 등 설문조사 자료.

월 10~16달러 수준인 것으로 나타났다. 그렇다면 내가 최대 지불 가능한 비용보다 10달러 이상 높은 비용을 지불해야 원래 보던 콘텐츠들을 소비할 수 있게 되는 셈이다.

이러한 소비자들의 고충이 쌓여갈 때 시장에서는 어떤 일이 벌어질까? 결국 여러 서비스를 이용하게 될 소비자들을 위해 다양한 스트리밍 서비스를 한곳에 모아놓고 이용할 수 있게 해주는 일종의 통합 서비스(aggregator)가 등장할 가능성이 있다. 넷플릭스, 아마존 프라임, 디즈니 플러스를 모아놓은 '플랫폼의 플랫폼' 같은 것을 연상하면 되겠다. 셋톱박스[9] 업체 로쿠(Roku)가 이와 비슷한 서비스를 제공하고 있다.

로쿠의 셋톱박스를 TV에 연결하면 로쿠TV라는 동영상 스트리밍 서비스를 이용할 수 있는데 로쿠는 이 플랫폼에서 넷플릭스, 아마존 프라임 비디오, HBO Now, 훌루, 유튜브 TV, 애플 TV+ 등 다양한 스트리밍 서비스에 '바로가기' 기능을 제공한다. 물론 이들 서비스는 개별적으로 가입과 결제를 해야 이용할 수 있다. 그러나 로쿠라는 하나의 플랫폼에서 여러 개의 서비스에 쉽게 접근할 수 있고, 추가로 '더 로쿠 채널(The Roku Channel)'에서는 광고가 삽입된 무료 동영상도 이용할 수 있다. 로쿠가 제공하는 동영상을 무료로(물론 광고를 보기는 하지만) 시청하면서 다른, 다양한 서비스들을 한 군데에서 접근할 수 있는

---

9 TV 위에 설치한 상자라는 의미로 디지털 방송용 수신장비이다. 셋톱박스를 설치하면 TV와 네트워크를 연결하여 아날로그 TV로도 화질 좋은 디지털 영상을 볼 수 있고 주문형 영상물(VOD; Video On Demand)도 이용할 수 있다.

편리함을 제공받는 것이다. 하지만 로쿠는 여러 가지 서비스 플랫폼을 한눈에 보고 선택할 수 있게 해줄 뿐 어차피 소비자가 각각의 플랫폼에 들어가 가입과 결제를 진행한 후 원하는 콘텐츠를 검색하고 시청하는 과정을 다시 거쳐야하는 불편함은 남아 있다.

그러나 향후 이러한 서비스가 좀 더 발전한다면 하나의 플랫폼에서 하나의 계정을 만든 뒤 여러 스트리밍 서비스에 흩어져 있는 콘텐츠 이용이 가능하도록 해주는 서비스가 나올 수도 있을 것이다. 예를 들어, 가칭 '유니버설 플레이(Universal Play)'라는 앱이 있다고 하자. 소비자가 '유니버설 플레이'에 가입하고 결제 정보를 등록하면 여러 개의 스트리밍 서비스를 추가 가입 절차 없이 이용할 수 있다. 아마존 프라임이나 넷플릭스에 있는 콘텐츠를 유니버설 플레이를 통해 볼 수 있는 것이다. 그리고 유니버설 플레이는 소비자들의 시청 이력에 근거해 각 스트리밍 서비스 플랫폼에 수익을 배분한다. 아마존이나 넷플릭스가 다른 플랫폼을 통해 자신의 서비스에 접근하는 것을 내켜할지는 모르겠지만 소비자에게 제공하는 효용이 워낙 뚜렷하기 때문에 스트리밍 서비스가 지속적으로 출현하고 경쟁이 치열해지다 보면 통합 플랫폼 출현도 먼 미래의 이야기만은 아닐 것이다.

헬스클럽 500개를 회원권 하나로 이용할 수 있다면

헬스장 연간회원권을 끊은 사람들을 잘 살펴보라. 그들은 과연 자신이 투입한 만큼의 효과를 보고 있는가. 이런저런 이유로 본전을 뽑고 있지 못한 경우가 대부분이다. 시간이 안 맞아서, 하다 보니 지루해서,

갑자기 근무 지역을 옮기게 되어서 등등 이유는 다양하다. 그런데 여기, 여러 운동 시설을 통합한 회원권으로 완전히 새로운 가치를 제공해주는 구독 서비스 업체가 있다.

2012년에 설립한 미국의 스타트업 클래스패스(ClassPass)는 '운동 스튜디오·짐(Gym)' 구독 서비스를 제공하는 기업이다. 현재 전 세계에 약 2만 개 이상의 운동 스튜디오를 파트너사로 두고, 500만 개 이상의 운동 강좌를 앱에 등록해놓고 있다. 클래스패스 회원은 운동하고 싶을 때 언제든 앱을 통해 강좌를 고르고 예약해 수업에 참여할 수 있다. 지금까지 클래스패스를 통해 강좌를 예약한 누적 건수가 무려 4,500만 건에 이른다.[10]

그런데 사실 클래스패스는 구독 서비스 기업으로 시작한 것이 아니다. 처음에는 클래스티비티(Classtivity)라는 이름으로 다양한 운동 강좌를 검색하고 예약할 수 있는 플랫폼 사업으로 출발했다. 주 수입원은 예약 수수료였는데 이용률이 낮아 실패하고 말았다. 검색과 예약 기능 말고는 클래스티비티가 추가로 제공하는 가치가 전혀 없었던 탓에 구독료를 받기도 어려웠다. 그런데 아이러니하게도 이 실패가 단순 검색과 예약의 편리함만을 돕는 서비스에서 직접 회원권을 판매하는 구독 서비스로 사업을 전환시키는 계기가 되었다. 사람들의 니즈와 페인 포인트에 다시금 주목한 덕분이다. 꾸준히 운동을 하고 싶지만 정해진 시간에 하기는 어려운 사람들도 있고, 다양한 운동을 즐기고 싶

10 〈https://classpass.com/〉.

지만 시간과 비용 부담으로 여러 종류의 스튜디오 회원권을 구매하기 어려운 사람들도 있었다. 2014년 클래스티비티는 사명을 클래스패스로 변경하고 사람들의 이러한 니즈에 주목해 서비스를 재설계한다.

클래스패스의 서비스는 한마디로 헬스클럽계의 넷플릭스라 할 만하다. 클래스패스의 회원권을 사용할 수 있는 가까운 스튜디오나 짐의 운동 강좌 중 원하는 강좌를 원하는 시간대에 자유롭게 예약할 수 있다. 월요일 오전에는 요가 수업을 듣고 화요일 오후에는 스피닝 수업을 듣고, 바쁜 날은 건너뛰고, 주말이면 복싱 수업에 참여하는 식이다. 그런데 클래스패스는 이러한 장점을 제공하는 것을 넘어, 회원들의 피트니스 이용 데이터를 활용해 완전히 새로운 부가가치를 더한 구독 상품을 설계했다. 바로 다이내믹 프라이싱과 크레디트 제도이다.

'다이내믹 프라이싱'이란 강좌의 가격을 데이터에 기반해 조정하고 차별화하는 것이다. 클래스패스는 회원들의 이용 데이터에 기반해 수요예측 모델을 만들었고 이를 스튜디오에 제공해 강좌별 가격을 책정하고 조정할 수 있게 했다. 사람들이 많이 예약할 것으로 예측되는 수업, 많이 찾는 시간대의 수업 등에 대해서는 가격을 높게 책정하고 예약률이 떨어질 것으로 예상되는 수업은 가격을 낮춰 제공하는 방식이었다.

다이내믹 프라이싱 도입을 위해 기존에 이용 개수별로 가격을 매기던 구독권[11] 제도를 없애고 그 대신 크레디트 제도를 도입했다. 회원이 구

---

11 사업 초창기에 도입한 구독권은 5개 클래스 이용권은 65달러, 10개 클래스 이용은 120달러, 무제한 이용권은 180달러였다.

독료를 지불하면 그에 상응하는 크레디트(credit)를 부여하는데, 월 구독료 49달러에 27크레디트, 79달러에 45크레디트, 159달러에 100크레디트를 부여하는 식이다. 회원은 이 크레디트로 강좌를 예약하는데, 인기 있는 클래스나 황금 시간대 클래스는 크레디트가 많이 필요하다. 그래서 같은 구독료를 내는 회원이라 하더라도 한 달에 들을 수 있는 클래스 수가 달라진다.

클래스패스의 크레디트 제도는 매우 성공적이었다. 인기 있는 강좌는 비싼 가격을 받을 수 있어 스튜디오 입장에서도 이익이었기에 더 재미있고 질 높은 강좌를 개발해 제공하고자 애쓰게 되었다. 또한 회원 입장에서는 비싼 강좌여도 한산한 시간대에 가면 저렴하게 이용하는 혜택을 누릴 수 있었다. 현재 클래스패스가 제공하는 회원권의 종류는 5가지이며 제공하는 강좌는 명상과 마사지까지 보다 다양해졌다.

'플랫폼의 플랫폼'을 운영하며 축적한 데이터와 노하우로 이제 클래스패스는 스튜디오를 직접 인수해 운동 강좌까지 개설하고 있다. 이커머스 업체가 소비자들이 선호하는 제품 데이터를 반영해 PB 상품을 만들듯 클래스패스도 선호하는 운동 강좌 데이터를 분석해 사람들이 가장 좋아하는 유형의 강좌를 직접 만들고 있다. 재미있는 점은 클래스패스의 운동 강좌는 오프라인이 아닌 실시간 스트리밍으로 제공되기 때문에 집에서 시청할 수 있다는 것이다. 월 구독료 15달러로 저렴하게 제공되는 편이지만 하나의 강좌를 개설해 온라인으로 수천수만 명의 회원이 참여할 수 있기에 클래스패스 입장에서도 상당한 수익을 거둘 수 있는 서비스이다.

　다양한 플랫폼을 하나에 담는 이런 서비스는 각각의 서비스를 넘나들 수 있는 유연성, 하나의 플랫폼만으로는 얻을 수 없는 새로운 가치 제공 등이 가능하며, 그렇게만 된다면 구독 서비스로서 충분히 안정적으로 자리를 잡을 수 있다.

3

구독 서비스의 보편화, 주변 산업에서 기회를 찾다

스마트화와 구독 피로감으로 인한 소비자의 페인 포인트 증가가 구독 비즈니스의 보편화를 이끈다면, 구독 서비스가 보편화되고 시장이 커짐에 따라 관련된 주변 산업에서도 기회가 생기리라 예측해볼 수 있다. 마지막으로 그 이야기를 해보자.

식품 정기배송 증가가 창출하는 새로운 기회

가정간편식 정기배송 시장이 확대되면 전용 조리기기 시장의 성장 기회도 생겨날 수 있다. 이미 에어프라이어는 필수 가전 수준으로 보급이 확대되어 전자레인지 판매량을 추월할 정도다. 에어프라이어는 전자레인지와 달리 겉은 바삭하고 속은 촉촉한 이른바 '겉바속촉' 조리가 가능해 냉동 간편식의 식감을 살려준다는 소문이 나면서 판매가 늘었고 이에 따라 식품업계에서도 에어프라이어 특화 가정간편식을 선보이기에 이르렀다.

또한 가전 업계에서는 에어프라이어 외에도 전용 오븐이나 다기능 쿠커 등을 개발하는 움직임이 있는데, 그렇게 되면 가정간편식 키트와

밀키트 업체 토발라가 구독 서비스로 제공하는 스마트 오븐. 밀키트 포장지의 바코드를 스캔하면 조리 시간을 자동 설정해 음식을 조리해준다.

자료: ⟨https://www.tovala.com/oven⟩

전용 조리기기를 함께 판매하는, 혹은 패키지로 구독하는 상품이 등장할 수 있다. 예컨대 2015년 설립된 미국의 스마트 밀키트 업체 토발라(Tovala)는 스마트 오븐과 반조리식품 구독을 결합해 제공하고 있다.

토발라는 스마트 오븐을 이용해 밀키트를 데워 먹는 방식, 즉 짧은 시간에 건강하고 맛있는 식사를 제공한다는 콘셉트로 최근 몇 년간 빠르게 성장 중인 회사다. 바코드 스캔 기능을 가진 스마트 오븐과 데우기만 하면 바로 먹을 수 있는 밀키트를 함께 제공하는데, 밀키트 포장지의 바코드를 스마트 오븐에 가져다 대면 해당 음식에 알맞은 조리 시간을 자동으로 설정해 음식을 조리해준다. 스마트 오븐은 199달러, 밀키트는 한 끼에 12달러 내외로 썩 저렴한 가격은 아니지만 하루 중 집에서 음식을 해 먹는 경우가 한 끼 미만인 도시 직장인을 대상으로 적극적 마케팅을 펼치면서 좋은 성과를 거두고 있다.

토발라는 2019년까지 1차로 2,400만 달러를 투자받은 데 이어 2020년

6월 2차로 2,000만 달러 추가 투자 유치에 성공했다.[12] 투자 업체는 Y 콤비네이터(Y Combinator), 컴캐스트 벤처스(Comcast Ventures) 등 주요 벤처캐피털과 시카고 대학 등 10여 곳에 이른다. 2021년 1월에 열린 CES(Consumer Electronics Show)에서는 LG전자와의 협업을 발표하기도 했다. 토발라 밀키트 포장에 적힌 바코드를 LG 씽큐앱으로 스캔하면 LG 스마트 오븐이 최적의 조리 코스를 설정하는 것이다. LG 씽큐(ThinkQ) 앱에서 토발라 밀키트를 구입하는 것도 가능하다. 토발라 입장에서는 스마트 오븐 제품 범위를 확장하고 밀키트 판매 경로를 넓힌다는 의미가 있고, LG전자 입장에서는 LG 스마트 오븐에 기능을 추가해 사용성을 높임으로써 판매를 늘릴 수 있다는 장점과 LG전자의 스마트 가전 플랫폼인 LG 씽큐 앱의 기능을 확대한다는 의미가 있다. 토발라 같은 비즈니스 모델을 추구하는 기업이 많아지면 기존의 가전 업체와 밀키트 업체 간 제휴와 협업이 증가할 것이다.

한편, 배송과 관련된 시장에도 성장 기회가 많을 것으로 보인다. 반찬이나 밀키트 등의 가정간편식은 냉장식품이거나 신선한 식재료이기 때문에 배송 시 온도 관리가 중요하다. 장시간 고객의 집 앞에 놓이게 되는 경우도 있으므로 신선 온도를 유지하려면 보냉제를 함께 넣어야 하니 포장 부피가 커지거나 무거워질 수도 있다. 제품에 비해 버리는 포장재나 보냉제가 너무 많은 것도 문제가 된다. 이러한 문제를 해결하기 위해 친환경 포장재나 포장재 부피를 최소화해 제공하는 포장

---

12 "Tovala gobbles up $20M for its smart oven+meal kit service" (2020. 6. 2), Techcrunch.

재 전문 기업이 등장하고 있다. 이와 관련해서는 일본의 공공장소에서 쉽게 찾아볼 수 있는 스마트 라커(Smart Locker)도 대안이 될 수 있다.

일본의 일부 놀이공원, 대형 쇼핑몰, 지하철 역사 등에는 몇 시간 동안 도시락이나 식품을 신선하게 보관할 수 있는 라커가 비치되어 있는데, 이것이 바로 '스마트 라커', 즉 온도 조절이 되는 사물함이다. 물건이 들어오고 나가는 것도 센싱이 가능하여 아파트나 오피스텔 같은 공동 주거 공간에 마련해두고 신선식품 정기배송에 이용할 수도 있고 박스형 온도 조절 라커를 집집마다 문 앞에 갖춰놓을 수도 있다.

실제로 파나소닉은 식재료나 음식 배달을 위한 스마트 라커 사업을 본격화하고 있다. 2016년 미국의 냉장·냉동 디스플레이 케이스 및 시스템 제조사인 허스만(Hussmann)[13]을 인수한 이후 허스만의 기술과 파나소닉의 기술을 결합해 스마트 라커를 개발했다. 온도는 냉동식품 보관이 가능한 저온부터 고온까지 5단계로 조절되며 온도 조절은 원격으로도 가능하다. 고객이 음식을 앱으로 주문하면 배달 직원이 스마트 라커에 준비된 음식을 가져다 놓는다. 고객은 음식이 보관된 라커 위치와 비밀번호를 받아 직접 찾아가면 된다. 스마트 라커 도입을 통해 음식점이나 유통업체들은 포장재 사용이 현저히 감소했을 뿐 아니라 한 번에 배송할 수 있는 양도 많아졌고 오배송이나 배송 지연에 따른 소비자 불만도 줄어드는 효과를 누리고 있다.

---

13 허스만은 대형 마트의 냉장식품 진열대, 제과점의 케이크 보관 냉장 진열장, 아이스크림 매장에서 필요한 보관·냉동 진열장 등 온도 조절 시스템을 제조하여 각 매장에 설치 및 관리 서비스를 제공하는 업체다.

파나소닉과 허스만의 기술 융합으로 탄생한 스마트 라커. 원격 온도 조절 기능을 갖춰 식품을 장시간 신선하게 보관할 수 잇다.
자료: 〈https://www.hussmann.com/〉

가전 구독 업체의 미래는 로봇?

앞에서 한국형 가전 렌탈 서비스에 대해 이야기한 바 있다. 가전 렌탈과 정기 방문 점검 서비스를 결합한 구독 서비스는 한국처럼 인구 밀도가 높고 방문 인력의 인건비가 상대적으로 낮으며, 위생과 청결에 대한 니즈가 높은 시장에서 성공 가능성이 크기에 '한국형 서비스'라고 정의한다는 내용이었다. 그런데 가전 구독 업체와 제조사들은 한편으로 원격 및 자가 관리 기능을 강화시킨 가전 개발에 한창이다. 해외로 시장을 확장해보려는 목적에서다.

사실 이 방식은 한국에서도 충분히 적용 가능하다. 왜냐하면 방문 점검을 꺼리거나 시간을 내지 못해 방문 점검을 받기 어려운 가정이 적지 않기 때문이다. 이러한 분석에 따라 코웨이나 교원, SK매직 등은 최근 인공지능 연구 조직을 신설하거나 강화하여 가전에 신기술을 결합하고자 노력하고 있다. 코웨이는 2020년에 이미 인공지능을 기반으로 자가 관리를 하는 '아이콘 정수기'를 선보였다. 이어 2021년에는 통합 IT 전담 조직인 'DX(Digital Transformation) 센터'를 설립했다.[14]

인공지능이 탑재된 가전의 미래는 무엇일까? 결국에는 로봇일 것이다. 반드시 인간의 모습을 한 로봇은 아니더라도 가전이 더욱 똑똑해지고 다양한 기능을 수행하게 되면 가사 로봇 수준에 이르게 될 것이라 예상한다. 또한 팬데믹 이후 가속화된 집의 기능 확대는 가전의 역할도 가사에서 교육으로, 업무 수행으로, 또 건강관리로 확장시킬 것이다.

이러한 스마트 가전, 나아가 로봇은 구독 서비스로 제공하기에 매우 적합한 제품이기 때문에 구독 서비스 시장의 성장은 스마트 가전과 로봇 시장의 성장도 앞당길 것으로 전망한다. 스마트 가전이나 로봇은 정기적인 소프트웨어 업그레이드가 필수이고, 고장이 났을 경우 수리도 전문가에게 맡겨야 해서 비용이 만만찮을 테니 말이다. 이런 부분을 구독 서비스로 보장해줄 때 제품의 성능과 기능이 유지되고 고객도 제품을 지속적으로 만족스럽게 사용할 수 있다.

예를 들어, 소니는 2006년 생산이 종료된 애완견 로봇 아이보(Aibo)를 12년 만인 2018년에 다시 출시했다. 과거와 달라진 것은 제품과 함께 클라우드 기반의 본체 업데이트와 백업 서비스를 제공하는 구독 상품을 판매한다는 것이었다. 원하는 경우, 수리비를 매번 50% 할인받

---

14 2020년 2월 코웨이는 모바일 게임 개발사인 넷마블(Netmarble)에 인수되었다. 당시 업계에서는 게임 업체와 가전 업체 간 시너지가 발생하겠냐며 의문을 제기했으나, 2021년 1월 DX 센터가 설립되자 그것이 코웨이와 넷마블의 기술 협업을 강화하는 계기가 될 것으로 평가하고 있다.

는 서비스에도 가입할 수 있다. 일종의 '제품 구매+서비스 구독'이라는 하이브리드 형태인 셈이다. 소니가 이런 서비스를 추가한 데는 과거 아이보를 처음 출시했을 때의 아픈 기억이 영향을 주었다.

아이보를 구매한 사람들은 처음에는 아이보에 관심을 쏟으며 즐겁게 이용했지만, 시간이 지나며 소프트웨어 업그레이드가 귀찮아 내버려두거나 고장이 났는데도 수리비가 부담스러워 방치해두다 결국 사용하지 않는 경우가 많았다. 또 이런 경험을 한 소비자들은 아이보를 재구매하지 않았다. 반면, 업데이트와 수리 구독 서비스를 추가한 2018년형 아이보는 19만 8,000엔(약 217만 원)이라는 비싼 가격에도 불구하고 출시 6개월 만에 2만 대가 팔리며 인기를 끌었다.

LG전자는 홈로봇 'LG 클로이(LG CLOi)'[15]를 출시하면서 렌탈 서비스를 도입했다. 2019년 5월 홈쇼핑을 통해 렌탈을 시작했는데[16] 아이들을 위한 독서교육 앱 '아들과딸북클럽'과 제휴해 서비스를 패키지로 제공하면서 소비자들로부터 좋은 반응을 이끌어냈다. 앞으로 업데이트를 통해 새로운 콘텐츠를 지속적으로 추가할 예정이다.

구독 P2P 시대: 옆사람이 나를, 내가 옆사람을 구독한다?

유튜브로 인해 이미 개인이 개인을 구독하는 시대가 열렸다. 정확히

---

15 클로이는 LG의 인공지능 로봇 브랜드로, LG는 집 안에서 가전제품을 컨트롤하고 반려로봇 역할도 하는 홈로봇 LG 클로이부터 호텔, 병원 등에서 안내나 서빙을 하는 LG 클로이 서브봇(CLOi ServeBot)까지 다양한 로봇과 솔루션으로 로봇 사업을 확장하고 있다.

16 2019년 기준, 36개월 약정의 경우 월 5만 9,000원이다.

는 개인이 제공하는 콘텐츠를 구독하는 셈이지만, 콘텐츠 자체보다는 유튜버에 대한 선호와 유튜버의 개인기가 구독을 결정하는 요인이 된다는 점에서 구독 대상을 유튜버 개인으로 봐도 무방할 것이다. 최근에는 개인이 구독 서비스를 제공할 수 있는 플랫폼이 유튜브 외에도 많아졌다.

우선 아마존이 쌍방향 온라인 체험 서비스 플랫폼 '아마존 익스플로어(Amazon Explore)'를 출시했다.[17] 전 세계 각지에 거주하는 호스트(체험 콘텐츠 제공자)와 고객(시청자)이 온라인 영상으로 실시간 소통할 수 있는 서비스 플랫폼이다. 영상으로 다른 나라에 거주하는 호스트로부터 요리 강습을 받거나 함께 여행지를 탐험하고 현지 상점을 둘러보는 것이 가능하다. 예를 들어, 47달러를 지불하면 60분 동안 멕시코시티 도심의 그래피티 작품들을 호스트와 함께 온라인으로 투어하는 프로그램도 있다. 온라인 여행이지만 나만을 위한 일대일 프로그램이기 때문에 호스트와 대화도 나눌 수 있고 내가 머물고 싶은 곳에서 좀 더 오래 시간을 보낼 수도 있다. 온라인이기에 가능한 장점도 있다. 화면을 보면서 순간순간 캡처해 간직하는 것도 가능하고 클릭을 통해 자신의 관심사를 구체적으로 알아보는 것도 가능하다. 무엇보다 아마존이기에 가능한 서비스가 있다. 영상 속 물건을 아마존 계정으로 바로 살 수 있다는 것이다.

---

17 Amazon starts offering virtual classes and sightseeing tours via new Explore platform (2020. 9. 30), The Verge; You can now add virtual travel to your Amazon shopping cart (2020. 10. 1), *The Washington Post*.

아마존 익스플로어의 마드리드 체험 상품 소개 페이지.
자료: 〈https://www.amazon.com/Mysterious-Madrid-legends-Spanish-Inquisition/dp/
B08CQPF72G〉

이러한 플랫폼이 더 다양해지면 개인이 유무형의 상품이나 서비스를 구독으로 제공할 기회 또한 많아질 것이다. 미래에는 지금 우리가 여러 개의 이메일 주소나 SNS 계정을 가지고 있는 것처럼 한 개인이 여러 개의 채널을 가지고 구독 서비스를 제공하며 살아가는 날이 올지도 모른다.

구독은 자유를 파는 것

구독 비즈니스 모델은 매력적이다. 하지만 제대로 알고 활용하지 않으면 그 엄청난 매력도 아무 소용이 없다. 이제 책을 마무리하면서 구독 비즈니스에 대해 이야기할 때면 사람들 사이에서 언제나 제기되는 몇 가지 의문을 검토해보고자 한다.

첫 번째로 이런 질문이 있다. "앞으로 구독 시장은 얼마나 커질까?" 구독 비즈니스 시장이 몇 년 뒤면 수백조 원에 이를 것이라는 전망이 나오고 있고 실제로 이 모델이 향후 소비시장의 대세가 될 것임에는 틀림이 없다. 판매에만 주력했던 기업도, 소비자를 잘 몰랐던 제조사도 이제는 구독 시장으로 눈을 돌리고 있다. 서비스를 혁신하고 싶은 기업, 고객의 미충족 니즈를 발견한 기업들이 갖가지 창의적 아이디어로 구독 모델을 도입할 것이다.

그러므로 미래에 구독 시장이 얼마나 커질지는 사실 아무도 모른다.

특정 산업의 규모가 커지는 게 아니라 '비즈니스 모델'이 확대되는 것이기 때문이다. 얼마나 그리고 어디까지 확대될지는 전적으로 기업가와 기업이 얼마나 더 창의적인가, 그리고 고객에 대해 얼마나 더 깊이 알고자 하는가에 달렸다.

그렇다면 다음 질문으로 넘어가보자. "'구독'이 '소유'를 완전히 대체하게 될까?" 엄밀히 하자면 구독이 소유를 대체한다는 말은 틀렸다. "구독 비즈니스 모델이 판매 비즈니스 모델을 완전히 대체하게 될 것인가"라고 묻는 것이 더 정확하다. 왜냐하면 구독 비즈니스 모델을 통해서도 '소유'는 가능하기 때문이다.

앞서 구독이 소유의 개념을 '사용권'으로 확대했다고 말한 바 있다. 정수기 구독 모델을 통해 소비자는 정수기를 소유한 것처럼 사용하며 (일정 기간이 지나면 실제로 고객의 소유가 된다), 정기배송을 받는 모든 재화 역시 정기배송 서비스를 구독함으로써 결국 소유하게 된다. 즉, 반납할 수 없는 모든 것(예컨대 물을 정기구독으로 사서 마시면 그 물이 사라지듯, 사용하는 순간 사라지는 모든 것)은 소유하게 되는 셈이다.

그렇다면 정정해서 다시 질문해보자. 과연 "구독 모델이 판매 모델을 대체하게 될까?" 아마 구독 모델이 확장을 거듭하다 보면 판매 모델은 상당 부분 힘을 잃을 것이다. 단발성 판매로 소비자에게 줄 수 있는 가치 대비 구독 모델을 통해 지속적으로 제공해줄 수 있는 가치가 훨씬 다양해지고, 또 커지고 있기 때문이다. 판매는 '게임기 구매 및 게임 소프트웨어 구독'처럼 구독과 결합된 하나의 옵션으로 자리 잡을 가능성이 높으며 판매를 유일한 비즈니스 모델로 사용하는 기업은 거의 사라질 것으로 예상한다.

한편, 다소 회의적인 질문도 있다. "소득이 줄어들어 구독료를 내지 못하면 구독 서비스로 이용하던 것들은 어떻게 되는가? 모두 잃어버리는 셈 아닌가?" "구독 서비스가 늘어나면서 오히려 불필요한 소비가 많아지고 전체적으로 소비량도 증가하지 않겠는가?"

이러한 질문은 나름대로 타당한 근거를 가지고 있다. 지속적 서비스는 지속적 지불의 대가이기 때문이다. OTT 서비스만 예로 들어봐도, 보고 싶은 영화와 애니메이션, 스포츠 경기를 모두 보기 위해 여기저기 가입하려면 꽤 비용이 들 것이다.

하지만 이 질문은 구독 서비스의 중요한 가치를 배제하고 있다. 유연성, 자유, 무한한 확장성과 같은 경험이 그것이다. 사실 구독은 소비를 줄이려는 사람들이 택하는 방식이기도 하다. 한 번에 큰돈을 내지 않아도 되고 소득이 줄면 더 낮은 가격의 옵션을 이용하거나 잠시 구독을 정지해둘 수 있는 유연함과 자유가 있다. 무한한 확장성 역시 구독의 중요한 가치이다. 만약 넷플릭스, 왓챠, 시즌(seezn) 등 3개의 서비스를 모두 이용한다면 한 달에 대략 4만 원 내외의 구독료를 지불해야 하지만 그 대신 스마트폰, PC, 태블릿, TV 등 기기를 가리지 않고 원할 때는 언제든지 수만 개의 콘텐츠를 이용할 수 있다.

우리는 OTT 서비스가 없을 때도 영화를 봤다. 극장에 가서 혹은 비디오테이프나 DVD를 빌리거나 구매해서 보았다. 소비 방식이 달랐을 뿐 다양한 콘텐츠를 즐기고 싶은 우리의 욕구는 과거에도 있었다. 오히려 극장에서 소비했던 돈, 비디오테이프나 DVD를 보기 위해 구매한 비디오 플레이어나 DVD 플레이어 가격, 비디오테이프나 DVD 가격을 생각하면 지금의 OTT 서비스 이용료가 그 콘텐츠의 양과 이용의 편리성에 비해 결코 비싸다고 이야기하기 힘들 것이다.

그러므로 몇 가지 의문점에도 불구하고 구독 비즈니스의 매력은 무궁무진하다고 말할 수 있다. 구독 모델을 직접 만들고, 운영하고, 사용하는 사람들의 목소리를 한번 들어보자.

구독 모델을 이용하는 소비자는 제품과 서비스를 사용하는 전 과정에서 추가, 취소, 다운그레이드, 업그레이드 등을 원하는 대로 할 수 있는, 엄청나게 증가된 유연성을 경험한다. 이처럼 구독 모델은 소비자에게 자유를 부여한다. 이는 밀레니얼뿐 아니라 모든 소비자가 원하는 가치일 것이다.

_ 주오라의 구독 전략 그룹 디렉터[1]

구독 모델은 고객들이 예술 작품을 원하는 기간만큼 즐길 수 있는 자유를 준다. 고객들이 구독을 좋아하는 이유는 바로 그것이다.

_ 큐리나의 CEO 아사타니 미오[2]

---

1 2019년 9월 직접 인터뷰.

2 "いま、ニューヨークのアートは？現地で日本人が立ち上げたアートレンタル サービスCurinaと連携 したトークイベント"(2020. 5. 26). 〈The Art Club by ArtScouter Vol. 05〉.

토요타는 고객이 자동차를 훨씬 재미있고 쉬운 방식으로 즐길 수 있는 새로운 소유 방식을 제안한다. 구독을 통해 (사람들은 각자 상황에 맞춰 자유롭게 자동차를 선택하므로) 자동차는 사람들에 맞춰 진화하고, 사람들은 자동차를 이전보다 훨씬 더 즐길 수 있다.

_ 토요타의 CEO 토요타 아키오(豊田章男)[3]

이들의 말 속에 일관되게 담겨 있는 메시지는 '구독은 결국 자유를 판다'는 것이다. 소유하지 않아도 되는 자유, 내 지갑 사정에 소비가 제한을 받지 않을 자유, 소비의 방식과 시기, 소비하고 싶은 제품을 원하는 대로 바꿀 수 있는 자유, 때로는 내가 무엇을 소비하고 싶은지와 무엇이 나에게 가장 잘 맞는지 고민하지 않아도 되는 자유, 원하는 라이프 스타일을 유지하며 지향하고 싶은 가치를 따르며 살 수 있는 자유 등 소비자마다 원하는 자유를 누리게 해주는 것. 그것이 구독 비즈니스가 고객에게 제공할 수 있는 궁극적이고 핵심적인 가치이다. 구독 비즈니스는 장기적이고 지속적인 고객과의 관계를 기반으로 이루어지기 때문에 이 가치는 시간이 흐를수록 더 커질 것이고, 고객 한 명한 명에 맞춰 진화할 것이다. 그리고 고객에게 자유를 주는 한 고객은 기업을 떠나지 않을 것이다. 기업 역시 그만큼 경쟁으로부터 자유로울 수 있을 것이다.

---

3 "Toyota and KINTO Aim to Provide 'Cars That Evolve in Tune With People'" (2021. 6. 7). ⟨https://global.toyota/en/newsroom/⟩.

그 시작은 나와 '직접 연결된' 고객을 가지는 것이다. 그리고 그들로부터 '유의미한 데이터'를 분석할 수 있어야 한다. 그 데이터들로부터 고객이 무엇으로부터 자유롭고 싶은지, 누리고 싶은 것은 무엇인지 알아내는 것이야말로 성공적인 구독 비즈니스의 첫 걸음일 것이다. 경쟁사의 전략과 그간 우리 기업이 성공해온 방식에 매몰되기보다 고객 및 잠재고객, 경쟁사의 고객을 한 번 더 들여다보고, 고객이 원하는 것을 제공해주려면 어떻게 변화해야 할지 생각해보자. 그리고 그것이 어떤 가치로 전달되어야 고객과의 관계가 지속적이고 장기적으로 유지될지 고민해보자. 그때 아무도 가지 않은 길이 열릴 것이며, 그 새로운 길은 고객과 기업이 함께 자유로워지는 길일 것이다.